U0512053

体系制胜

新能源时代汽车经销商的
底层逻辑与经营创新

吴冠锦　著

机械工业出版社
CHINA MACHINE PRESS

在汽车产业向智能新能源汽车快速转型、汽车产业经历世界百年未有之大变局的时代背景下，汽车经销商的商业模式、生存要素、经营思想、营销方法等都在经历急剧的变化。面对自媒体营销的兴起和传统业务盈利能力的快速下降，无论是汽车经销商的投资人和从业者，还是进行经销商网络管理的汽车生产企业，都在不确定中艰难探索。行业需要面向未来的、经得起实践和时间检验的系统性思想和完整的方法论。

本书以作者多年的实践和思考为基础，面向行业发展的未来，总结经验，升华理论，为汽车经销商经营和汽车生产企业经销商网络经营指出了一条可行的发展之路，并提供了全面可行的方法论。其主要内容包括史无前例的变局、商业模式的坚守与变迁、基础模型理论、销售的底层逻辑、售后服务的底层逻辑、以财务为核心、全域营销与私域运营、总经理的全面管理与经营创新、厂家渠道管理与经销商集团化。

本书适合汽车经销商从业者和投资人、汽车生产企业经销商网络从业者阅读参考。

图书在版编目（CIP）数据

体系制胜 ：新能源时代汽车经销商的底层逻辑与经营创新 / 吴冠锦著. -- 北京 ：机械工业出版社，2025.4. -- ISBN 978-7-111-78231-5

Ⅰ. F766

中国国家版本馆CIP数据核字第2025RN5661号

机械工业出版社（北京市百万庄大街22号　邮政编码100037）
策划编辑：母云红　　　　　　　　　责任编辑：母云红　章承林
责任校对：卢文迪　杨　霞　景　飞　　封面设计：张　静
责任印制：单爱军
中煤（北京）印务有限公司印刷
2025年7月第1版第1次印刷
169mm×239mm · 19.5印张 · 333千字
标准书号：ISBN 978-7-111-78231-5
定价：99.00元

电话服务　　　　　　　　　　网络服务
客服电话：010-88361066　　　机 工 官 网：www.cmpbook.com
　　　　　010-88379833　　　机 工 官 博：weibo.com/cmp1952
　　　　　010-68326294　　　金 书 网：www.golden-book.com
封底无防伪标均为盗版　　　机工教育服务网：www.cmpedu.com

前 言

**模式化管理与经营创新
是当下经销商的生存之道**

　　没有人会想到，近年来的中国汽车市场会发生如此剧烈的变化，看似无比坚固的格局在智能新能源汽车大潮冲击下竟显得如此不堪一击。看似无比强大的跨国汽车巨头，面对来自中国的竞争对手，竟然表现得毫无还手之力。

一、中国汽车产业崛起

　　其实，中国汽车产业崛起并不是一夜之间的事情，它是三十年厚积薄发的必然结果。以中国制造技术水平整体提升作基础，在国家新能源汽车战略的加持下，中国车企实现"逆袭"是情理之中的事。

　　进入21世纪第二个十年，西方跨国汽车巨头们惊讶地发现，中国汽车产业在智能新能源汽车技术领域已经完成多次技术迭代，将世界远远甩在了身后。完善的产业链布局，全方位领先的先进技术，快速增长的庞大国内市场，面对前所未有的全方位竞争优势，这些"躺赢"几十年的巨头们显得无所适从。可以说，这些跨国汽车巨头的产品价格雪崩、市场占有率不断被蚕食的事实与其产品竞争力下降是高度切合的。

二、汽车经销商五大改变

　　伴随着汽车产业格局的剧烈调整，作为价值链末端的汽车经销商不可避免地进入持续动荡期。经销商的内外变化，可总结为如下五个方面。

1. 厂家直达客户，渠道地位下降

　　在大宗民品销售领域，"渠道为王"一直是金科玉律，但汽车作为大宗民品，随着市场环境及产品自身的变化，这一看似牢不可破的铁律也出现了松动。

- 自媒体崛起，厂家可以借助自媒体的力量直接触达终端客户，将品牌内涵和产品卖点直接传递给潜在客户。
- 汽车成为智能新能源汽车，厂家可以通过信息技术远程监控产品，并与客户建立硬连接关系，经销商作为厂家与用户连接的桥梁作用明显弱化。

随着经销商影响消费者决策的能力大幅下降，其在整体价值链上能分得的利润、享受的话语权不可避免地下降，开始从"渠道为王"向"品牌为王、产品为王"回归。

2. 行业格局呈现碎片化趋势

中国汽车产业格局保持长期稳定，跨国巨头在中国的合资公司多年来一直表现稳健，这直接导致以做合资品牌代理为主的经销商格局也比较稳定。他们中的杰出代表，我们称之为百强经销商，也在长期稳步发展。但随着"双内卷"时代的到来，百强经销商面临的转型压力相较于其他中小型经销商更大，稍有不慎，就可能面临崩盘的局面。

随着百强经销商的逐步势微，经销商的行业格局必然向碎片化方向发展，中小规模经销商集团将成为行业主流。

3. 投资门店成为"小"生意

过去，投资一个经典4S店形态的门店，从打地基、拉钢结构开始，动辄几千万元的投资，每年也有上千万元甚至上亿元的回报。现在投资一个门店，简单装修改造一下，再拿出两三百万元的流动资金，总投入不过五六百万元，每年再赚个一两百万元，妥妥的"小"生意。

4. 经营理念快速调整，"活在当下"成为主流

过去，汽车经销商在厂家的大力倡导下，尽管有投机心理，但"建百年老店、实现基业长青"仍然是投资人群体的主流心态。但面对快速变化的局势，连厂家都不知能撑多久，小小经销商，命运根本不掌握在自己手中，能把握当下已属不易，更别提建百年老店了。

5. 业务创新转向管理创新

过去，行业处在快速发展期，经销商在正常经营的基础上，思考更多的是

如何通过业务创新赚取更多的利润。但随着行业发展走向成熟，留给业务创新的空间越来越小，或者更准确地说，业务创新对盈利改善的帮助越来越小。为了生存，创新的领域越来越聚焦于管理创新：通过创新实现降本增效；通过业财一体减少"跑冒滴漏"；通过更精准的数据分析提升决策水平。这些成为经销商提升竞争力的关键所在。

三、模式化管理与经营创新

1. 模式化管理

基于以上认识，我们发现，随着行业发展走向成熟，汽车经销商的门店生意越来越向类似麦当劳的商业逻辑发展。

- 经营成败更多取决于厂家的品牌力和产品力。
- 完善的内部管理机制成为盈利和提升竞争力的关键因素。

行业发展至今，经销商内部管理完全可以升华到"模式化"管理的高度。在统一理论指导下，在完善的制度体系加持下，在新一代信息技术的保障下，经销商通过模式化管理，可以：

- 通过平台与业务模式的科学布局，实现更高效的业务产出。
- 通过业财一体的制度安排，实现更好的业务监督。
- 通过科学的数据分析，实现降本增效的经营效果。
- 为经营创新奠定良好的平台基础。

2. 经营创新

尽管行业发展走向成熟，但经营创新仍时刻不停。所谓经营创新，包括业务创新和管理创新两大部分。

- 业务创新包括新的引流方法、新的业务类型和新的合作方式等。
- 管理创新包括新的管理理念、新的管理方法和新的管理工具等。

我们生活在一个日新月异的时代，创新伴随着我们的职业生涯，甚至成为各行各业都要肩负的任务，仿佛特定的坚守成了守旧、顽固的代名词。但管理者需要意识到的是：创新是有风险的，创新是要审时度势的，不能为了创新而创新。

当下，中国汽车产业正处于"双内卷"时代，面对激烈竞争，很多从业者陷入迷茫。但换个角度，中国汽车产业正经历由大变强的历史时期。道路很曲折，但前途依旧光明。经过残酷竞争洗礼后的幸存者，将成为新时代真正的强者。只有勇敢面对莫测的未来，负重前行，勇于自我扬弃，才能提升竞争力，成为最终的幸存者。

本书从新能源汽车产业变革趋势出发，通过探寻汽车经销商经营管理的底层逻辑，将模式化理论提升到新的高度，从商业模型、经营愿景、经营方针、平台与业务模式、客户运动、业财一体、数据分析、经营创新等方面，为厂家渠道管理、经销商经营提供理论支持，为共同推动行业健康发展尽绵薄之力。由于作者水平有限，难免出现各种疏漏，恳请广大读者批评指正。

吴冠锦

目 录

前言 模式化管理与经营创新是当下经销商的生存之道

体系
制胜

第一章
史无前例的变局

在经历了特斯拉的神速引入，经历了以"蔚小理"（蔚来、小鹏、理想）为代表的造车新势力纷纷正式下场推出产品，经历了"增程式"与"超级混动"的技术路线口水战，经历了以新能源汽车为代表的国产汽车出口大爆发，经历了慕尼黑车展的中国旋风，经历了美国和欧盟相继针对中国品牌新能源车加征关税，经历了关于"卷"与"不卷"的口水战，经历了新能源车渗透率超过50%，经历了遥遥领先与英雄迟暮后，智能新能源汽车的时代大幕还是徐徐拉开了……

第一节 汽车产业革命

这次全球汽车产业的大变革，是由中国汽车产业引领的。进入21世纪第二个十年，老牌西方跨国车企惊讶地发现：中国电动汽车技术发展迅猛，产业布局也已非常成熟，已经难以在同一产业平台上公平竞争了。

一、智能新能源汽车

所谓智能新能源汽车，主要由"智能"和"新能源"这两个基本概念组成。在智能方面，又分为智能座舱和自动驾驶两大技术。

1. 智能座舱与自动驾驶技术

在智能座舱领域，国外传统车企与中国车企差距明显。在笔者看来，正是由于在智能座舱领域的领先，使品牌力不足的国产车在与合资车竞争时体现出代际优势，这是近两年自主汽车品牌市场份额不断上升的关键因素。

在自动驾驶领域，中国的技术优势不是特别明显，但也是领跑者之一。在这个领域有两大路线之争：以特斯拉为代表的纯视觉无人驾驶技术路线；以华为为代表的，使用视觉、激光雷达、毫米波等综合技术的无人驾驶路线。然而，在智能驾驶领域，并不是只有特斯拉等这些所谓新势力在独领风骚，传统车企也在这条道路上不断发力。例如：奔驰、宝马已经取得国内的L3级自动驾驶路试许可证。可见，在汽车产业，颠覆的戏码并不会像苹果取代诺基亚那样顺利上演。

当然，在笔者看来，以上两种技术路线都不可能发展到L5级自动驾驶（也就是完全无人驾驶），而真正可以实现L5级自动驾驶的技术路线必然是"云、星、路、车"的协同技术路线。联想到我国在5G、6G通信领域的领先地位，在卫星定位方面的技术优势，以及在车载自动驾驶技术方面的产业优势（设备成本优势和大数据优势），这种社会化的技术路线，也必然会给我国相关产业带来极大的竞争优势。一旦L5级自动驾驶技术被广泛应用，其对社会生活形态的影响将是极其深远的。

当汽车逐渐成为整个社会体系的一个终端时，其他国家品牌的汽车在中国市场上的好日子恐怕不会太长。

2. 新能源变革的历史意义

在新能源领域，尽管仍然有不同的声音，但电动化无疑是最主要的方向，也是我国产业政策目前力推的方向。为什么是电呢？通常的回答无外乎两个层面的思考：产品层面和产业层面。

从产品层面来看，电动车主要有两方面的优势：一是驾乘体验好（主要表现在加速和静谧性上），二是与智能化功能协同上更有优势。从产业层面看，电动化可以绕开我国在发动机、变速器等燃油车技术上的劣势。我国在电池、电机、电控技术方面不但不落后于传统汽车强国，而且随着产业规模的扩大，相关技术必然有所领先。

从产业布局方面看，我国从上游的锂矿投资到电控芯片和算法，都进行了全方位的布局，其强大的整体竞争优势令传统汽车强国徒呼奈何。

二、对局势的大胆预测

自主品牌凭借新能源汽车大潮崛起这件事，已经不具有预测的意义。当笔者为《广州日报数字报–生活周刊·汽车》《汽车商业评论》写专栏时，均信心十足地预测了自主品牌的强势崛起。

记得多年以前，笔者和一个日本汽车界的朋友（他是一个中国通）吃饭。席间，我向他提出了一个观点："中国天生就是个世界第一的国家，以中国的文明禀赋，只要是造东西，无论哪个产业，只要中国还不是世界第一，那就说明中国在该领域还有很大的成长潜力，而且，在不久的将来，它就会成为世界第一。"作为一个日本人，他沉默良久，最后还是肯定了笔者的答案："吴桑，你说的是对的。"那时的中国汽车产业，连日本的车尾灯都看不到，更别提赶超日本汽车产业了。

从这个角度看，看得见、摸得着的芯片，实在是无法成为长期制约中国发展的卡脖子项目。也是从这个角度看，中国汽车产业也必然在历史发展到某个特定时期而悄然崛起。即使没有新能源换道超车的机会，也会出现其他机会，使中国汽车产业实现腾飞。

其实，从产品力角度看，中国汽车在品牌力、内外饰设计、核心部件技术、用料做工、性价比等方面全面大幅度提升是实实在在、肉眼可见的。即使没有新能源车这个时代概念，这些自主品牌也会取得长足的发展。

曾经，自主品牌的市占率一度跌到34%，然而，随着这两年借助新能源汽车爆发式增长的契机，自主品牌的市占率正大踏步前进，在接下来的3~5年时间里，自主品牌的市占率将以每年5%~10%的速度向上发展，直到整体市占率达到80%~90%之间。比亚迪的王传福更是公开地说："未来3~5年，合资品牌份额将从40%降到10%。"这就意味着，在未来3~5年，合资品牌及进口汽车将失去2/3以上的市场份额，这对中国汽车市场格局的影响将是巨大且深远的。

同时，中国的汽车出口也实现了爆发式增长，2023年，实现整车出口500多万台，2024年可能会超过700万台。在未来3~5年里，中国整车出口将迅猛提升到1000万台/年。这也就意味着，中国制造汽车将达到4000万台/年以上。中国制造汽车将占世界8000万台总产量的50%左右，这才是世界工厂应有的份额，这才是中国汽车工业应有的国际地位。

> **小结**
>
> 在民族复兴大战略的感召下，中国实施了新能源汽车产业革命，并已初步取得成功。自主品牌借助新能源汽车这一难得的历史机遇，实现了换道超车。相信，在不久的将来，中国不仅是汽车消费大国，更是汽车产业强国。

第二节 格局的变化

伴随着新能源汽车产业革命的形势发展，中国汽车市场的竞争态势也在快速发生变化，原有的竞争格局被打破，整个汽车产业进入了新时代。

一、双内卷时代

在中国汽车市场，这几年可谓云诡波谲，各路大神纷纷登场，精彩大戏是一场接一场。竞争之惨烈，可谓空前绝后。

事实上，除了2020年，其他年份，汽车宏观市场都保持了平稳或者小幅增长，按理说不至于惨烈到如此程度。但实际的情况是，终端感受到的却是车价一降再降，甚至出现如2023年某主流大厂终端腰斩型降价、直接"掀桌子"的市场行为。各个汽车生产厂家仿佛都"打了鸡血"，纷纷赤膊上阵，一时间天昏地暗，人仰马翻。没有听说哪一家为了保持利润，而放弃"疯狂割肉放血"的自残行为。

为何竞争会如此惨烈，除了宏观经济发展放缓的外部因素外，更主要的原因是，整个汽车行业进入"双内卷"时代。

所谓"双内卷"，指的是燃油车市场体系和新能源车市场体系同时内卷（见图1-1）。

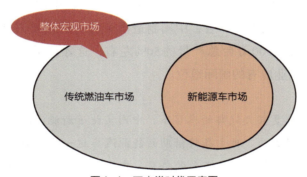

图1-1 双内卷时代示意图

本来，在宏观销量相对稳定甚至略微增长的情况下，是不会发生这种不计成本、疯狂杀价保持市场份额的现象的。但由于市场突然进来太多新势力玩家，造成的局面是：变化不大的蛋糕，突然变得太多人来吃了。于是，在传统燃油车市场方面，从业者的真实感受与宏观市场两位数下滑感受无异。例如：某日系二当家，从厂家到经销商，他们的感觉与宏观市场下滑20%一样，而三当家的感觉是宏观市场下滑了30%，四当家直接决定彻底退出中国市场了。那些市场份额并没有明显下滑的德系品牌，则为了保住市场份额进行了残酷的价格战。

在新能源车领域，本来是一个极速扩张的市场，整个链条从上游的电池供应，到中间的整车厂，再到下游的经销商，整体都应该是"风吹劲草马蹄疾"的满血状态，然而由于造车新势力与传统车企一股脑地涌入了市场，即使市场增量再大，也养不活这么多玩家啊！听一位了解国内新能源汽车产业的大咖私下说，在各个厂家的实验室和试车场，有大约800款新车在等待上市。

曾经和一位新能源车企的高管交流，他说："在燃油车时代，当市场份额达到预期之后，车企决策者往往开始考虑在保持份额的前提下兼顾利润，而在新能源时代，即使已收获超出预期的市场份额，仍要不停拼杀，因为来之不易的份额会在竞争对手的猛烈攻势下顷刻间失去。这是一场你死我活的战争，不会有暂时罢兵休战的那一刻。"

笔者深以为然。

看来，在中国汽车市场仍然有大量玩家在线的情况下，市场份额很难相对稳定下来，在可以预见的未来，这种双内卷的形势会成为中长期的主要市场现象。

卷吧，卷吧，让暴风雨来得更猛烈些吧！

二、双金字塔理论

面对长期向好且规模庞大的中国汽车市场，在市场换技术的政策加持下，世界主要汽车制造商几乎都跑到中国市场来分一杯羹。实力强大的就合资建厂，品牌小众的就做纯进口销售，中国汽车市场成了万国汽车博览会，仿佛不管什么品牌，都能在中国汽车市场占有一席之地。

短短20年过去了，中国从潜力市场快速蜕变成成熟市场。

1. 品牌颠覆时代

从决定竞争力的要素变化角度看，这20年的竞争，大致可分为三个阶段：产品竞争阶段、品牌竞争阶段、品牌颠覆阶段。

（1）产品竞争阶段

产品竞争阶段可以划分在2002—2012年。

这一阶段市场竞争主要有以下表现。

- 品牌的分级定位是比较模糊的，品牌的定位高低更多的是厂家产品策略决定的。
- 厂家在市场上的表现，几乎完全取决于产品的竞争力和主力产品所处的生命周期。往往一个爆款产品就可以完全扭转竞争态势。
- 市场整体表现欣欣向荣，宏观市场尽管有短期小波动，但总体是向上快速发展的。
- 产业链总体利润丰厚，链条上的各个节点均可以获得较好的收益。
- 作为厂家核心销售渠道的4S店数量不断增加，投资热情高。

（2）品牌竞争阶段

品牌竞争阶段时间在2013—2019年之间。

这一阶段市场主要有以下表现。

- 在持续的产品竞争下，各品牌逐渐表现出竞争力的强弱。
- 品牌定位的高低不再取决于厂家初始的策略，而更多取决于竞争力带来的客户心智对品牌的理解。
- 爆款产品仍然可以带来竞争态势的改变，但作用在快速消退，新车上市蜜月期在缩短，影响力也在急剧变小。新产品的竞争力受到品牌竞争力的影响日趋明显。
- 市场竞争日趋残酷，可持续能力只属于那些品牌力强的厂家。
- 4S店关停并转现象开始出现，并且愈演愈烈。

（3）品牌颠覆阶段

品牌颠覆阶段时间在2020年至今。

与前两个阶段不同的是，汽车产业进入品牌颠覆阶段与其说是市场竞争的必然结果，不如说是国际国内政治环境变化、宏观经济增长放缓、中国自主品牌崛起、新能源汽车时代到来，这四大因素共同倒逼产业形成的市场竞争新态势（见图1-2）。

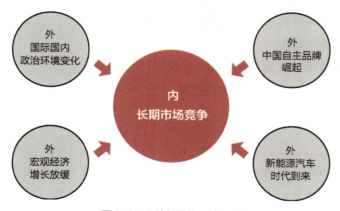

图1-2 品牌颠覆的关键要素

在品牌颠覆的时代，固有的经验彻底失灵，从业者只能以无畏的精神面对莫测的未来。记得，2021年笔者在国内某百强经销商集团做高管，曾经就是否应该果断关店等核心战略问题，与一位德高望重的老高管进行了激烈的争论。

他的核心观点是：20∶80理论。

他说："无论市场如何变化，汽车经销商只要能在厂家的整体网络中占据前20%的位置，那这个4S店就没有生存之忧，而且能够持续盈利。"

笔者认为，他这个观点是近20年行业经验的总结，不能说没有道理，但在品牌颠覆时代，用这个理论来指导经销商制定战略，是要犯错误、吃大亏的。

于是，笔者坚定地告诉他：

第一，在残酷的竞争面前，由于所处的特定市场环境、自身禀赋、集团实力、管理水平等各种因素的制约，并不是所有4S店都能把进入前20%作为努力目标的。果断地舍弃不失为明智之举。

第二，这是品牌颠覆的时代。很多中低端合资品牌和二、三线豪华品牌，他们在激烈的市场竞争面前毫无招架之力，退出中国市场仅仅只是差了"董事会举手投票"的环节罢了。跟着这样的品牌，今天侥幸赚取的那点小钱，将在未来的迟疑中成倍地损失掉。

2. 双金字塔理论

无论你是否愿意，在品牌颠覆时代，面对长期且残酷的市场竞争，无论合资还是自主品牌，市场格局都将快速发生变化，在新能源车这一新要素的影响下，这种变化将是异常剧烈的。合资品牌市场份额下降、自主品牌强势崛起是不可逆转的趋势。我们该如何把握这一历史趋势呢？

为了让复杂问题简单化，笔者提出了双金字塔理论模型，如图1-3所示。

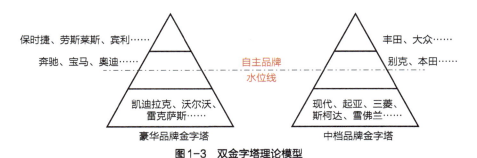

图1-3　双金字塔理论模型

如果没有自主品牌这个因素影响，中国汽车市场的品牌格局与世界汽车市场格局将高度接轨，大同小异，只有局部的细微区别。

第一，相较于竞争对手，提前布局了中国市场，恰当地选择了中国的合作伙伴，导致合资企业很成功，于是在中国市场建立起传统优势，市场份额较世界整体份额明显更高，进而获得了不同的品牌高度，如大众。

第二，一些品牌通过早期的内外信息差，产品导入策略得当，在中国成功重塑了全新的品牌形象，确立了较世界其他地区更高的品牌定位。这种品牌策略在较长时间里确实带来了更多的品牌溢价，使厂家获利颇丰，也提升了市场份额。但随着中国汽车市场与国际的不断接轨，同时信息时代下的内外交流更加活跃，这些早期的品牌策略正在失效，很多品牌正回归到与世界其他地区相近或相同的定位，如奥迪。

第三，为了赢得市场竞争，很多中端品牌在品牌和产品定位上一开始就采取了"低半级"的品牌策略。这些策略在市场爆发初始阶段，确实帮助这些品牌快速抢占了市场，但随着市场走向成熟，品牌定位的弱势却成了制约其进一步发展的绊脚石，如现代。

如果仅仅是这些国际品牌因为特定历史发展阶段和具体品牌策略带来的不同，中国汽车市场的品牌格局仍然会呈现出与世界整体相近的态势，就像很多发展中国家一样。但中国不是一般的发展中国家，中国是"世界工厂"，中国占有世界汽车市场高达1/3的份额，并且，自主品牌颠覆的故事正在上演。

双金字塔理论模型展示的是：在合资品牌构建的相对稳固的双金字塔结构下，中国自主品牌就像"白娘子水漫金山"。在自身产品实力不断提升的情况下，在新能源汽车换道超车的助力下，其品牌力也在不断提升。面对外资品牌金字塔，"水位"在不断上升。当"水位"彻底漫过某些品牌时，这些品牌就会"无法呼吸"，直至"窒息而死"（即彻底退出中国市场）。

这就是图1-3揭示的品牌颠覆阶段的基本内涵。

应用双金字塔理论模型，我们可以做出如下推演。

1）豪华品牌部分。

第一，站在金字塔顶端的那几个小众豪华品牌，将因为炫耀价值的存在，保持品牌坚挺更长的时间，但整个价值链获利能力会受到重大打击，颠覆他们的将是中国高端新能源车品牌（例如仰望、问界、理想、蔚来等）。

第二，站在中间层的一线豪华品牌，本来稳固的城防将逐渐松动，品牌护城河将逐渐被填满。尤其是当他们成为走量的"街车"后，失去了豪华品牌炫耀的心理价值，就会陷入"性价比"的较量中。一旦陷入这种竞争逻辑，其将毫无竞争优势。多年来保持的销量增长趋势将出现转折，低端产品将率先被冲击，量利全失，进而向高端产品蔓延。

第三，站在底层的二、三线豪华品牌，将发生惨烈的市场竞争，市场表现为终端价格大跳水，甚至会与中档品牌产品形成竞争，进而失去豪华品牌光环。部分品牌市场份额快速下降，最终选择退出中国市场。

2）中档品牌部分。

中档合资品牌分为三个等级。

第一，品牌低半级的那些合资车厂将面临生死存亡的艰难抉择。坚守与放弃，这是个问题。

第二，因长期使用低价竞争策略而出现品牌弱势的合资厂家，仍在为市场份额而苦苦奋斗。与以往不同的是，这次厂家是真没利润了，甚至极可能陷入亏损。

第三，仍然保持相对强势的品牌，将感受到残酷市场竞争带来的痛苦：低端产品毫无竞争力，量利全失；高端产品跳楼价销售，仍然难以保持市场份额。

笔者提出双金字塔理论模型的初衷，是想告诉那些仍然抱持多年总结的老经验，或者在残酷竞争面前抱有侥幸心理的从业者：在品牌颠覆时代，保持清醒头脑，顺应历史趋势，果断取舍，活在当下，才是上佳之策。

三、造车新势力与华为

随着世界对减少汽车排放污染呼声越来越高，各国纷纷拿出更严格的法规和减排技术，中国顺势提出了汽车产业新能源战略及配套政策。事实上，中国并不是最激进的国家，很多欧洲国家都提出了禁售燃油车的时间表。但中国并没有这样做，而是踏踏实实在整个产业链进行布局，从上游的锂矿收购到中游的车用动力电池产业发展，直至下游的电动汽车制造。当各国汽车市场都明显感受到电动汽车的冲击后，他们才惊讶地发现，中国不仅在电动汽车本身，还在整个产业链都建立了巨大的优势。

1. 造车新势力

电动汽车全新的核心技术要求客观上降低了入行门槛。汽车产业如此巨大，电动汽车发展前景如此广阔，导致中国爆发了电动汽车投资热。如此，以"蔚小理"为代表的造车新势力得以形成（见图1-4）。

由于造车的技术门槛高，同时有无比庞大的资金需求，很多业内人士都对新势力造车持悲观态度。笔者不止一次听到一些有很大影响力的业内专家说出"造车新势力就是瞎胡闹，最后一家都不会剩下"的观点。但笔者并没有这么悲观，从技术角度分析，我们既要看到新势力在整车调校、安全性等方面可能存在的不足，也要看到他们在产品理念、智能座舱、智能驾驶、汽车生态等方面的领先。而且，这种领先，是在全球范围内的。

2021年，笔者和一个合资品牌高管老朋友交流时半开玩笑地说："贵司电动车在智能驾驶和智能座舱方面有明显的短板，什么时候你们把智能化研发中心搬到中国来，你们决策层才算真正开窍了。"

图1-4　造车新势力示意图

面对残酷的市场竞争，尽管前途依旧莫测，但"蔚小理"们仍旧在各自的战略指引下摸索前行，新近入局的小米也正式上了"牌桌"，展现出独特的竞争力。可以肯定的是，造车新势力不会消失，其中的佼佼者一定可以作为独立车企存活下去，并成长为行业巨头。

2. 华为对产业格局的影响

与合资车企更多通过原有品牌发布电动汽车产品，并且在原有渠道销售的方式不同，国内自主品牌车企大多是通过创建新品牌的方式来加入竞争的。在技术路线上，这些国内车企普遍采取了两条腿走路的策略：插电式或增程式混合动力技术与纯电动技术并举。

由于混合动力汽车目前在市场上影响很大，又引出了插电式混合动力技术与增程式混合动力技术的路线之争。一方说，增程式混合动力技术的理念落后，节能效果不佳，其系统综合性能无法与插电式混合动力技术相提并论；另一方说，插电式混合动力技术的系统复杂，给用户带来的直观体验提升不大，在同样定位于过渡方案的前提下效费比不如增程式。最初，由于采用插电式混合动力技术的车企在话语权上占优势，增程式混合动力技术一度处于"被动挨打"的局面，然而，随着"圈外"科技巨头华为与名不见经传的车企赛力斯开启深度合作，为增程式混合动力技术提供了强有力的市场支撑，两者的竞争态势已经悄然变化。

华为三令五申表明"自己不造车，要用自身技术帮助车企造好车"。一开始，华为不造车的承诺引发了业界的广泛质疑，但随着华为与众多传统车企成功合作，这种质疑也就逐渐烟消云散了。经过早期的闭门研发，到赛力斯崛起、鸿蒙智行四大品牌产品相继落地，直至各大车企纷纷上门寻求合作，华为已经对中国汽车产业的发展造成深远影响。

华为对中国汽车产业发展有如下潜在影响。

第一，通过与华为的合作，传统车企会迅速弥补与造车新势力在产品理念和智能化技术上的差距，从而使市场竞争呈现更胶着的态势，市场集中趋势将受到一定程度的抑制。

第二，苦于无法实现品牌向上的传统车企，通过与华为的深度合作，在华为硬核技术的赋能下，会在品牌向上的道路上取得突破，进而对原本由国外车企把持的豪华车市场形成持续冲击。

第三，得益于华为的系统、深入赋能，中国汽车产业的整体技术水平将持续提升，在全球范围内的竞争力也将不断提升。

小结

由于众多因素的叠加作用，中国汽车市场形成了激烈的"双内卷"竞争格局。原来稳固的双金字塔格局被自主品牌的崛起大势打破，历史进入品牌颠覆的新时期。随着智能新能源汽车产业的发展，市场上出现了新玩家：造车新势力和华为。华为不造车的战略，将对中国汽车产业竞争格局产生深远影响，同时对提升中国车企在世界汽车市场的地位起到极大促进作用。

第三节　产品与渠道双四化

在国家提出新能源汽车产业战略初期，汽车"四化"的概念就被提出来。汽车"四化"指：电动化、智能化、网联化、共享化。过去十年，新能源汽车发展迅猛，"四化"理念的指导起了巨大的方向性作用，具有重要的历史意义。

一、汽车四化

应该说，"四化"的概念无疑高度概括了新能源汽车产业的主要特征。对行业的发展方向具有重要的指导意义。

1. 电动化

指我们发展的新能源汽车产业，"电"将作为主要能源形式，其引申出的"三电"为技术核心，即电池、电机、电控。目前我国在"三电"技术上，无论是技术本身，还是产业规模，均处于世界领先地位。在电池方面，以宁德时代、比亚迪等企业为代表的中国动力电池企业，占世界动力电池市场份额50%以上，处于遥遥领先的地位，电池技术也处于世界第一梯队。行业翘首以盼的固态电池技术，已经走出实验室，逐渐进入生产导入阶段。

这几年中国在高端永磁电机领域实现了弯道超车，使我国在车用电机领域也跻身世界一线行列。在电控领域，尽管在芯片方面，我国与世界先进水平还有一定的差距，但以华为、比亚迪为代表的中国制造商，正在解决这一问题，而电控软件部分，也基本处于世界先进水平。

2. 智能化

指利用大数据和人工智能（AI）技术，使汽车能主动按照使用者的意图完成自动驾驶等智能功能。智能汽车相关技术，被大致划分为"智能座舱"和"自动驾驶"两部分。在智能座舱领域，我国可以说是遥遥领先。一个在国内稀松平常的功能，都能引起国外消费者的惊呼。在自动驾驶领域，特斯拉曾经处于领先地位，传统跨国巨头（如奔驰）也具备很高的水准。但我们的自动驾驶技术不甘人后，与国际巨头处于同一水平。

目前，行业大致已经普及了L2级自动驾驶系统，正在向L3级迈进。鹿死谁手，还要看未来几年产业的发展下，哪种技术路线赌对了。

3. 网联化

指的是汽车不再是一个相对独立的、单纯的交通工具，而是通过信息技术，与世界、与社会进行交互的智能终端。在这一领域，技术仍然处于初始状态，更多地体现为智能座舱使用的终端应用与云平台的连接，以及车辆行驶的一些参数上传到云平台，存储在大数据中心。

未来更大的想象空间是通过"云、星、路"与车自身的智能驾驶系统协同，远程对车辆行驶进行控制，从而实现真正意义上的自动驾驶。

车成为整个社会的一个终端，是大势所趋。

4. 共享化

当汽车实现与社会的交互，以及无人驾驶技术成熟后，就改变了汽车所有权的属性：汽车不再单纯地属于个人，或者，人不再需要拥有一台汽车。人可以将自己的车在不用的时候，有偿提供给其他人使用，或者，汽车作为一种基础公共工具，更自由地满足人们的出行需要。

应该说，汽车"四化"不是孤立的四个方面，而是相辅相成，互为基础的。

这里需要再提一个尚未普及的新概念。

法拉第汽车创始人贾跃亭在一次发布会上将汽车"四化"升级为汽车"新四化"：全AI化、全Hyper化、全能化、共创化（见图1-5）。他的提法是否具有普遍的指导性，就是另外的话题了。

图1-5 汽车四化向汽车新四化升级示意图

二、经销商双四化

几年前，笔者曾到全国各地深度推广科学管店的理论、方法、工具，接触了大量的投资人和职业经理人。在大量的一线工作后，笔者总结出，要想将经销商的管理升华到理论管理的高度，就需要有更加清晰的目标指引。于是，笔者开创性地提出汽车经销商的传统"四化"：业务模式化、管理标准化、决策数据化、运营信息化。

1. 传统"四化"

（1）业务模式化

指在业务的布局和开展上遵循已经被充分验证的理论，科学地布局，有效地实现过程管理。在服务与客户之间、服务与业务之间、业务与财务之间、主干业务与衍生业务之间建立起有价值的连接关系。

（2）管理标准化

指在业务模式化的前提下，无论是对业务开展结果的评估，还是对业务开展过程的监控，均可以采取标准化的管理方法。管理标准化，可以有效降低管理者凭经验管理的局限性和随意性，大大提升管理水平，进而提升业务开展的水平。

（3）决策数据化

指在业务模式化和管理标准化的基础上，决策就有了数据化基础。通过让数据说话，让关键绩效指标（KPI）成为工作开展的主要评价工具，决策因有了可以依循的工具而更加精准有效，避免了人为的随意性。

（4）运营信息化

指通过信息技术的应用，使业务开展流程、财务监督有了可以依靠的平台。通过信息化建设，可大幅提高运营效率，降低人为的随意性。

2. 新四化

随着市场的快速变化以及信息技术日新月异的发展，为了给未来10年汽车经销商行业提供一个可供依循的目标，一个"新四化"的概念在笔者头脑中酝酿，它们是：营销全域化、业务平台化、决策AI化、管理人性化（见图1-6）。

图1-6 汽车经销商传统"四化"向"新四化"升级示意图

（1）营销全域化

指在拥抱自媒体基础上，在"公域"和"私域"两大范畴，全面展开营销工作。在互联网的各个维度上，全面获取客户信息，把握客户需求，建立客户连接，从而最大限度地实现业务。

（2）业务平台化

汽车经销商仍保持着创新活力，不断有新的业务被导入到经销商门店。面对众多的业务机会，经销商已无力只通过自身力量开展业务，从而不得不把门店作为一个业务开展平台，与供应商创新合作，与既有业务有效融合，从而成功开展业务。

（3）决策AI化

指在AI大潮来临之际，投资人和主要决策者要有清醒的认识，在数据化决策的基础上，善于使用AI概念新工具辅助决策，更从容地面对未来的挑战。

（4）管理人性化

随着"00后"步入职场，以训示为主要管理方法越来越难以为继。为了顺应新形势，需要管理者有更博大的胸怀、更包容的态度，在管理过程中更多体现"以人为本"的管理理念，用更好的企业文化、共同的工作愿景、更人性的管理制度、更舒适的工作环境来选、用、育、留人才。

小结	汽车"四化"确定了产业方向，汽车经销商"四化"归纳了汽车经销商的发展方向。两个"四化"共同构建了整个汽车产业价值链的发展态势，有现实指导意义。在局势日新月异的今天，在自媒体大爆发的当下，我们更需要这种有高度浓缩的观点来指明前进的方向。只有顺应潮流，不逆势而为，企业才能不惧风浪，基业长青。

总　结

本章，我们着重讨论了新能源汽车产业革命的发展趋势和现实意义。介绍了在新能源汽车产业变革的背景下，国内汽车产业激烈竞争的现状和产业格局的变化，并用双品牌金字塔理论模型解释了市场现象背后的本质规律。造车新势力和华为系的出现，使中国汽车产业格局发生了重大的变化，尤其是"华为不造车"的战略将对行业产生深远的影响。新能源汽车产业发展需要"四化"理论指引，汽车经销商的管理发展需要经销商"四化"的指引，传统"四化"指引经销商发展十年，"新四化"将继续引领未来十年。需要特别指出的是，"新四化"在传统"四化"的基础上才有现实意义。传统"四化"还没做到的经销商，得快速补课了，不然就会被市场无情淘汰。

体系
制胜

第二章
商业模式的坚守与变迁

在普通消费者眼中，这些年，4S店一直都在，并没有什么特别的变化。如果说有变化，那就是很多年没有看到从打地基开始建新店了；很多4S店不停换门头、更换品牌，品牌越换越不认识了；汽车不再只在4S店卖了，突然就进了商场，还挺成行成市的；多出来很多新能源汽车品牌授权店，不问问，真不知道是中国品牌还是外国品牌。

　　随着时代的变迁，4S店的生存逻辑正在发生深刻的变化。

第一节　强大的生命力

在过去20年里，4S店一直是汽车销售最主要的商业模式。主流汽车厂家都不约而同地选择4S店作为销售服务网络布局的主要模式。然而，最近10年，4S店却经历了两次大的危机。

一、两次危机

1. 资本看中了汽车销售和后市场

这次危机发生在2014—2016年之间。资本看中了汽车流通和后市场行业，他们希望用所谓互联网思维来彻底颠覆汽车销售和后市场领域。为了实现目标，他们广泛地投资了一批"互联网＋汽车"的创业公司。为了支持这些创业项目，他们开始动用资源，大造声势，攻击传统4S店：成本高、僵化笨重、不能满足客户需求、店大欺客等。一时间，唱衰4S店的声音不绝于耳。

这些舆论声音深深影响了4S店投资人和从业者，很多人都是人云亦云。彼时，笔者被4S店投资人问到的最多的问题就是："老师，4S店还有搞头吗？"看着他们惶恐无助的眼神，笔者只能一再解释：截至目前，4S店仍然是最好的汽车销售和服务模式，互联网思维在汽车领域不见得有多少优势，这阵风很快就会刮过去的。

果然，一两年以后，这些所谓掌握先进理念的创业项目就纷纷倒闭退场了。直到一个投资界的大佬在公开场合表态：我们不能只讲用互联网思维颠覆，我们还要尊重具体行业的客观规律。才为这次"互联网风暴"暂时画上了休止符。

创业公司倒了，4S店依然稳固，但其实，它的内部也在按照自身的规律、有节奏地演变着，只不过并不是很多人期待的那样。

2. 造车新势力带着全新理念来了

相较于当年的互联网颠覆风暴，造车新势力是一些更加"靠谱"的人。他们带着更雄厚的资金，以研发、制造、销售新能源汽车为目标，改变销售模式仅仅是他们创新思路的一小部分。

商超店、快闪店、城市展厅作为区别于传统4S店的新型销售模式，一时间风头无两。与传统思维不同的是，很多造车新势力没有选择经销代理制，而是选择了直营模式来管理这些销售终端。传统主流大厂看到新势力商超直营店搞得热热闹闹，于是纷纷跟进。听说，连高贵的奔驰，面对新能源汽车卖不动的窘境，都计划独立开辟一个以商超店为主要模式的新渠道，专门卖新能源车型（据说计划已终止）。可见，进商场、进市区一时间成了一种风潮。于是很多人就提出了疑问：4S店模式真要被颠覆了吗？

客观来说，居于闹市的商超店和城市展厅，在很多方面确实有其独有的优势。

- 商超店往往进驻高端商场，如果能够与其他高端品牌（如国际奢侈品品牌）做邻居，则可以借助品牌联想，大幅提升品牌档次。
- 建在商场中的商超店，凭借商场的巨大客流，对创建不久的新品牌提升知名度，较之4S店，确实有很大的比较优势。
- 商超店较之4S店，更靠近市区中心，对于来自垂媒的客户线索，邀约到商超店进行洽谈，对客户来讲可能更加方便，到店率相对更高。

然而，距离商超店大规模兴起不过三四年时间，这股热潮就快速消退，蜜月期如此短暂，商超店的先天不足暴露得越来越明显。

- 商超店无法与商场签订长约，一般只能签两年以下的租约。这对以"客户积累"作为重要经营思路的汽车销售行业来说，实在太短了。这边刚把店铺做旺，好不容易有些老客户介绍了，租约却到期了。
- 商超店由于场地的限制，在试乘试驾、交车，售后服务等方面有难以克服的劣势，难以满足客户购车体验的综合功能需求，只能与所谓交付中心配合，才能弥补这些方面的不足。
- 商超店单体规模相对较小，难以给交付大额订金的客户以足够的安全感，导致很多时候，还得把商超店客户拉到城郊的交付中心才能完成签约。
- 商超店成本过高，很多经营者赔本赚吆喝。即使长期有厂家的大额补贴，也无利可图。随着业绩的下滑，势微是迟早的事。

从实际情况看，商超店在经历了初期的喧嚣后，客户逐渐失去了新鲜感，客户可以在商超店看车，却更愿意到城郊功能更全面、服务更周到、消费更放心的4S店去签约。

一个一线新能源品牌的老板对笔者说："以前，一家商超店可以每月销售50台车，现在只能销售30多台车，根本无法覆盖成本。厂家从宏观考虑，当然还在鼓励，但很多商超店确实难以为继，厂家也只能顺应形势，该关掉的也都同意关掉了。"

二、厂家直营没有出路

另一个核心问题是厂家直营的问题。

汽车百年，除了极个别情况外，汽车销售一直走的是代理模式。强大的惯性，使厂家在选择销售方式时，直营模式就很少被纳入视野，更别提进行正式的讨论了。可以说，直营模式就没有被端上桌过。但新势力的到来，改变了这一切。新势力，就得干点不一样的：车是新技术的，店要建在商超里，要统一线上下单。为了统一服务标准，直营确实是最佳选择。

面对庞大的市场，很多造车新势力选择了直营模式或半直营模式。在商超店取得初步成功后，他们开始尝试直营4S店。

然而在笔者看来，在销售规模还很小的情况下，直营4S店还是行得通的。但如果销量想达到百万台的规模，布局500家以上的4S店进行直营管理，以笔者对厂家专业能力的认知，他们是做不到的，根本做不到。原因在于以下几个方面。

1）如此巨大的规模，分布如此之广，直营管理难度相当惊人。4S店是一个综合业务平台，内部构成相当复杂。开门生意，业务相当灵活，比管理一个封闭的工厂要复杂得多。尽管新势力可以通过大量的资金投入研发出好的产品，却难以短期建立起可以远程控制的、管理规范的4S店。

在一线城市搞几个示范店还是可以的，但要全国铺开，形成与销售规模相匹配的直营4S店，难度实在太大了。

2）缺少了经销商这一中间环节，厂家直接面对客户，对厂家不见得有利。在厂家与客户之间隔着经销商，对厂家来说好处是非常多的。比如，如果一个4S店由于员工个人原因出现欺诈行为，由于有独立经销商存在，一旦事情爆出，尽管厂家声誉也会受到一定的影响，但法律纠纷还是会被限制在经销商层面，厂家是相对安全的。可一旦4S店是厂家直营的，此欺诈行为将直接成为厂家对消费者的欺诈行为，这将对厂家的声誉和品牌形象带来巨大的冲击。厂家布局的4S

店数量越多，地域跨度越大，这样的风险就越大。

3）厂家直营4S店，难以避免会发生成本过高的问题。有了经销商，在统一的供应链上，厂家和经销商会形成博弈关系，这种良性的博弈，将使双方的利益分配处于合理状态：经销商为了自身的良性运营，会自动努力压缩成本，集约经营。但如果变成了厂家直营，则博弈难以形成，势必导致4S店运营成本居高不下。居高不下的营销成本，庞大的销售网络，势必给厂家带来沉重的负担，直至影响战略实施。

4）**厂家直营4S店，难以发挥经销商在局部市场小快灵优势，管理势必陷入僵化**。发展经销商、投资4S店，除了让其按照厂家标准动作执行常规操作外，更希望发挥经销商在局部市场人脉广、消息灵通的优势，能充分把握终端市场的机会。例如大客户业务，厂家直营的4S店就无法做得比属地经销商出色。

事实上，很多新势力品牌在度过早期的"直营+商超店"模式后，很快选择回归了4S店授权的传统经销商模式。作为造车新势力的小米，直接选择了经销商模式，也是因为看到了"蔚小理"直营模式的种种弊端，深思熟虑后做出的决策。

在可以预见的未来，4S店作为汽车销售和服务的主要模式，地位不仅不会动摇，还会更加稳固，并在新的时代背景下，焕发出新的生机与活力！

三、数量稳定

如前所述，整个汽车产业陷入史无前例的大变局中。中国品牌凭借"智能新能源汽车"的概念实现了换道超车，同时凭借在成本、做工、设计等方面建立起来的系统优势，形成了水漫金山之势。

4S店作为汽车厂家销售网络的终端，必然会在汽车市场格局发生重大调整时相应发生改变，甚至因为代理品牌的颠覆而一夜间全部消失。当下，推动4S店格局变化的有两个主要因素：①合资品牌的退坡；②自主品牌的战略摇摆。

1. 合资品牌退坡造成4S店数量的减少

未来几年，合资品牌的整体市场份额会大幅下滑基本是行业共识。在总量变化不大的预设前提下，市场份额下滑意味着销量的直接下滑，而销量的下滑意味着网内4S店的数量下降。例如：原来某品牌厂家每年的销量在80万台左右，按照1000台/店的经验值，则整体网络大约规划800家4S店。然而，当宏观市场发生重大变化时，比如销量在两年内下滑到60万台的水平，需要的4S店数量就应该在600家左右了。

然而，从800家到600家的淘汰过程，却是相当惨烈的！对于身在其中的4S店来说：尽管宏观市场保持稳定甚至微增长，但自身却是下滑30%的切实感受。同时，面对整体销量的下滑，厂家一定不会甘心承认现实。于是，不切实际的销量目标和变着花样的压库行为，就会令经销商苦不堪言。

供求关系的扭曲，使经销商别无选择，只能血拼抛售。价格倾覆，直接导致经销商大面积亏损。

近几年，厂家对经销商的态度发生了很大的变化。以前，为了维护品牌形象、保证局部市场的销量，厂家会通过现金补偿、政策支持、入店培训等方式提升经销商的盈利能力。对于试图退网的经销商，会千方百计地挽留。然而，随着局势变化，厂家的思维逻辑也发生了重大变化：以前厂家决策层面对的是远大目标与现实微增长之间的矛盾，而现在面临的是销量大幅下滑与维持网络稳定之间的矛盾。于是，厂家的策略变成如下。

- 巧妙施加压力，配合有针对性的扶持政策，让网内经销商出现优胜劣汰的局面。
- 鼓励落后经销商退网，使局部市场4S店数量与销量目标、市占率相匹配。

在厂家的主动引导下，在昏天黑地的搏杀后，很多经销商选择了退网，不退网的则更换场地，缩小规模，期待可能的形势变化。可以预见，在未来数年里，合资品牌的4S店数量会随着市占率的下滑而不断减少。

2. 自主品牌4S店数量大增

伴随着合资品牌在中国市场的退坡，自主品牌强势崛起势头明显。

（1）面对新能源大势不同的策略

在新能源转型的大潮面前，自主品牌采取的策略与合资品牌完全不同。

- 合资品牌根据自身的实际情况和全球战略，往往选择的都是在原有品牌下推出新能源产品，并在原有渠道进行销售。即使个别厂家推出新能源品牌，也是抱着试试看的态度，并没有倾尽全力。
- 自主品牌不但有新能源转型的诉求，还伴有品牌向上的内在需求。因此，自主品牌往往选择通过创立新品牌来推出新能源产品。

（2）自主品牌4S店数量大增

随着竞争态势日趋向好，自主品牌的4S店数量大增，其原因有二。

- 市场份额不断提升，使原有渠道不断扩网，4S店数量自然增加。
- 不断开创的新能源品牌，均需独立建网，在经过短暂的赶时髦后，大多还是选择了4S店模式，这导致4S店数量大增。

需要特别指出的是，对于那些新创的品牌，市场反响和品牌定位都不清晰，无论造车新势力还是传统车厂，都在不断摸索，导致的结果就是：不断有品牌倒下去，又不断有新品牌被创立出来。伴随品牌的兴起和陨落，成批的4S店被建设起来，又成批地垮掉。正是在兴起和衰落的过程中，新能源汽车的市场份额在"痛苦"中不断上升，相关的4S店数量也在不断增加。

3. 影响4S店总体数量的关键要素

按照常规的思维，4S店的整体数量，基本会和宏观销量相匹配，即当宏观市场处于平稳或微增长状态下时，4S店的整体数量保持基本稳定。用历史经验估算，全国4S店数量是3.5万家左右。

但新能源汽车时代来了，固有的经验都被颠覆。

有哪些影响4S店宏观数量的因素呢？

（1）消极因素

1）传统合资品牌因为销量下滑，导致4S店数量相应下降。按照目前的趋势预判，3~5年内合资品牌4S店总体数量会下降到目前的20%~50%。

2）由于很多品牌大量布局以4S店为中心的城市展厅和商超店，使作为母店的4S店数量大幅下降。例如，按照华为的建网设想，即使在中心城市，其客户服务中心也只有3~4家即可。这和原来一线品牌在一线城市动辄规划15~20家4S店的思路大相径庭。

（2）积极因素

1）自主品牌崛起，无论是份额，还是销量都获得大幅提升。相应的，其4S店数量也会大幅提升。

2）传统汽车厂家创立的新能源品牌，纷纷选择4S店模式，随着这些品牌的市场份额提升，4S店数量也相应增多。

3）造车新势力在经过短暂徘徊后，纷纷向4S店商业模式回归。随着他们中的佼佼者的市场地位被确立，相应的4S店数量也会增加。

4）随着供应链盈利能力下降，单体4S店投入要求越来越低，单体规模也在不断减少，原来1000台/店·年的经验值并不适用，400~500台/店·年设计规模的店大幅增加，进而导致4S店宏观数量大幅增加。

总之，影响4S店宏观数量的各种因素，具体影响多少，很难准确判断，但猜测4S店的总体数量还会小幅增加。估计，当市场相对稳定后，全国4S店数量可能达到4万家左右。

> **小结**
>
> 尽管面对两次危机，尽管4S店的某些缺点常为人诟病，但凭借自身无与伦比的模式特点，4S店作为汽车销售和后市场的主要模式，仍然被广泛推崇。厂家直营模式很快会随着其销售规模的上升而难以为继，以4S店为特征的代理模式仍会是未来汽车销售的主要商业模式。全国4S店数量在各种消极、积极因素影响下，最后会稳定在4万家左右。

第二节　生存环境与业态变化

曾经，商品销售是"渠道为王"的时代，被人津津乐道的案例是娃哈哈——通过将销售渠道成功下沉到乡镇一级，凭借其强大的销售网络，娃哈哈在竞争激烈的饮料市场获得了极大的竞争优势，也一度将宗老送上了全国首富的宝座。

汽车也是一样，遍布全国的"高大上"的4S店网络，保障了品牌的露出，保障了终端的充分触达，也直接保证了销量。完善的4S店体系和标准的服务成为汽车厂家的核心竞争力之一。

一、影响客户决策的能力下降

一个不可回避的事实是，销售终端在影响客户决策过程中的作用正快速下降，事实就摆在那里。

就网络布局完善性而言，造车新势力根本无法和传统车企相比。传统车企往往拥有遍布全国的800~1000家4S店，有标准的销售流程，成熟的维修技术。然而，当"蔚小理"这些造车新势力出现后，传统车企的这些网络优势并没有为其带来太大的竞争优势。相比之下，新势力的销售网络无法充分触达客户，维修网络无法提供便捷服务，但这些不足并未影响客户的购买热情。让我们不禁感叹：渠道为王的时代过去了。

为什么会出现这样的现象呢？

自媒体时代的到来，使消费者形成决策的方式发生了变化。

- 消费者可以通过垂媒看到各种专业的测评报告，远比4S店的"销售小哥"更加专业。
- 消费者可以通过论坛，看到鲜活的用车体验，远比4S店的话术更加真实。
- 消费者可以通过车评人的讲述了解情况，且信息详尽。
- 汽车已经足够普及，消费者身边有很多朋友，他们的意见比4S店更加可信。

总之，消费者对汽车的特点及自身的需求远比十年前明晰。终端销售已很难通过专业的话术让消费者改变心意，从而改变决策。

于是，销售就只剩下讨价还价的无聊过程。然而，据权威机构市场调研，80%的消费者对汽车消费过程中讨价还价的过程非常畏惧，他们更喜欢"一口价"的销售方式。曾经，造车新势力在卖新能源汽车时，曾试图开启"一口价"的线上销售模式，尽管后来被残酷的市场竞争搞得无疾而终，但仍是一次有益的尝试。特斯拉开创的"销售只负责介绍车辆，不进行价格谈判，由客户直接在网上下单"的新模式已经成功了。

如果连议价功能都消失了，终端销售只负责介绍车辆，那4S店的意义就真的大打折扣了。现在，很多新势力的渠道，尽管从硬件设施到业务构成都与4S店别无二致，但名称已经改成"客户中心"或"交付中心"了，顾名思义，"服务"意味明显。时代在变化，我们只能接受这种变化，并努力做好自己该做的。

二、向"泛4S店"发展

4S店模式进入中国时，是以全面提升品牌形象、提供客户一站式服务、全面提升客户消费体验为特征的。早期的4S店，由于厂家标准要求很高，基本没有改建店，都是在一片空旷的地上打桩，拉钢结构建起来的。这样的4S店占地面积大，功能齐全，建筑形制经典，因此，前店后厂就成了4S店的典型外部特征，并被消费者牢记。

随着时间的推移，随着4S店整体盈利能力下降，又因为厂家市场下探、政策放宽而大幅降低了4S店的建店标准，或者将店面标准分级，在县乡级市场推出了D、E级标准，于是，很多改建店，甚至销售、售后在物理空间上分离的所谓4S店也应运而生了。

进入新能源时代后，商业模式开始发生变化。

- 厂家希望与客户有更多的触达点，于是商超店、快闪店、城市展厅就被提出并快速布局发展起来。
- 售后方面也有很多的变化，更加专业的钣喷中心、厂家授权的快修店等。

这些新的商业模式布局，坚持以4S店为中心的同时，通过新模式的优势，可以为客户提供更优质、便捷的服务。

随着时代的发展，这种由大而全的4S店向"以4S店为中心、辅以功能单一的卫星店"的组合体将成为行业发展的大趋势，我们把这种趋势统称为"4S店向泛4S店发展的范式转移"（见图2-1）。

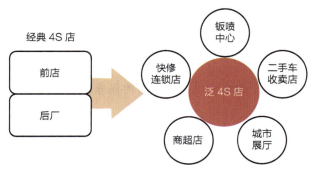

图2-1　4S店向泛4S店发展的范式转移

无论4S店向外输出了多少功能，以及业务开展形态如何变化，甚至硬件设施进行大幅调整，在可以预见的未来，作为汽车销售和售后服务的主要模式，它的根基并未动摇，仍是最主要的商业模式。

三、售后服务颠覆性变化

4S店以"前店后厂"为主要特征，前店的新车销售业务一直是4S店的主营业务，其重要性自不必说。在厂家的不断强调下，在利润贡献不断提升的客观事实面前，后厂业务也得到了应有的重视。

1. 售后业务下滑原因分析

近两年，由于各种因素叠加的影响，4S店售后业务颓势明显，很多成熟店业绩都处于徘徊状态，甚至下滑成为普遍现象。总结原因，无外乎以下几点。

- 随着汽车的普及，上门客户的钱包却越来越瘪了，消费能力不足是客观事实。
- 随着公共交通越发便捷，人们的出行方式变得更加丰富，一个业内关键管理指标——单车年度平均回厂次数，在大部分的4S店里都是下降的。
- 外部竞争对手实力明显增强，4S店以外，再不是黑漆漆"宰客"的街边档，而是出现了途虎养车这样的行业巨头。其专业程度、服务水平、收费标准、诚信度，一点不比4S店差，很多方面还有先天优势。客户过了保固期，选择到外边保养的现象越来越普遍。
- 还有一点客观原因：随着自媒体的普及，消费透明度越来越高，想通过一些方法增加客户消费越来越难了。

2. 新能源售后业务差异大

相对传统燃油车品牌4S店，新能源品牌4S店后厂业务面目全非。

- 没有了发动机和变速器，定期换机油的保养概念被彻底颠覆。保养业务的收益基本上消失了。
- 电动汽车，尤其是纯电汽车，机械故障少了很多，电池、软件故障很多又修不了，维修业务收益大幅下滑。
- 事故车业务占比大幅提升，原因很多：电池坏损，赔偿金额很大；车身传感器多，损坏赔偿大；其他业务量下降。

可以说，新能源品牌4S店售后业务发生了业务逻辑上的颠覆性变化，行业需要重新厘清经营思路。大胆估计，软硬件升级服务可能是未来的发展方向。另外，保险的合作也可能有全新的方法。

四、格局碎片化

伴随着品牌格局的快速变化，4S店投资人群体也在快速发生变化。

在过去的20年里，伴随着宏观市场的发展，成长起一批以投资、经营4S店为核心业务的集团公司，其中的佼佼者，我们称之为"百强经销商"。尽管中国汽车流通协会每年都公布新的榜单，但榜单上的名字还是相对稳定的。每年的榜单，除了尾部有些许变化外，前面的更多的是排名调整的问题。像某百强经销商集团因为特别原因崩盘破产，仅仅是个案，并没有太多代表性。

百强经销商，并不只有字面意义。在名字背后，它代表着行业地位，代表着实力，代表着某种竞争优势。

- 排名在前15名以内的，基本上都是全国布局、拥有100家以上4S店、综合经营的集团公司，或者拥有一线豪华品牌4S店30家以上的"土豪"公司。
- 排名处于中部的，大部分都是在某个省份或者某几个相邻省份拥有几十家4S店的区域强者，或者在某单一品牌具有明显强势地位的集团公司。
- 排名尾部的，很多都是最近10年崛起的，拥有多个自主品牌，在某一区域具有一定竞争优势的集团公司。

由于百强经销商有一定的品牌集中度，因此，百强排名的起伏，也反映出品牌竞争力的起伏。例如近几年，很多店数不多，但主要经营一线豪华品牌的集团公司排名不断上升，正是近几年豪华车市场不断增长的客观反映。

面对汹涌的新能源大潮，百强经销商也是积极行动者。但据笔者观察，他们在投资选择上基本没有清晰的战略，只要是新能源品牌，就不假思索地砸下去。他们有以下两个无法回避的基本事实。

第一，当一个新事物出现时，往往是鱼龙混杂、泥沙俱下。在经历短暂的热闹之后，很多品牌必将归于沉寂。不经过充分的考察和细致的论证，投资这些品牌，最后必将亏得血本无归。

第二，这些新势力品牌往往单体投资较小，设计规模也不大，即使可以赶上风口实现盈利，也难以平替投资规模巨大、单体经营规模也很大的传统合资品牌4S店。也就是说，想完成传统燃油车向新能源车品牌的平稳过渡，实现战略转型，单靠投资新势力品牌是难以达成效果的。

事实上，从业者关注的是新能源汽车崛起引发的行业格局变化，但对更深的本质不够重视，那就是 自主品牌的强势崛起。由于历史的原因，百强经销商大部分都是靠投资合资品牌4S店起家的。多年以来，其获利主要依靠这些合资品牌4S店，其经营重心也在合资品牌上。这也就意味着，相较于以经营自主品牌4S店为主的中小规模经销商集团，百强经销商面临更大的转型压力。

然而，在这个行业，硬实力并不是万能的。在自主品牌体系里，地位更高、更受重视的往往是那些多年来跟着厂家一起发展，共患难，有着悠久合作历史的经销商。在自主品牌的体系中，"百强"要么摸不到庙门，要么处于边缘地位，并没有竞争优势。

随着行业经营走向成熟，融资方法日趋完善，单体4S店投资规模变小，市场变化节奏加快，百强经销商原有的资金优势、规模优势、人才优势、经营优势正日渐消减。随着合资品牌市场份额的下降，自主品牌的崛起，百强经销商的比较优势必然逐渐丧失，行业必然崛起一批以经营自主品牌4S店为主的新经销商集团。但由于客观的市场因素，他们很难再成长到比肩百强经销商的规模，他们的特点大致如下。

- 以经营自主品牌为主。
- 4S店规模在3~10家范围内。
- 经营区域比较集中，店面集中在1~3个城市范围内。
- 投资人专业且相对年轻，甚至可以直接胜任4S店总经理。
- 经营灵活多变，接受新事物直接快速，往往在局部市场表现出较强的竞争力。

根据以上分析，百强经销商日趋势微，经营自主品牌的中小规模经销商集团崛起是必然趋势。整个4S店行业因为这样的格局变化，在未来的一段时间内，会呈现碎片化趋势。但在更远的未来，4S店进一步通过竞合游戏，走向集中也是规律使然。

与合资品牌相比，自主品牌一度在网络布局方面差距巨大。

- 由于没有足够的盈利能力，无法要求经销商在4S店硬件方面进行较高投入，只能实事求是降低标准。
- 销量有限，网络布局无法充分覆盖，很多空白市场只能由二级网点填补，形象差距明显。

- 由于竞争力弱的原因，投资人和职业经理人的职业素养有限，难以达到合资品牌的管理水平。

尽管有这样那样的不足，但自主品牌仍然顽强成长起来了。4S店的短板也迅速得到了补强。比较有名的案例是长城汽车：通过"决胜终端"战略，长城汽车在短短几年时间里就形成了不输于合资品牌的4S店硬件标准，通过近乎严苛的奖惩措施保证了服务标准的执行，成为行业学习的典范。

目前，自主品牌4S店，无论在硬件还是在服务水平上，都已经与合资品牌并驾齐驱。

小结　尽管4S店的生命力依然旺盛，但无论是外部环境，还是内部业务逻辑，都发生了很大的变化，竞争态势也明显不同。从业者需要根据自身的特点，合理设计经营发展战略，这样才能在竞争中立于不败之地。

第三节　经营方针与经营要素

随着经销商外部经营环境和内部业务规律发生变化，其经营方针和影响经营的要素必然发生变化。只有顺应了形势，把握这些变化的趋势，积极调整，才能实现转型，赢得未来。

一、从建百年老店到"活在当下"

以前，为了在经销商体系树立精神图腾，培养品牌忠诚度，跨国汽车巨头往往会请来欧洲或美国的经销商投资人，搞一场煽情演讲，演讲的内容大概是：他们忠诚于品牌，往往已经经营几代人，爷孙三代共同守护一两个店面，他们与厂家一起经历了市场的起起伏伏，他们对所代理品牌无限热爱，对客户极致关怀，这让中国这些只有十几年经营历史，投机心态严重的投资人汗颜，在内心中也暗暗确立了"建百年老店，保基业长青"的经营理念。

然而，中国并不是那些西方国家。我们处于一个快速发展的国度，处于一个不断颠覆的时代。

随着商品形态从传统燃油车快速向新能源车转变，游戏规则也在快速调整中。随着造车新势力的不断涌入，一向四平八稳的汽车行业也越来越像手机行业了。于是，当初的"建百年老店"经营理念，当下看起来显得有些滑稽：有谁会期盼一个手机店会成为百年老店呢？

随着局势的发展，单体4S店规划规模减小，资本需求也随之下降，其投资密度正从千万元级向百万元级滑落，如图2-2所示。4S店正从一个"高大上"的重资产投资项目变成普通投资项目。这有点像餐饮行业，原来投的是米其林三星餐厅，现在投的是街边快餐店。

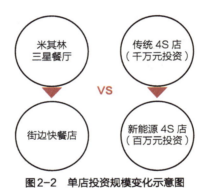

图2-2　单店投资规模变化示意图

这是一个品牌颠覆的时代，一个经销商，即使内部管理再好，如果代理品牌没站在趋势上，也难逃被淘汰的命运。

在这样的背景下，建"百年老店"的经营理念显然脱离现实。"活在当下"显得更顺应形势。在传统合资品牌普遍惨淡的时代背景下，在造车新势力"你方唱罢我登场"的现实环境中，经销商投资不可能立足长期，投资人抱有投机心态也就无可厚非了。

笔者与多个中小规模投资人沟通的结果是，他们普遍的思路是"看两年"，即一个品牌在未来两年里是否有获利机会。如果有，就可以考虑投资。但真实的情况是，市场瞬息万变，连一年都难以把握，更别提两年了。总结下来，现在经销商门店能经营多久，取决于以下三个要素。

- 上游品牌厂家是否在发展趋势上，不会轻易被时代淘汰。
- 门店是否能获得合法的土地使用权或者长期的经营场所租约。
- 门店自身各项经营要素是否具备竞争力。

这注定是一场带有赌博性质的投资盛宴，没有人能真正预测未来，很多行业大咖都说过，汽车行业越来越像手机行业，最后剩下的品牌最多3~5家（这个观点笔者并不完全认同）。如果接受了这个观点，那也就接受了目前大部分的新能源和传统燃油汽车品牌都将淹没在历史长河中，也就意味着，目前在经营的绝大部分4S店都将消失或转型。

形势真的会这样演进吗？

二、输血与造血

笔者曾经乐观地预测，随着竞争的加剧，经销商的话语权会不断上升，并在整个价值链体系中扮演更加重要的角色，而不是沦为厂家的附庸。更进一步预测，自身经营管理能力作为更加重要的元素，将更加直接地决定经销商的发展方向。

然而，随着竞争的加剧，经营环境的恶化，经销商在经营过程中获得独立话语权的趋势被遏制，伴随着对厂家补贴依赖的加重，经销商话语权不升反降。

长期以来，经销商门店作为厂家销售服务网络的节点，其获利来源无外乎两个：来自厂家的利益输送（输血）以及自身的经营获利（造血），如图2-3所示。

图2-3　经销商获利来源

在现实的经营中，这两种获利方法是难以准确区分的。比如：卖一台车，需要根据当时的市场价格，再充分预估厂家商务政策的获取情况，最后以一个与客户商谈好的价格成交。最后的实际获利，很难界定是厂家输血还是自身造血。但这两个获利来源，经营者是可以切实感受到的，比如由于市场竞争激烈，经销商销售价格倒挂，亏损严重，厂家及时出台新的补偿政策，这就是输血力度加大的表现。

近些年，在合资品牌退坡、自主品牌崛起的大背景下，随着市场竞争的日趋残酷，合资品牌和自主品牌在这两种获利方式上呈现出两种截然不同的状态。

- 合资品牌经销商在厂家高目标、高返利的政策驱动下，可以忍受超低价格亏本进行销售，造成日常策略性经营亏损的普遍现象，大量经销商获利要靠厂家事后的补偿红包。这两年，市场竞争更加激烈，即使计算上补偿红包，仍有大量经销商陷入亏损，行业哀鸿一片。所谓的"行业崩溃"说，主要指的就是合资品牌的这种现象。从长期看，这无疑是一种不正常的经营现象。

- 自主品牌的局面要好很多。厂家基本没有在季度末或年末发放大红包的习惯，经销商也就没有寄希望于此。尽管市场竞争残酷，但计算上常规返利，经销商仍然可以从汽车销售业务上直接获得毛利，尽管由于市场竞争的残酷，使直接毛利变得比较微薄，但对于过惯了苦日子的自主品牌经销商来说，还是能接受的。因此，无论投资人还是职业经理人，心态要比合资品牌好很多。也正因如此，在大变局的当下，他们更多地看到的是发展的机会。

合资品牌经销商严重依赖补偿性大红包已经不是一天两天的事情了。从整个供应链角度看，合资品牌可以长期祭出"大红包"，一方面说明合资品牌厂家的盈利能力仍明显好于自主品牌厂家，他们有财力支撑这动辄几十亿的现金支出。另一方面，长期的大红包政策，使经销商习以为常，从"惊喜"转变为"刚需"，间接造成了终端实际成交价格大幅下滑，这反映了合资品牌产品的实际价格已经严重背离了官方指导价，是合资品牌产品在面对自主品牌时竞争力下降、被迫以价换量的客观体现。

正常经营严重依赖厂家政策性输血，这是经营观扭曲的表现，客观说明合资品牌竞争力已严重不足。

在通过自身造血无法实现盈利的情况下，经销商话语权也被大幅抑制，经销商拥有独立经营决策权的能力正在被厂家的持续压库和配套政策所左右，足额获取厂家返利，或者通过改善关系获得厂家额外政策支持，成为经销商经营成败的首要决定因素，而原来更加重要的内部管理水平则退化到从属地位。这样的经营逻辑使经销商投资人和经理人思想更加浮躁，经营更加倾向于投机，不再乐于从基础管理工作做起。

不管你愿不愿意，行业现状如此。

三、运营七要素

以笔者多年直接的实践经验和行业观察，总结出针对传统经销商门店的影响经营成败的七大要素（见图2-4）。

- 平台要素，包括品牌与产品、市场规模、刚性成本和历史积累。
- 可变要素，包括资金保障、聪明经营和体系能力。

图2-4　影响经营成败的七大要素

以下分别来对它们的变化进行分析。

1. 平台要素

（1）品牌与产品

当下是品牌颠覆的时代，当下是产品为王的时代。在这个时代，在营销领域有时你会感觉孤立无助，各种手段用尽，市场反馈却是无声无息。明明产品各方面都很不错，性价比也很高，明明各种营销手段都使用了，可效果却并不理想。这主要是因为，现在是品牌竞争的时代，在品牌势能的加持下，产品才能得到应有的市场回馈。在营销领域，自媒体方兴未艾，信息传播本身没有任何障碍，甚至消费者比商家更了解产品的性能参数，产品自身的特性比营销手段更为重要。

品牌与产品，奠定了市场竞争的基础。

（2）市场规模

门店所在地的市场规模，是经销商能够在当地生存和发展的基本条件。

4S店毕竟不是汽车销售的基础模式，而是高级模式。不是每个市场都能支撑起4S店这样的商业模式存在。如果当地市场规模能支持4S店生存和发展，那是一个店合适，还是几个店合适？如果你作为4S店的投资人，在确定了品牌后，是否能找到合适的局部市场建店，将是这项投资成败的决定因素。

在恰当的时机，在合适的市场进行投资和经营，是投资成功的基础要素。

（3）刚性成本

经销商门店投资后的基础运营费用，我们称之为刚性成本。

我们探讨的刚性成本，不仅指土地租金、建筑物折旧、资金占用成本等传统意义上的基本费用，还包括接受厂家要求而必须购买的设备、必须构建的人力架构所付出的经营成本。如果这些自身无力改变的成本支出过高，而门店由于竞争压力而导致亏损，则门店将毫无竞争力。

近几年，由于市场竞争过于激烈，决定门店生死的，最后都归结为刚性成本的竞争。谁成本高，谁先被淘汰。换句话说，由于供应链整体盈利能力下降，刚性成本高的门店已经不适合新的市场环境了。

（4）历史积累

近两年，很多品牌出现了经销商大面积亏损现象，但仔细分析会发现，除了特定市场布局严重不合理的，大量亏损的往往是新店或者长期管理不善导致未能实现历史良性积累的。相反，很多经营一直表现不错，在售后产值、客户口碑、增值业务一直有所积累的经销商，尽管面临残酷的竞争，却仍能保持很好的盈利表现，甚至有厂家补贴红包的加持，盈利表现更好于从前。

经销商科学经营方法论中有一条就是"良性积累"。

在"刺刀见红"的当下，市场竞争再没有那么多的"花拳绣腿，"更多的是真实实力的较量，是天生禀赋的比拼。以上四个平台要素是否有"硬伤"，是决定生死的关键。

2. 可变要素

假设一个总经理，接手了一家正在经营的4S店，他也就接手了以上四个平台要素，接下来，他需要灵活运用以下三个可变要素，来努力完成投资人设定的经营目标。

（1）资金保障

经销商的内核是大贸易公司，资金是正常经营的基本保障。

在厂家担保的前提下，银行对经销商的授信服务体系已经非常成熟。各种方式的金融服务流程都非常通畅，使经销商成为一个可以"以小博大"的生意。

然而，随着盈利水平的下降，整车销售价格倒挂、刚性现金支出、返利池堵塞，都威胁着经销商的正常运营。很多经销商集团，都处于"10个瓶子8个盖"的资金紧绷状态，稍有不慎，就可能发生资金链断裂的情况。

如果资金无法保障，再优秀的总经理，经营能力再出色，也是巧妇难为无米之炊，徒呼奈何！图2-3中"资金保障"的箭头是水平的，说明资金是经营的基本需求，是正常经营的基本保障。

（2）聪明经营

"聪明经营"这个词，笔者是从某大保险公司高管口中第一次听到的。可见，它的内涵适用于任何企业。笔者经常告诫投资人，你请职业经理人，主要的目的是请他/她领导经营工作，而不是主抓管理工作。实施"职明经营"是职业经理人（门店总经理）的第一要务。

对于汽车经销商这个行业，聪明经营在不同的历史阶段，有着不同的侧重点。这里简单概括如下。

- 在产品竞争阶段（2000—2012年），聪明经营主要表现为总经理"胆子大"，能通过突破常规来取得更大的经营收益，彼时行业内可谓奇招迭出。
- 在品牌竞争阶段（2013—2019年），聪明经营主要表现在总经理能预判市场形势，正确控制车源，有效把控销售节奏，巧妙地将衍生业务与主干业务结合，制定恰当的营销政策等。
- 在品牌颠覆阶段（2020年至今），聪明经营主要表现为总经理能充分争取厂家的政策返利；审时度势，坚决果断地降本增效；敢于降薪裁员；敢于向投资人建议将门店放弃或迁址。

理论上，随着市场逐渐走向成熟，聪明经营的价值应当不断下降，而体系能力的价值应当不断上升。但现实是，进入品牌颠覆阶段，从投资人到总经理，都变得异常浮躁，不再思考长期战略，投机心理占据主导地位，对基础能力改善漠不关心。这样怎么可能基业长青呢？

（3）体系能力

体系能力指通过长期努力构建起来的组织领导能力，包括企业文化、规章制度、软硬件构成、人员能力等。

随着市场逐渐走向成熟，经销商经营过程中总经理灵活操作、聪明经营的成分越来越少，而不断建设的体系能力越来越重要，这本是健康发展的坦途。然而，行业并没有沿着这条路走下去。

- 厂家掌握绝对的资源，只要获得厂家的政策倾斜，就能获得竞争优势，获得超额利润，这不是内部体系能力建设能够达到的效果。
- 进入品牌颠覆阶段，市场变化太快，很难看清更远的未来，投资人和职业经理人都选择活在当下，投机心态加重，不太愿意为莫测的未来进行吃力不讨好的体系能力建设。
- 市场变化太快，确实存在很多投机的机会，把握这些机会，远比关注内部、加强体系能力建设更加有效，而把握机会正是过去很多年中国中小投资人擅长做的。

面对此情此景，图2-3中那个向上的箭头就显得"苍白无力"了。

小结

厂家没有教会经销商健康可持续发展的理念、加强内部运营管理的方法，却喜欢运用各种急功近利的政策吸引经销商进行短期豪赌，或者人为制造竞争力差异。经销商投资人和职业经理人们，越来越不重视基础能力的打造，建百年老店的心态被活在当下的理念取代，更加重视寻找投资、投机的机会，人心变得浮躁。

总　结

本章用较大的篇幅，重点阐述了汽车经销商走过的不同发展阶段及相应的变化，在当下这个市场格局剧烈调整的特殊时期，4S店凭借自身模式优势，仍然具有顽强的生命力，而且依然是厂家网络布局的首选模式。但为了顺应新的竞争形势，4S店在厂商关系、外部市场、业务特性、内部运营等方面都在发生变化。相比之下，厂家在经销商渠道管理方面，并未形成真正意义上的理论突破，故未能在改善经营和远程控制两个方面有让人眼前一亮的表现。因此，厂家对4S店进行直营布局只能是昙花一现。在可以预见的未来，4S店仍然会在传统框架内缓慢调整。行业呼唤经销商深层次管理的理论和行之有效的方法。

体系
制胜

第三章
底层逻辑：基础模型理论

过去若干年，笔者先后为《广州日报数字报－生活周刊·汽车》《汽车商业评论》等汽车媒体平台写过《为什么经销商集团化管理更失败》《只督不导的表象背后》等文章，相较于其他题材文章，这种文章影响力很强，争议也很大。

其实，这些文章都在讨论一个共性问题：为什么汽车经销商自上而下实施管理往往效果不佳？

无论是厂家督导，还是集团管理，其实都是建构在实体门店之上的上层结构，面对他们，门店总经理都要带着笑脸说声"领导，您来啦！"他们都在从自己的角度、用自己的方式对门店施加影响。这种影响可能是正向的，也可能好心办坏事，产生负面影响。面对需要俯视的门店，如何在有效监督下，实现正向的赋能呢？

记得几年前，笔者把一位厂家部长级的老朋友请到了公司，一边讲解经销商内部运行原理，一边探讨管理软件开发的一些思路。笔者"唾沫横飞"讲了半个多小时，突然发现，这位老朋友目光呆滞，不发一言。笔者略带尴尬地试探着问："老兄，你听不懂吗？"笔者的这位老朋友，在厂家做过多年大区管理工作，在总部也做过多年销售管理，按理说，对经销商运营应该非常专业才对。然而他的回答让笔者大跌眼镜："我就是给他们下个目标，再制订点政策诱导一下，中间过程再施加点压力，至于经销商内部怎么操作，我哪管得了那些？"

几年前，笔者应邀去给国内某知名自主品牌厂家总裁讲解"经销商模式化管理理论"，这位总裁是行业内拥有巨大影响力的头牌人物，她非常虚心，认真做了笔记，讲座完成后还深度交流了很长时间。后来笔者听到消息，这位总裁把销售公司中层以上干部拉到一起痛骂了一顿，现场非常"惨烈"。她愤怒地讲："外边对经销商管理的理论研究已经达到如此高度，你们却还在这里做梦。"厂家管理着经销商，可对经销商的认知却如此干瘪，问题到底出在哪里？

笔者走过很多经销商集团，大的有100多家4S店，小的有不到10家。客观讲，集团化管理鲜有特别成功的。

笔者认可的集团化管理，表现为以下三点。

- 集团对行业发展趋势有深度研究，面对局势，进退取舍，布局更加合理。
- 集团基本可以很好把控门店的经营风险，把门店"跑冒滴漏"行为控制在有限范围内。
- 门店在集团的集体管理下比在总经理个人独立管理下表现得更加优秀。

然而，绝大部分集团都没能做到以上三点中的任何一点。好像集团越大，下面门店问题越多，经营也越僵化。很多集团的单店经营管理水平比之相同条件的独立4S店还差，盈利表现也差距明显。问题的根源在哪里？

很多集团喜欢把优秀的店总（门店总经理）升职到集团管理运营，可这些在店面表现异常优秀的总经理，到了集团却表现出明显的不适。不但不能做出应有的业绩，而且在门店总经理层面威信全无，自身也非常痛苦。这后面的原因又是什么呢？

无论是厂家，还是经销商集团，都面临着一个关键的问题：究竟怎样才能实现有效的门店管理？

笔者撰写本书的目的之一，就是向读者揭示门店管理的基本理论和方法。通过揭示门店商业模式的底层逻辑，来为汽车厂家和汽车经销商集团开辟一条行之有效的经销商门店科学管理之路。门店科学管理如图3-1所示。

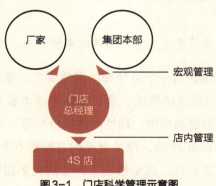

图3-1　门店科学管理示意图

第一节 经销商需要理论指导

记得很多年以前，笔者还在一家百强经销商集团做管理时，每天都很忙，父亲就疑惑地问我："我看你这个行业，就是前面卖卖车，后面修修车，没啥技术含量，你整天忙个啥呢？"我只能笑笑、不敢答话。我没法向他老人家讲述商业模式、全域营销、业财一体这些基本管理概念。

一、自身难以推动体系建设

前文提到了一个经销商要想取得理想的业绩，就需要"聪明经营"和"体系能力"双轮驱动。然而，一个投资人，在目光所及的范围内看到的，或者看中的总经理人选，他们的基本素质如下。

- 能很好地与厂家各级职能机构进行有效的对接，保持良好的沟通。
- 能准确解读厂家商务政策，并与市场情况进行"勾兑"，快速形成对策。
- 能快速组建核心团队，用阶段性目标团结团队。
- 能用灵活多变的方式管理团队，用人治但有效的方式开展工作。
- 能在下属遇到困难时，快速给出对策，成为下属眼中的"点子王""主心骨"。
- 有广泛的信息渠道，把握市场动态和竞争对手情况，制定针对性对策并实施。
- 可以准确接收来自投资人或集团总部的考核要求，并有效应对，达成目标。

可见，对投资人来说，对一个总经理的素质要求，更多体现在对一个门店的"聪明经营"上，体现的是灵活快速、擅长交际等基本素质，对于体系能力建设相关的素质，例如严谨的逻辑思维、理性的数据分析等，则不太看中。

笔者这些年进了几百家4S店，深度交流的总经理不下200位，他们多半出身于门店的销售顾问、服务顾问，甚至修理工；他们大多拥有灵活的头脑，较好的口才，圆润的处事风格；但几乎看不到他们在办公室摆放白板，更遑论在上面勾勒个流程图。

笔者深度调研了不下100家4S店的内部管理，他们很多业务做得风生水起，也很赚钱，但往往流程混乱、效率低下，财务能力严重不足。与总经理和投资人交流，对于后线建设、业财一体等话题明显缺乏基本的理念和方法，对重要性认识也往往流于表面。

正所谓"再好的理发师也剃不了自己的头"，既然门店总经理难以推动自店体系能力建设，那这个任务就交到投资人、集团总部，甚至厂家的头上了。

二、经营管理需要理论指引

经销商门店是天生的连锁业态，有人自然将它和麦当劳、肯德基进行对比。

麦当劳是全球著名的连锁品牌，依靠标准化的门店运营，保证产品、服务品质全球一致，赢得了广泛赞誉。很多人就想当然认为4S店可以完全向麦当劳看齐，只要做出全套的服务标准，就可以全面进入高质量运营状态，大大提升服务水平。很多厂家大力推动《标准服务手册》的编写，并投入大量的人力、物力来落实这件事，但实际效果并不是特别理想。道理一点也不深奥：根源就在于汽车门店的单体规模和麦当劳的单体规模存在质的差异。

- 麦当劳门店，单店员工十几人，经营产品十几种，组合套餐十几个。
- 汽车门店，单店员工几十、上百人，销售、售后两大平台，十几种业务，营业额动辄数亿元；业务跨度大，复杂度高。

这种规模和复杂度上的差异，会带来哪些实质上的影响呢？

笔者认为，主要有以下两点。

第一，规模与复杂度的区别，导致"业务"与"服务"相对分离。

麦当劳单体规模小，业务单一。这导致业务与服务紧密结合在一起，业务就是服务，服务就是业务。向客户推荐商品更多地表现为帮助客户高效决策，而不是向客户推销汉堡；向客户提供商品更多地表现为出餐快等。

在麦当劳的话语体系里，并不强调业务是核心要素，而是将业务严密地包裹在"服务"中，它的经营是通过选址、装修、商品设计等共同来实现的，并不主要通过销售流程来实现。

汽车门店就大大不同了，无论是销售还是售后服务，都有很多种类的业务，这些业务不但专业性强，而且都有各自的特点，均需要销售人员进行必要的"推销"才能达成。

这是汽车门店实践中的常识性问题。

然而很长时间以来，厂家在经销商的管理逻辑里，并没有清醒地认识这个问题。笔者在经销商集团做运营总时，到旗下某豪华品牌4S店视察，问一位展厅经理："你是如何保障成交率的？"他的回答是："我们严格按照厂家要求的服务标准执行，确保客户满意。"他的潜台词是"只要按服务标准做好了服务，业务自然来。"这就是一个被严重洗脑的展厅经理根深蒂固的思维，但实践下来，他的认知严重脱离实际。

为什么这位展厅经理会有这样的认知？这无疑是厂家多年培训的结果。但常年的培训却与业务实践背离，这样的培训又有多少现实意义？

究其根源，还是厂家对于汽车销售"业务"和"服务"相辅相成，却彼此相对分离的事实理解不深，形而上学地用《标准服务手册》代替业务理论，并长期贯彻执行。

第二，规模与复杂度的区别，导致麦当劳只需要《标准服务手册》，而汽车门店需要的是"商业模式理论"和"科学管理方法"。

由于麦当劳单体规模小，单体店的店长执行的是现场管理，并且基本都亲自参与一线工作，他们并不需要了解什么高深理论，只需按照标准，做好该做的就可以了。在带领团队这件事上，经过短期的培训，基本都能胜任。

汽车门店的运营就复杂很多。由于单体规模很大，组织结构就形成了总经理、经理、主管三层管理结构，这就牵扯出领导力、授权与监督、企业文化等很多问题。甚至，由于门店业务跨度大，导致很多管理者不能全面掌握这些业务的基本原理和开展技巧。很多总经理对店内一些业务（尤其是售后业务）"知其然而不知其所以然"。

笔者曾与一位能力挺不错的总经理交流，他那时刚任命了一个衍生业务总监，把销售后线的所有工作职能都赋予了这个人。我对他说："这些管理内容跨度很大，管理内容之间并没有特别的内在逻辑，对这个人的素质要求很高，你为什么要这样设计？"他的回答让我很无语："我师父的店就是这样管理的，他怎么做，我就怎么做呗！"

经验，还是经验！

"知其然而不知其所以然"的经销商总经理必然走上管理僵化之路，很难做到"因地制宜，实事求是"。

面对单体业务规模大，管理难度高的现实，如果仅仅是任命一个总经理，让他根据自身的水平来管理，就会出现以下问题。

- 千店千面，集团和厂家基本看不明白，也控制不住。
- 经营能力不足，经营存在明显业务短板，难以保证充分盈利。
- 过分依赖人治，安全性不足，一旦人员异动，损失很大。
- 经营风险大，容易出现不可逆事件，给公司带来无法预测的经营风险。

笔者曾经与一位投资人交流，我问："您是否能容忍您请的总经理的个人短板，明显成为他管理的门店的短板？"他思考了之后说："我无法容忍，但我不知道如何做才能解决这个问题。"

笔者的答复是：凭借科学的模式化管理理论，推动门店向模式化管理目标前进，在实现有效管控的基础上，补齐总经理个人能力短板，共同推动门店在更高的水平上稳健经营，从而取得更好的经营业绩。

> **小结**
>
> 总之，无论是经销商集团化管理，还是厂家对经销商门店进行渠道管理，均需要在所谓标准服务的基础上升华，对商业模式、底层逻辑有更深的理解，从而实现更加科学的门店管理。

第二节 商业模式解析

前文提到，4S店经历了两次信任危机，尤其是2015年"互联网＋汽车"那次，资本凭借所谓的先进"互联网思维"，大喊要"颠覆"4S店商业模式，造成整个行业的恐慌。但还不到一年，这种喊打喊杀的"颠覆"就偃旗息鼓了。

为什么在很多行业凭借互联网新模式都实现了所谓"颠覆"效果，到了汽车4S店领域，却折戟沉沙了呢？

这就要从4S店的本质开始说起。

一、4S 店的本质

笔者曾经在一次课堂上，向学员举了一个例子：笔者在广西有一位投资人朋友，他在广西投资了五个硬件极度豪华的有前店后厂特征的豪车店。

- 前店卖的是从平行进口车渠道引进的豪车。
- 后厂的生意主要面向自己卖的这些豪车的车主，配件从原产国平行进口引进。

问：这样的商业模式是 4S 店吗？

在场的学员出现了分化：一部分学员认为，既然是前店后厂，就是 4S 店；另一部分学员则认为，没有厂家授权，即使有前店后厂的"形"，也没有前店后厂的"实"。

近几年，4S 店这种商业模式饱受质疑，一再有人站出来，通过指出 4S 店的各种问题，得出 4S 店即将被颠覆的结论。然而事实是，4S 店一直是厂家发展销售渠道、布局销售网络的首选模式。

经过长时间的深入思考，笔者得出结论，4S 店的本质只有两条：厂家授权、跨平台客户运动（见图 3-2），其他特征都是表象。

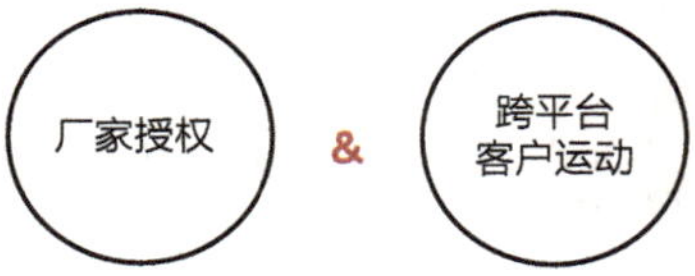

图 3-2　4S 店本质示意图

- 前店和后厂在物理空间上发生分离也可以被认定为 4S 店。
- 前店和后厂是两个投资主体，只要客户能流动也可以被认定为 4S 店。

从以上的角度分析，4S 店实在没有什么好颠覆的。

- 厂家经过直营尝试后，还是愿意回归到授权经营的传统轨道上来。
- 提供从销售到售后服务的一站式服务是客户的基本需求，无须颠覆。

为什么在其他行业无往不利的互联网思维，放到汽车销售领域，就没有多大优势了呢？主要是以下两方面原因。

第一，其他行业（如服装、食品等）在分销领域，存在多层分销结构，互联网公司可以通过自身优势直达末端商家或者消费者，将中间商彻底抛弃，形成颠覆效果，而在汽车分销领域，4S 店作为唯一一级分销结构，起到无法替代的作用，无法通过互联网击穿，也就难以形成颠覆效果。

第二，汽车是复杂消费品，在销售的过程中，需要有销售人员直接面对客户，目前尚不具备全自动销售的AI技术。另外，即使完成了销售，也需要在地面完成车辆交付，这些都是互联网无法替代的功能，相比起来，互联网的优势就不太明显了。

因此，理性判断，互联网进入汽车销售领域，只能在原有商业模式基础上，提供改良型工具，而无法达到颠覆的效果。

那些因为资本介入，而故意给4S店挑的毛病，比如4S店硬件过于奢华、成本过高，结构臃肿、管理僵化，浪费土地等，都是厂家在制定网络政策和对4S店管理时具体政策设计偏差造成的，不应该成为质疑4S店商业模式本身的理由。

二、复合型商业模式

先说一个案例：一个中等规模经销商集团的总裁，委托笔者去给他们旗下的一个问题店"把脉"。笔者到了后，一位非典型的店总热情接待了笔者。说他非典型，因为他有三个非典型特征：年龄过50岁了；北京大学毕业；之前在其他行业，半路出家来做4S店管理。

他对我很热情，讲起过往，很是激动，大有"忆往昔峥嵘岁月稠"的意思。然而，他话锋一转，很感慨地说："我做了一辈子管理，都非常成功，本来让我来管个4S店，我想那还不简单，看着就行了。但真正管起来，发现我实在无知，经营压力大，管理复杂度又高，连基本的管控问题都搞不定，和我以前的行业比，难度不是一个层次的。"

他的话，使我陷入了深思。一个早年的北大毕业生，基本素质应该没问题；多年的管理经验，管理理念和管理方法应该也没啥问题；可为什么小小的4S店却把他给难住了呢？

为什么4S店在外行看起来非常简单，不就是前面卖卖车，后面修修车这么点事吗，但一上手，却感到难度很高？

在笔者看来，刚才的案例，除了半路出家带来经验不足的现实问题外，对4S店商业模式缺乏认知才是问题的关键所在，具体如图3-3所示。

第一，4S店的内核是贸易公司。

以4S店作为基本载体成为主流之前，汽车都是以贸易公司作为分销载体的。如果是国营的，一般都叫××物资集团；如果是民营的，一般就叫××贸易公

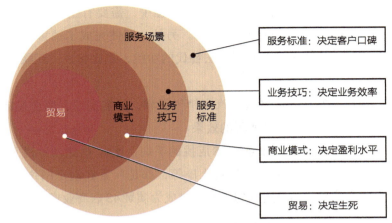

图3-3　复合型商业模式示意图

司。当4S店成为新的载体时，其作为贸易公司的内核并没有任何改变。

作为贸易公司，其核心的要素必然为：资金、进出存管理、商务政策、分销渠道。

- 资金：前文论述过资金对4S店的重要性，无论服务水平多高，资金永远是4S店的生命线，其与库存的绑定管理，永远是4S店重中之重的工作。当下，4S店融资业务非常成熟，厂家、银行、4S店，在行业约定俗成的标准流程下，快速完成授信和库存融资。也因此，4S店成为以小博大的生意典范。

- 进出存管理：在一个4S店里，尽管信息员是一个基层岗位，却得到很高的重视度。原因无他，主要是信息员掌握着操作系统向厂家订车的工作。另外，订单匹配、库存管理也是非常重要的工作。因此，很多店为了彰显重视，信息员是直接向总经理汇报工作的。

- 商务政策：行业发展到今天，是否能足额获取厂家返利，成为决定4S店生死存亡的关键要素。商务政策解读、正确决策、返利确认管理成为4S店重中之重的工作内容。

- 分销渠道：作为贸易公司，凭借更大的销售规模，获得厂家更高的认可，是经销商通常的策略。除了自店零售、二网分销、大客户、特殊行业对口业务、融资租赁、出口等，都成为4S店提升销量的新渠道。

第二，在贸易公司的外面包裹了一个"店"。

笔者向很多4S店总经理一再强调："其实你手上操作的是两个实体，一个贸易公司，一个实体门店。"

相较于贸易公司，门店管理涉及的问题就要复杂很多：安全问题、市场营销问题、人员管理问题等。

经过前文论述，如果是一个麦当劳规模的门店，则只需搞出一本《标准服务手册》，按照规定执行就可以了。但如果是规模大、业务复杂度高的门店，比如汽车4S店，则需要有深度的"模式化管理理论"，并据此形成"知其然也知其所以然"的《标准运营手册》。

第三，同一服务场景下的服务与业务。

在4S店，内层是贸易公司，中层是门店，而外层则是服务场景。外层是客户能切实感受到的那部分。最近有个流行的营销词汇叫沉浸式服务体验。其实说的就是"服务场景与客户的交互作用"。如图3-3所示，服务场景，因为功能属性的不同，被人为划分为紧密相连的两部分：业务技巧和服务标准。

4S店一线的销售人员，以成功达成业务并获得客户满意为目的，同时应用销售技巧和服务标准展开工作。

小结　通过本节的论述，我们知道：4S店管理看似简单，却有着"复合型商业模式"的内涵，想要管理好一家4S店，就需要在把握商业模式本质的基础上，根据不同层次的特点，执行科学管理，如此才能在竞争中立于不败之地。

第三节　思维逻辑与基本方法论

通过前面两节的介绍，我们论述了以下两个问题。

- 4S店由于自身的特点，需要理论指导。
- 4S店是复合型商业模式，不能低估其管理难度。

很多厂家很早就认识到经销商规范化管理的问题，投入资源制定了较为完备的《标准运营手册》（以下简称《手册》），要求经销商按照手册规定严格执行。

《手册》详细规定了经销商门店应该配备的人员数量、组织架构和基本流程等内容。但经销商的实际执行效果却不尽如人意。很多规定因为"不接地气"而给经销商经营增加了额外的负担，人为制造了亏损。在市场竞争日趋激烈，盈利愈加困难的当下，经销商被迫阳奉阴违，拒绝按照厂家规定执行，这些规定也就形同虚设，无法有效执行了。

为什么看似完善的"运营标准"，实际执行却不尽如人意呢？

一、从本质到表象

厂家出台了《手册》，里面规定了组织结构和标准流程，但如果往更深层次思考，就会提出一个难以回答的问题：这些规定的依据是什么？不能说厂家是上游，天然是经销商的管理者，所有的规定就天然有道理。

以下就这个问题，笔者给出正确的思维逻辑，如图3-4所示。

图3-4 正确的思维逻辑示意图

基于以上思维逻辑，我们可知：组织结构和标准流程是表象，业务模式和客户需求才是本质。需要特别指出的问题如下。

- 正是因为有相同和相近的客户需求，4S店才有统一业务模式并形成理论的可能性。
- 组织结构的设计是为了实现业务模式，同一业务模式可以用多种组织结构来实现。
- 评判组织结构好坏的标准是组织沟通效率。
- 因为客户需求是相对恒定的，所以业务模式是相对稳定的。
- 因为组织结构是人为设计、多种多样的，所以组织结构和标准流程是表象。

综上所述，对客户需求和对应的业务模式的研究，才是4S店商业模式理论研究的本质。

二、基本方法论

有了对客户需求规律和对应业务模式的理解，我们就能设计出科学的组织结构与标准流程，进而搞出所谓的《手册》了吗？答案是否定的。因为，我们还需认识到目标对象的差异性和多样性。面对复杂的局面，我们应该始终保持谦卑的心态。因此，我们在设计并颁布执行《手册》的过程中，要遵循"规定动作不走样，自选动作有创新"的基本方法论。

厂家之所以拿出《手册》这种生硬的管理规定，思想根源还是把4S店与麦当劳那样的连锁品牌进行类比，认为可以通过不断细化"标准"，从而走上规范运营的康庄大道。

然而，真实的情况却并不如厂家所预想的那样。

- 由于经销商单店规模和业务的复杂性远超麦当劳，盲目制定所谓"标准"并不能符合实际运营的需要。
- 汽车行业正经历百年未有的大变局，标准的制定与发展远远无法跟上形势的变化，想要通过不断制定标准来提升管理水平根本不现实。

小结　事实上，只有在不断深化模式化理论的前提下，给出科学的运营框架，并在标准的制定与执行上给予合理的弹性，才能正确解决汽车经销商运营标准化问题。这种弹性的方法，我们形象地总结为：规定动作不走样，自选动作有创新。

第四节　实现"四化"

通过前面的论述，我们得知，尽管汽车经销商由于自身不能完全按照麦当劳的方式实现标准化管理，但仍然可以通过对其商业模式内在规律的深度研究，形成一套完整的理论体系。

一、实现"四化"是愿景目标

前文提到，汽车产业有两个"四化"概念，在汽车厂家方面，为了定义新能源汽车，提出了汽车产品"四化"，即电动化、智能化、网联化、共享化。

笔者经过多年的理论研究，提出经销商经营的传统"四化"，用以指导经销商提升经营管理水平，即业务模式化、管理标准化、决策数据化、运营信息化。

当下，尽管有厂家多年的指导，大量汽车经销商仍处于粗放管理的人治状态。"四化"的提出，无疑对提升经销商内部经营管理水平，给出了较为清晰的愿景目标。

随着科技的进步，我们略带惶恐地进入AI时代，观察经销商经营管理的变化趋势，笔者又提出"新四化"，作为指引经销商未来十年发展的新理念，即营销全域化、业务平台化、决策AI化、管理人性化。

二、传统"四化"与"新四化"

1. 传统"四化"是基础目标

传统"四化"是笔者针对汽车经销商的初级管理状态提出的基本要求，算是汽车经销商管理改善的1.0版本。

（1）业务模式化

指各项业务都有稳定的业务开展方法，而不以总经理的经验为准则，在把握了业务开展的基本规律后，就会按照基本一致的业务布局和业务流程来开展业务，而不会呈现出"千店千面"的形态。

例如零售业务的"三驾马车"：展厅零售、拨号控制中心（Dial Control Center，DCC）、自媒体引流销售，均有清晰的业务开展模式，每一种都有清晰的理论模型指引。尤其是自媒体引流销售，作为一种新的零售模式，其业务开展形态已经发展到3.0版本，即"矩阵革命"模式。经销商只需依据模式指引，建立符合自店情况的团队，即可开展业务。这就脱离了经验主义的窠臼，进入"模式化"理论体系管理的状态。

（2）管理标准化

在业务模式化的基础上，业务布局和业务流程遵循了理论要求，就为管理标准化奠定了基础。

这里所说的管理标准化，主要指管理者在对业务拥有统一认识的前提下，在业务管控方法、业务评价方法、业务促进方法等方面采取标准化的方式进行管理（见图3-5）。

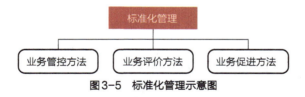

图3-5　标准化管理示意图

在基本结构上实现了业务模式化和管理标准化后，经销商也就搭建了模式化管理的框架。就好像一个人体，已经被基本定义了骨骼和肌肉组织。

（3）决策数据化

有了业务模式化和管理标准化作为基础，数据化管理才有了标准化的可能，才可能在充分掌握数据的基础上进行有效决策，从而大大降低决策的难度和随意性。

后文还将专门讲解数据化管理的基本原理，这里不再赘述。

（4）运营信息化

前文提到了"用标准化流程获取准确的数据"，然而人是鲜活的，如果标准化流程的执行完全依赖人的主观要求，那么流程的严谨就很难保障了。

IT系统的应用，就大大改善了这一情况。软件的使用，有效地固化了流程，也为"及时、准确"的取数创造了条件。

因此，运营信息化是前面提到的"三化"的物质基础，是"三化"落实的物质保障。

但需要特别指出的是，软件系统是"人"操作的，并不是有了软件系统，一切就万事大吉了。如何确保软件系统与真实的流程保持一致，才是问题的关键。

2. "新四化"是未来展望

面对时代的快速变迁，面对即将到来的科技革命，人们的心情难免忐忑。然而，笔者可以对汽车经销商的投资人和职业经理人明确以下两点论断。

- 在可以预见的未来，4S店仍是汽车销售和服务领域最主要的商业模式。
- 应对经销商内部的变化，只需把握"新四化"的未来演变规律，紧跟时代即可。

需要强调的是："新四化"的贯彻落实，一定是在落实传统"四化"的基础之上的。

（1）营销全域化

笔者因为工作需要，对全国各地的经销商基本都深入考察过，深感国家之大，发展差异之大：在一个四线城市，门店搞一个签单活动，就可以成功签下几十个订单。但在一二线城市，通过周末搞活动邀约客户上门已经变得非常困难。甚至想让客户在活动现场听从指挥坐在一起都难以实现。

但还有一个明确的趋势：客户的信息来源正快速向互联网集中，而网上流量正迅速向自媒体平台集中。

因此，所谓营销全域化，线上部分越来越重要，线下部分越来越"打酱油"。在竞争激烈的当下，任何业务机会都不能放弃。

一个经销商不可能把图3-6所示的全部营销方式都搞好，只要把一两个领域做通透，就可以达成业务目标，正所谓"一招鲜吃遍天"！

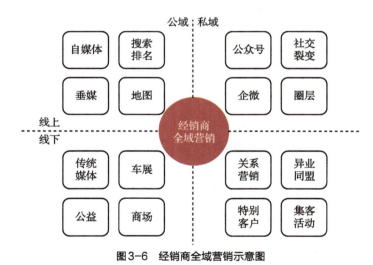

图3-6 经销商全域营销示意图

（2）业务平台化

经销商的业务构成，一直在不断发展演进中。在业务不断被引入经销商门店并不断被模式化后，新的业务种类又应运而生。

例如：10年前还是新生事物的延保业务，由于新能源汽车品牌的推波助澜，现在已经成为普遍开展的业务，而且已经形成了相对固定的业务开展模式和行业普遍认可的管理指标。

面对不断创新导入的新业务，经销商自身的业务团队已经应接不暇。为了适应新形势，经销商与业务提供者的合作方式就发生了显著变化：供应商由纯粹的供应商，转变成店内实际业务的参与者。如前面提到的延保业务，比较流行的合作方式是延保供应商派专业的业务人员（延保销售员）驻店，由店内销售顾问为其提供业务机会，再以其为主力进行推销。业务达成后，按照双方约定的方式进行分成。

这就使经销商门店成为各种创新业务开展的平台：经销商自身完成主营业务（比如卖车）的开展，而将一些增值业务，以提供业务开展平台的方式，和供应商进行深度合作。

事实上，即使是主营业务，也开始有供应商的渗透，比如当下非常流行的入店支持成交的业务合作，就是供应商切入主体业务的一种形态。

总之，业务平台化的趋势已经相当明显，随着业务不断创新，经销商门店将以"平台提供者"的角色与单项更专业的供应商进行合作，这会成为未来的一大趋势。这样的趋势将带来大量的模式创新机会，潜力很大。

（3）决策AI化

没人知道AI会把世界改造成什么样子，但所有人都知道，AI是未来趋势，你可以惶恐，但你必须接受。

目前，AI技术正处于发展的早期阶段，它对社会生活的改造仅仅还停留在信息检索以及一些辅助设计、生成文案、图像等初级领域。ChatGPT让人们感受到，AI时代真的来了。

笔者认为，AI在经销商领域未来有很广泛的应用。

- 通过分析客户与销售顾问的聊天记录，推算出客户的购买意向。
- 通过分析员工的工作行为，来更好地对员工进行心理疏导和人性化管理。

当然，更重要的是利用AI对数据进行分析，来支持更加科学的决策。相信在不久的将来，总经理都会配备一个AI助理，技术将不再成为障碍。

需要特别强调的是，无论是通过精准数据进行人工决策还是进行AI决策，获取准确的数据都是前提性工作。

（4）管理人性化

"00后"整顿职场的故事，已经在自媒体平台成为流行的段子。

汽车经销商行业的从业者普遍学历不高，"00后"已经成为一线的主力军。

如何领导这些"新新人类"，成为"老革命"遇到的新问题。

这里，笔者有一个辩证性结论：只有在管理标准化的基础上，才能实现管理的人性化。

在管理标准化的环境下，每个人的岗位职责明确，目标要求明确，人与人之间的协作边界清晰，劳动报酬清晰。其实"00后"追求的主要有以下两点。

- 公平公正。
- 个人价值被尊重。

在这样的基本认识下，没有太多的瞎指挥，协作时没有太多的扯皮和误判，职责清晰，按劳取酬，上下班边界清楚。在工作过程中，实现上下级相互尊重，相互理解。人性化管理也就水到渠成地实现了。

> **小结**
>
> 本节我们探讨了传统"四化"和"新四化"，面对残酷的市场竞争，经销商内部运营需要在实现传统"四化"的基础上，努力向"新四化"指引的方向发展。"新四化"是经销商走向未来的金钥匙。

第五节 长期主义与基本经营方针

前文提到，面对新能源汽车带来的百年未有之大变局，再提"精耕细作、做百年老店"，在当下的行业内，显得有些格格不入。然而，做百年老店的理念本质，不也包含着面对行业变化因变而变的创新精神吗？

一、长期主义

记得著名财经作家吴晓波在一次跨年演讲上，用很大的篇幅论证了"长期主义"概念，并举了京东的案例作为说明。面对市场竞争，京东选择了长期主义的企业战略，与上游供应商合理分配供应链利润，使上游家用电器生产商维持了比较可观的利润率，确保其持续的研发投入，制造出越来越好的产品投放市场。京东也因为长期主义的战略获得了稳定的供应链和持续的竞争优势。

当下的汽车业，格局在快速变化，需要每一个从业者都有"勇敢面对挑战，时刻捕捉新机遇"的胆魄，但也需静下心来，把握这剧烈变化背后那不变的真理。也许，那才是获取竞争优势的关键所在。

坚持"长期主义"，或许就是抵御浮躁心态的不二法门。

对投资人和职业经理人来说，坚持长期主义，就是坚信：通过提升内部综合运营能力来提升核心竞争力是应对快速变化的局势，进而把握时代机遇的关键所在。

二、十六字经营方针

为了能真正践行长期主义，提升运营能力，笔者总结了当下汽车经销商经营的基本方针：均衡发展、体系制胜、良性积累、持续改善。

1. 均衡发展

行业发展到今天，已经进入薄利时代，刚性成本的持续增加，主营业务的获利能力不断下滑形成的"恐怖剪刀差"已经严重压缩了生存空间。这就要求我们在经营中寻求全方位的"均衡发展"。

（1）售前与售后的均衡发展

将销售业务与售后业务放在同等重要的地位上协调发展。坚持销售、售后业务并重，是经销商能面向未来保持竞争力的基本条件。

（2）业务规模与业务质量的均衡发展

以笔者所见，对业务规模的追求几乎是每一个经营者的共识，但业务质量把控的理念和方法，却存有大量的问题。这里的业务质量包含两层含义。

- 单项业务质量，例如销售单车毛利。
- 业务开展效率，例如成交率。

由于业务质量提升牵连到工作的方方面面，远没有业务规模提升那样来得简单直接，因此业务质量差、业务开展效率低是经销商的通病。然而，在业务规模无法实现大幅度提升的当下，业务质量和业务开展效率才是决定竞争力的关键所在。

（3）主干业务与衍生业务的均衡发展

经销商发展到今天，衍生业务的重要性已经不言而喻。在主干业务直接获利能力下降的客观条件下，必须依靠衍生业务的充分开展，才能获得足够的利润支撑健康发展。然而，衍生业务的开展需要正确的业务布局和开展技巧，需要以总经理为首的管理层不断努力才能改善提升。笔者走访发现，能将所有主流衍生业务都开展得有模有样的经销商凤毛麟角，大量经销商还有很大的提升空间。

（4）经营能力和管理水平均衡发展

如果把经营和管理比作火车道的两根钢轨，那公司就是驰骋的列车。经营能力和管理水平必须齐头并进，列车才能正常行驶。如果经营搞得太快，而管理跟不上，那公司就有脱轨的风险，这样的经销商不在少数；但如果经营搞不上去，一味追求管理的细化，那就成了常说的"为了管理而管理"，并没有实质意义。

这样管理超前的经销商尽管不多，但还是有个案的。笔者的一位朋友在经营一家合资品牌4S店，他不无骄傲地说："在我的店里，连复印纸都是编号的，都有人专门负责管理。"笔者告诉他："其实，任何一项管理制度的落实都是需要付出成本的，管理的价值更多的是配合经营发展的需要，而不是为了管理而管理。"

尽管笔者未能说服他，但想说服广大读者，"过犹不及"的辩证思维是我们老祖宗传下来的伟大智慧，对当下的管理仍然具有指导意义。

2. 体系制胜

在足球场上，如果一个前锋被说成是"体系球员"，那似乎是在说他缺乏个人能力，缺少天赋。然而，对于球队来说，过于依靠明星球员的个人能力，依靠球星的灵光乍现，缺乏进攻体系，是主教练的耻辱，球队也必然是一支遇强则弱、发挥不稳定的球队。

同样，对于一个经销商门店，仅仅依靠一位善于经营的总经理，或者善于搞营销技巧的销售经理，过分依赖人治，是难以取得持续盈利的，在长期竞争中也难以保持优势。

经销商的经营管理体系，包含的内容很广泛。

- 良好的企业文化带来的优秀团队。
- 科学的业务布局和严谨的业务流程带来的多业务均衡开展态势。
- 严格的服务标准带来的良好客户体验。
- 完善的业务平台和资金管控带来的良好业务支持能力。
- 先进的经营理念带来的正确经营决策。

笔者对很多投资人说：除了对利润的追求外，你们应该还有第二个目标，对企业"健康可持续"的追求。依靠不断自我完善的体系，才能推动企业向"健康可持续"的目标不断前行。

3. 良性积累

经销商门店做的是"开门迎客"的生意，这种经营的显著特点就是"积累"。这里我们需要特别强调的是良性积累。实际上，只有良性的积累，才能称为积累，而恶性的积累，只能叫作消耗。

经销商这种积累的过程，体现在很多方面。

- 客户口碑的不断积累，带来越来越多的自然流入客户。
- 存量客户的不断积累，带来越来越高的售后产值。
- 老客户的不断积累，带来越来越多的转介绍。
- 厂家信心的不断积累，带来越来越多的政策倾斜。
- 银行信用的不断积累，带来越来越大的授信额度。
- 营销方法的不断积累，带来越来越多的营销工具。
- 员工激励方法的不断积累，带来越来越好的企业文化。

然而，笔者在全国走下来，看到的各种问题经销商，没有最差，只有更差。很多门店客户口碑崩塌，门可罗雀，售后产值小得可怜。恶劣的、不人性的管理制度，员工恶评如潮。这种经销商，显然不在良性积累的轨道上。

4. 持续改善

这里笔者使用了"改善"一词，而不是"创新"。

相比于"创新"，改善显得更加温和，更加谦虚。

笔者遇到过很多投资人，整天把"创新"挂在嘴上，既不考虑企业的实际需要，也不认真思考这些"新鲜事物"的内在本质，就抱着"害怕被时代抛弃"的心理，囫囵吞枣般地把各种创新理念和工具导入自己的企业。结果可想而知。

学过马克思主义哲学都知道，外因通过内因发挥作用。经销商能否接受新鲜事物，关键还是看自身的内在需求。作为分销网络的末梢，经销商进行颠覆性创新的机会本来就不多，甚至可以说是几乎没有。即使是业务端的微创新，也要在厂家政策允许的范围内进行。

因此，看准了，想通了，再导入企业也不迟。正所谓"敢为天下后"！

谈到"改善"，胆子就可以大起来了。因为改善的内涵实在是太丰富了：把一个垃圾桶换个位置就叫改善，给员工午餐加个鸡腿也叫改善。改是动作，善是结果。如果发现改了结果不好，那改回去就可以了。

改善代表着一种工作态度，代表着管理持续细化的工作精神。

生命不息，改善不止。

> **小结**
>
> 尽管遭遇了百年未有之大变局，但我们仍然建议经销商投资人坚持长期主义的经营理念。笔者认为，只有把握"新四化"概括的未来趋势，坚持长期主义的经营理念，认真用十六字经营方针指导具体经营管理策略的设计与实施，经销商才能真正应对未来的挑战，找到属于自己的发展机遇。

第六节　平台、业务模式、客户运动

与笔者面谈过的很多总经理都抱怨，现在的年轻人心理都太脆弱了，个性鲜明，一点小事就争吵，和同僚、后线人员都搞不好关系。

经销商店内为什么会有那么多争吵、那么多无效劳动、那么多管理漏洞？

这里，我们把纷繁的流程结构化，清晰分成三个基础要素：平台、业务模式、客户运动。

一、有机的整体

为了能够将上述基础三要素的逻辑关系解释清楚，我们引入一个比喻。以销售为例，为了能够拥有一只健康有力的"手"，我们需要各要素通力配合，相得益彰，如图3-7所示。

1. 手掌（销售支持平台）

作为手的主体部分，手掌显然是整个手的核心。对于销售的整体工作而言，

关节（过程管理节点）

手指（业务模式）

掌纹（平台功能内涵）

手掌（销售支持平台）

血管（客户运动管理）

图3-7 用手类比销售布局原理

销售支持平台无疑是各销售业务模式的有力支撑。这里，笔者有一个论断：要想销售业务搞得好，先把销售支持平台搞好。

2. 掌纹（平台功能内涵）

看手相的都知道，掌纹主要指三条："事业线""生命线""爱情线"。
销售支持平台也有三大功能内涵，对应关系如下。

- "事业线"：厂家商务政策管理。
- "生命线"：进出存流程与资金运用管理。
- "爱情线"：与销售相关衍生业务支持平台。

3. 手指（业务模式）

手指，直接接触物品，手指的动作配合力道，就可以拿取物品。业务模式就像手指，直接接触客户，通过业务模式的运行，实现业务结果。业务模式并没有那么神秘，展厅零售是业务模式，DCC是业务模式，与新车销售紧密结合的各种衍生业务也是业务模式。

如何正确地开展业务？用手来类比，即可知：长在正确的位置（业务布局）、长成应该的样子（业务模式化）、长得有力量（过程管理）。

4. 关节（过程管理节点）

手指没有关节，是不能动的，关节不正确发力，是无法正确地完成动作的。业务正确开展，需要在特定的关键点实施过程管理。这些关键点就好像手指的关节，例如展厅零售管理，过程管理重点（关节）如下。

- 客流转潜客管理。
- 邀约管理与邀约到店管理。
- 到店成交现场管理。
- 战败管理。

5. 血管（客户运动管理）

血液携带营养，它流到哪，就把养分带到哪。客户就像血液，他们在哪，业务就开展到哪。血管承载着血液，指明血液流动的规律；客户运动规律，指引着业务开展模式的设计。

店内客户运动规律，后文还有详细说明，这里不再赘述。

二、多业务支持平台

如何深刻理解业务支持平台的概念？

前文提到，经销商门店普遍存在诸多管理问题，概括起来，无外乎以下三点。

- 流程不严谨导致效率低下问题。
- 流程不严谨导致的暗箱操作问题。
- 流程不严谨导致的监管漏洞问题。

表面看是流程不严谨造成的管理问题，但更本质的是业务科学布局的问题。

我们拿金庸的武侠小说《倚天屠龙记》中的主人公张无忌的武功来做一个类比：张无忌无疑是绝世武林高手，在学会太极拳之前，他主要会两大武功——九阳神功和乾坤大挪移。按照小说中的逻辑，没有九阳神功（内功）的加持，乾坤大挪移（外功）就是花拳绣腿，即使练成了，也没有什么实际战斗力；如果没有乾坤大挪移的运用，即使有九阳神功护体，也无法战胜敌人，只能被动挨打，最多是比较扛揍而已。

经销商的业务也有同样的道理：经销商门店的每一项业务，也分为外功（前段）和内功（后段）两部分。外功指业务开展模式，内功就是销售支持平台。类比张无忌的例子，只有内外功兼修，才能提升业务开展水平。

1. 管理问题主要发生在后段

经销商门店暴露出来的大部分管理问题，如效率低下问题、漏洞防控问题、暗箱操作问题，主要是管理者在业务布局时，对销售后段管理缺乏平台意识，对平台能力建设长期缺乏重视造成的。

以销售支持平台举例：销售支持平台的建设，概括起来就是一大主干流程、两类分支支持、三大管控机制。

（1）一大主干流程

销售主干流程如图3-8所示，从订单到放车。

图3-8　销售主干流程示意图

（2）两类分支支持

经销商门店是多种业务的综合销售模式，围绕着新车的交付，多项衍生业务得以实现。因此，为实现交车，就分解成两类支持结构提供服务。

- 职能部门支持，包括资源部、财务部、客服部等。
- 衍生业务支持，包括按揭、保险、精品、延保、二手车、上牌等。

这些衍生业务都得围绕着主干流程的进程，按约定好的先后顺序"粉墨登场"，完成相应的对接工作，确保主干业务流程顺利进行。

（3）三大管控机制

在主干流程演进的过程中，职能部门须实现三大管控：车源匹配管控、库存与资金管控、客户信息完善与满意度管控。

不满足一定的条件，流程无法向前进行。

如果围绕着主干流程，各职能部门、各衍生业务对接窗口都能做到职能清晰、信息通畅、按原则办事，则整体效能将得到大幅提升，大部分风险漏洞将被封堵。

2. 财务的手只伸到支持平台

当下，大家普遍接受财务对业务的监管，但却对财务的具体监管方式缺少研究。事实上，财务对业务的监督作用只延伸到支持平台。具体的方法是：在业务流程的特定节点合理设置财务功能，只要财务按照规定的原则提供服务，它对业务的监督作用就能实现。

仍然以销售平台举例。例如财务对销售实施的监管，体现在"订单—交车"的主干流程上，主要有四项对接工作：收款、开票、赎证、放车。只要财务在相应环节按照规定认真执行，就尽到了监管责任。

需要特别指出的是，财务的监管能力不是上天赋予的，而是在人为设计的前提下由整体环境配合实现的。因此，在追究监管责任时，需要分清是整体流程问题还是财务监管原则落地问题。

3. 前后段的变化节奏大相径庭

在科技日新月异的今天，从业者都很焦虑。但站在经销商视角冷静分析，可以发现其中变与不变的规律：从业务变化的角度看，变化的往往是业务前段，而业务后段基本没有变化。还以新车销售业务举例。

（1）前段的变化

这几年，汽车销售的方式方法发生了巨大的变化。

- 销售场所从4S店展厅搬到了商场里。
- 销售过程变直接了，不用介绍车辆，谈价钱就好了。
- 信息太透明，很多套路玩不转了。
- 自然到店变少了，从网上获取线索再引流到店成了主流。

（2）后段的变化

无论是传统品牌门店，还是造车新势力的所谓"客户中心"，交车流程大同小异，衍生业务开展方法也基本一致。

笔者认为，对业务支持平台的全面打造和常抓不懈，是经销商提高业务开展水平、提升运营效率、防控经营风险、减少"跑冒滴漏"的有效方法，是提升综合竞争力的关键所在。

三、多业务模式

与业务平台的相对稳定相比，业务模式的创新可以说是日新月异。

业务模式这个词显得比较"高大上"，为了更好地说明，我们需要先给出简单的定义：凡是能用相对固定的方式成功实现业务的，我们就把这种方式称为"业务模式"。

例如展厅零售就是一种业务模式，它的定义是通过店头吸引或者老客户介绍，促使客户主动上门，在与销售顾问接洽后，成功实现销售的业务方式。

主干业务的业务模式非常好理解，衍生业务的业务模式的本质是与主干业务的结合方式，例如精品业务模式。总结下来，精品与主干业务新车零售的结合方式有四种：前装、点菜、套餐、增值换购，这四种方式就是精品业务的业务模式。

1. 创新开启主干业务新业务模式

当下，汽车经销商在卖车方面的新业务模式层出不穷。除了把场所搬进商场、进入小区外，还有一些新的变化，例如以下几点。

- 销售方式的变化，主要指融资租赁。
- 线索来源的变化，主要指自媒体矩阵营销。
- 销售方向的变化，主要指汽车出口。

这些新的销售模式，代表着未来的某种方向，因此，寻找这些新业务模式就成为总经理的焦虑所在，尝试新销售模式成为某种必然选择。但任何创新都是需要成本投入的，在经营艰难的当下，重要的是通盘考虑，提前加强对新业务模式导入时的监管，量力而行。很多时候，"敢为天下后"也不失为聪明决策。

2. 衍生业务导入的思路和注意事项

为了提高门店整体盈利能力，越来越多的创新型衍生业务被不断导入业务平台，例如防爆膜增值换新业务、焕新保业务等。

前文提到，衍生业务的业务模式的本质就是其与主干业务的结合方式。说得直白点就是：由主干业务的开展创造出业务机会，衍生业务适时介入，成功实现业务目标。

当下，由于衍生业务太多，主干业务创造的业务机会已经被各种衍生业务填满，"房间"已经略显拥挤了。

一项衍生业务被创新导入到门店业务平台后，管理者有哪些注意事项呢？

1）实事求是，综合评估自店业务开展情况，是否还有业务机会。

2）判断该项创新业务的盈利能力，选择利益最大的组合，而不是为了创新而创新。

3）提前解决业务支持平台和财务监管的问题，不能放任初期的管理混乱。

4）预设业务模式，并实践验证效果。

5）发动团队，设计周边话术技巧和配套政策，并通过实践验证效果。

3. 永远无法摆脱的过程管理

前文的比喻提到，手掌上的关节就是过程管理的节点。

4S店高水平的业务开展，必然表现为"过程管理"状态。这是对业务一线管理者的基本要求。实际上，能够有效实施过程管理的4S店少之又少。

笔者为了验证经销商实施过程管理的有效性，进入门店，都会面考展厅经理。

问题1：目前在跟踪的潜客有多少？ H级有多少？ 某车型多少？

问题2：今天邀约到店目标是多少？ 目前实际到店有多少？

问题3：某销售顾问在跟踪潜客多少？ H级有多少？

说实话，结果让人失望：几乎没有展厅经理能比较清晰地回答上述问题。

我们一直面对激烈的市场竞争，总经理因为无法完成厂家目标而焦头烂额，但同时，销售的管理却是粗放的，甚至是失控的。在微信被广泛使用的今天，电话跟进变得很不合时宜，对邀约回访的监控就更难以把握了。大部分经销商难以掌握准确的回访数据，只能通过高压目标来逼迫销售顾问。

销售需要创新理念，需要过程管理工具。

四、客户运动

按前文比喻，客户是血液，血管是客户运动管理。

客户为什么会运动？

客户运动管理的本质是什么？

店内客户运动有规律可循吗？

1. 店面客户关系管理

以下对店面客户关系管理进行分析，如图3-9所示。

图3-9　客户身份变化类比示意图

请思考一个关键问题：是什么让客户和店面关系不断变化？

答案是不断向客户开展业务。

两个重要结论如下。

1）连接客户的主要手段是"业务"，而不是其他。

2）客户本身没有变化，变化的是店面与客户的关系，而维系客户关系的是业务，不是其他。

2. 循环控制论

（1）循环控制论理论模型

为了真正把握客户在店内的运动规律，笔者提出了循环控制论，其模型如图3-10所示。

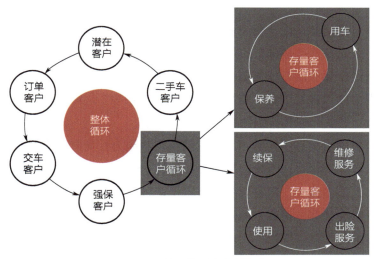

图3-10　循环控制论理论模型

根据图3-10可知，经典4S店是由"一大二小"三个循环体构成的。

按图3-10的提示，对总经理来说，经营的任务如下。

- 将尽量多的客户引入循环是硬道理。
- 让客户在循环体系中快速转化，不流失。
- 在循环过程中，确保利润最大化。

（2）用循环控制论指导经营

天下的4S店有统一的经营方法吗？

有了循环控制论，这个答案就是肯定的。

循环控制论是什么？它在顶层视角揭示了4S店客户运动的基本规律，从某种意义上说，它就是4S店的灵魂。既然全天下的4S店都拥有统一的灵魂，那经营方法统一就是顺理成章的事情。

前文提到，业务是推动客户关系加强，进而维系客户的主要手段。这句话说明，业务具有二元属性：获利属性和客户属性。但这两种属性，在不同的业务中，权重是不同的。

- 我们把以获利为主要目的的业务称为"获利为主型业务"。
- 我们把以加强客户关系进而维系客户为主要目的的业务称为"客户维系型业务"。

例如：对经销商来说，精品业务开展的主要目的是增加新车销售额外获取利润的能力，因此，精品是典型的获利为主型业务。

续保已经发展成没有任何获利希望的业务，但经销商仍然在努力开展，原因很简单，因为续保被认为是"售后客户满意的晴雨表"，对拉动客户事故车返厂也意义重大，因此续保是典型的客户维系型业务。

新车销售的情况有些特殊，因为它既有获利能力，又有开启客户关系、为其他业务创造机会的能力，因此它是一个"获利＋客户维系"并举的优质业务。

事实上，或多或少，每种业务都有以上两种属性。无论你针对客户采取哪种业务行为，都会让客户对商家的观感产生变化，从而对客户与商家的关系产生或正或负的影响。

掌握了获利为主型业务和客户维系型业务的区别，接下来，我们就提出放之四海而皆准的"通用经营基本法则"。

第一，紧紧抓住客户维系型业务。

第二，加强客户维系型业务与获利为主型业务的连接关系。

第三，管控客户维系型业务的毛利率，强化获利为主型业务的获利能力。

从图3-10可知，三个循环正对应三个客户维系型业务：新车销售、保养、续保。因此，以上的基本法则可以进一步解释。

第一，努力做好新车销售、保养、续保三项业务。

- 丰富销售模式，尽力提升新车销量。

- 加强保养预约能力，努力提升保养返厂率。
- 努力续保，在全私域客户范围内，努力提升续保率。

第二，通过流程将三项业务与其他业务连接起来。

- 销售：努力研究各项衍生业务在销售平台的业务模式，提升渗透率。
- 售后：抓住保养客户进厂的机会，提升其他业务渗透率。
- 保险：强化投保业务与事故车业务的连接，提升事故车返厂率。

第三，把握各项业务的内在规律，提升真实盈利水平。

- 销售：强化订单管理，切分新车与衍生业务，管控各项业务真实毛利贡献。
- 售后：管控结算，细分业务管理，管控各细分业务独立毛利率表现。
- 保险：狠抓事故车业务关键漏洞，提升事故车毛利率水平。

在业态已经非常成熟的当下，以上的工作内容已经不再需要理念推广，循环控制论揭示的普遍原则还有实际价值吗？答案是肯定的。掌握了普遍原则，我们的思路会更加清晰，措施会更加坚定。在笔者看来，未能完成以上基本动作，管理水平低下，却抓不到重点的经销商仍普遍存在。

> **小结**
>
> 本节，我们用较大的篇幅，详细介绍了经销商门店的三大构成要素：平台、业务模式、客户运动。经销商的很多管理问题都源于对平台理念的认识不足或长期缺乏管理。门店的业务创新主要来自业务模式的创新。循环控制论站在顶层视角，揭示了天下 4S 店经营的普遍规律，值得经销商的管理者深度思考。

第七节　业务布局与组织结构

业务被放到平台上开展，应该如何布局，是否有普遍的规律可循？这个问题对我们深度思考经销商的基本运行原理和组织结构本质具有深远意义。

一、业务布局原理

前文提到，一项业务的开展，分为业务前段和业务后段，对应的就像张无忌的乾坤大挪移和九阳神功，并强调了"九阳神功"（业务后段）对业务成功开展的意义。笔者认为，一项业务能够成功开展，需要布局三层基本结构，如图3-11所示。

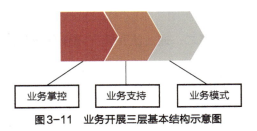

图3-11 业务开展三层基本结构示意图

1. 业务模式

前文曾深度论证业务模式，一项业务的开展，需要稳定的业务开展方式。这种开展方式经过实践证明是成功的，是满足客户需求并符合该项业务的基本运行规律的，是一线业务人员能够驾驭的。例如DCC三段式业务模式、延保交车前三方洽谈业务模式。

2. 业务支持

我们说的业务支持，指的是业务后段，具体指与客户达成一致后（合同签订后），完成产品交付的部分。为了提升管理者对这段工作的重视，我们在理念上往往将这段流程所在的全部工作定义为"平台"，即业务支持平台。

例如以下两种平台。

- 精品供应平台，包含供应商管理、产品管理、库存与进出存管理等工作。
- 保险支持平台，包含合作保险公司与政策管理、收款出单管理、回款管理等工作。

3. 业务掌控

管理者（尤其是总经理）对基层的业务开展工作必须具有绝对的掌控能力。这种掌控能力体现为：借助二线部门工作职能掌控，通过业务数据监控。

理论上来讲，任何一项业务都应该具备以上三层结构（见图3-12）。但从笔者走过很多汽车经销商集团，深入调研数百个4S店的情况看，无论投资人还是总经理，很多都缺乏这种对业务开展的结构性认识，他们只把注意力放在业务开展前段上，对业务支持的重要性、对业务掌控的方法缺乏必要的了解，尤其他们中的很多人对财务流程监控业务的方法缺乏科学认识。经销商内部管理混乱，效率低下的问题，根源就在于此。

图3-12 业务掌控方法示意图

二、组织结构本质

一次，一个厂家领导突然问了我一个问题："经销商总经理到底是干什么的？"我愣住了，万千言语到嘴边，却又好像无从谈起。说什么好像都对，却又好像没说到点子上。

其实，同样的问题换成销售经理、展厅经理，恐怕也是同样的效果。

众所周知，经销商经典门店有三层管理结构，因为各个品牌对各层干部的叫法略有差异，这里统一称呼为：总经理、经理、主管。这三层管理结构，其基本岗位职责是如何定义的？对其能力素质要求有哪些区别？

是否从理论上能给出三层管理结构定位的指引？答案是肯定的。

由业务布局原理推导出组织结构示意图，如图3-13所示。

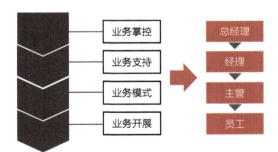

图3-13 由业务布局原理推导出组织结构示意图

1. 组织结构的职能解读

按照业务导向的基本原则，门店的主体是业务，那组织的基本功能也就是实现业务，即业务模式决定组织结构。

因此，根据图3-13的指示，组织内各级成员的基本职能就非常清晰了。

- **一线员工**推动业务开展，面对客户，实现业务。
- **主管**代表一项或几项业务模式，通过自身工作，成功描述业务模式。
- **经理**授权主管按业务模式开展工作，管理业务平台，支持主管工作。
- **总经理**授权经理管理业务平台，利用职能部门推动工作，并掌控业务进程。

2. 因组织职能引发的深度思考

理解了以上的职能分工，会对经销商内部很多现象有更深的认识。

现象一：为什么很多经理和主管总是吵架？

理解了以上职能分工，经理和主管经常吵架的原因可能有三。

- 主管未能按照要求完成描述业务模式的工作，导致业务开展效果不达预期。
- 经理未能理解支持平台的价值，未坚持本职工作，反而去和主管抢工作。
- 业务模式意味着对团队的管理，经理希望直接控制团队等。

现象二：随着制度的完善，经理是忙好还是闲好？

理解了以上职能的分工，就会明白这个问题了。

- 经理的主要工作是掌控支持平台。随着制度的完善，平台流程越来越顺，经理的工作就显得有条不紊，自然显得越来越清闲。当然，由于竞争的激烈，承受的压力自然越来越大。
- 越来越忙的应该是主管，因为他的工作就是描述业务模式，一旦他的工作停止，业务模式也就自然消失了。因此，制度越健全，主管应该越忙碌。例如展厅经理（主管）的工作就是带领团队，描述展厅零售这项业务模式，因此他需要进行五大管理：客流管理、战败管理、邀约管理、成交管理、潜客宏观管理。

3. 总经理业务掌控能力建设

笔者因为工作的原因，在全国进入几百家4S店进行深度考察，发现比较普遍的问题是：总经理掌控4S店的能力不足。大量4S店因为总经理的专业能力问题而产生业务开展不充分、跑冒滴漏、效率低下等问题。总结下来，总经理在认识方面的问题有以下五点。

- 无法对全店各项业务有全面的理解，知识有盲点。

- 缺乏平台意识，对经理和主管的权责设计思路不清。
- 缺乏财务知识，对"业财一体"流程建设缺乏基本认识。
- 对客服工作重视度低，缺乏使用客服部门监督业务的基本理念。
- 对数据化管理流于表面，对数据管理体系的建立缺乏认识。

小结

　　区别于麦当劳式的全现场管理，经销商门店管理要复杂得多，在对业务开展的基本规律深刻理解的基础上，恰当地设计岗位职责，进而形成授权与监督的有效管理机制，最后用赋能的思维建立良好的上下级关系，经销商门店就能在总经理的有效管理下运行起来了。

第八节　服务与业务的关系

　　某年，笔者去面见一位行业大佬，他是合资品牌厂家一把手。难能可贵的是，他一直对汽车经销商运营充满兴趣。我们聊起精品加装，笔者问："精品在4S店存在的目的是什么？"他不假思索地迅速回答："为了满足客户对车的个性化需求。"然后略带得意地看着我，好像在说"看，我的理念多先进"。为了能阐述我的观点，我便直接答道："在我看来，精品的存在是为了增加新车销售的附加利润。"

　　我们的答案哪个更准确呢？

　　笔者在一家百强经销商任职时，到一个豪华品牌4S店视察。我问展厅经理："如何提升零售成交率？"他坚定地回答："按厂家制定的标准服务流程更认真地执行。"我听了很生气。他的回答有错吗？我为什么会对一个无比正确的答案表现出不满呢？

　　以上两个案例，并不是什么故事，而是事实。它们揭示了一个汽车行业从业者不易察觉的秘密：面对同一件事，却有着两个完全不同的思维角度。当你在两个角度间横跳时，出现的现象就是：你的回答无比正确，无懈可击，却毫无价值，因为它解决不了任何问题。

一、一枚硬币的两面

什么是服务？什么是业务？

为了真正理解服务与业务的关系，我们举下面的例子进行说明。

总经理老刘在办公室坐累了，就想下楼遛遛。他伸个懒腰，穿过走廊，走下楼梯。前面就是服务前台，老刘看到，在接车区，小张正拿着工作用的平板电脑，与老客户老王在交流，看样子，刚做完环车检查，正在做需求分析。

这一刻，在客户老王的心中，他正在接受小张的"服务"；在总经理老刘的心中，小张正在卖力地开展"业务"。

可见，小张的同一个行为，在内外两个视角下，就是"服务"和"业务"。由此，我们可以得到服务与业务的第一种关系：服务与业务，是一枚硬币的两面，一面叫服务，面向客户；另一面叫业务，面对内部（见图3-14）。

了解了服务与业务的基本关系，有哪些现实的意义呢？

图3-14 服务与业务的关系示意图

1. 服务思维与业务思维

如图3-14所示，服务与业务尽管是一体两面，却有着完全不同的特性，需要用不同的思维体系解读。

（1）服务思维

服务思维天然就是一种做"加法"的思维方式。要想做到宾至如归，服务就得强调细节：服务要标准化，服务内容要丰富，服务要能为客户创造惊喜。

在这种服务思维的指引下，这些年应厂家的强烈要求，经销商不断增加服务内容，不断提升服务标准，在"做加法"的道路上越行越远。

由于没有"踩刹车"机制，为了迎合这种服务思维，在第三方的加持下，服务标准上的细节要求越来越多，添置的服务设施越来越复杂。因此，行业也闹出不少笑话。例如：由于服务细节太多，导致执行这些服务细节的门店根本无法实现快速接车，大量客户车滞留在接车区、进不了车间。厂家用一年的时间"贯标"，又用一年时间精简流程，闹腾两年，最后什么也没得到。

显然，僵化的思维方式是罪魁祸首。如果采用"规定动作不走样、自选动作有创新"的灵活方式，制定出来的策略又怎么会如此不接地气？

（2）业务思维

业务思维天然就是一种做"减法"的思维方式。例如，销售业务的本质就是安全地把车交给客户，客户足额付钱，就这么简单。

要想管理好业务，就要把握业务重点，比如新车销售，要求合同严谨、价格公道、收款准确、交付及时。可见，业务思维，是一个化繁为简，把握重点的思维过程。

2. 两种思维扭曲引发的行业问题

厂家指导下的汽车经销商这个行业，运行了20多年，一个比较大的问题就是：服务思维研究过剩；业务思维明显不足。

在服务思维左右决策的大背景下，前文提到的滑稽情况在多个品牌发生过，并不是个案。甚至一度，各个品牌在丰富服务内容方面互相借鉴、发展很快。然而，这些东西并没有在提升客户满意度方面发挥多大价值。随着经销商整体盈利能力下降，这些服务细节设置就如同无根之水，很快就消散了。当然，这种硬性的服务规定今天仍在继续，不能全面否定它的正面意义，需要的仅仅是调整思路，在思维上找到新的"平衡"。

从示意图体现出的道理，我们不难得出结论：无论是厂家对网络内经销商管理的需要，还是总经理管理的运营需要，都需要"服务思维"和"业务思维"并举。通过前者制定领先同业半步的服务标准，通过后者实现科学布局和良性管理，提升经营效益。

概括来说，服务面需要切实可行的"服务标准"，业务面需要真正能指导业务开展的理论。从服务标准的角度，行业内统一遵循的是J.D.power评价标准。在业务端，却鲜有深入商业模式本质的理论提出，更多的是一些随着时代变化的业务技巧和创新观点。

二、服务是业务的外衣

上文提到，服务与业务是一枚硬币的两面，本是一体。业务本身其实很简单，与服务结合之后，才变得越来越复杂。由于服务才是面对客户的那一面，因此从某种意义来说，业务与客户之间隔着服务。

服务就像业务的外衣，没有服务，业务就是在"裸奔"。

业务经过服务的包装后，才能被客户痛快接受。

这样的例子不胜枚举。

- 明明续保是一种业务，经过服务包装后，就成了保险到期提醒。
- 明明精品是一种业务，却要说成是"满足客户个性化需求"。
- 明明保养预约是促进客户进厂，却包装成"疏导客流，为客户节省等待时间"等。

当然，我们服务客户是真诚的，因为服务到位从而成功获取业务也是天经地义的。

还记得笔者在某百强经销商集团时，广州遭遇台风，城中大面积积水，出现大量水淹车，售后团队迅速行动。笔者紧急在工作群提出严肃纪律四条。

第一，不许在水淹车客户面前喜形于色，保持严肃认真，主动高效。

第二，无论是否是自己品牌客户，均全力施救。

第三，尊重客户意愿，不强买强卖。

第四，加班加点，与时间赛跑，不畏辛苦。

这些紧急规定得到了全体员工广泛认同，收到了理想效果。真诚服务，回馈社会，这才是我们工作的根本目的。

> **小结**
>
> 目前的行业局面，对服务的细节要求太多，对业务模式研究太少。服务有行业标准，业务却没有统一的理论，厂家的大量政策都是在这种不平衡的思维下制定出来的。无论是厂家决策者，还是经销商总经理，都应该兼具服务思维和业务思维。既做加法，也做减法，在"加"和"减"之间，不断推动企业提升核心竞争力，持续健康发展。

第九节 客户满意的认识误区

前文，我们论述了服务与业务的关系。提到服务，就不能不提客户满意。

客户满意，在汽车领域是一个有着特殊地位的概念。客户满意度，是最重要的KPI。

- 它曾经是厂家经销商管理的第二主题。
- 它一度成为总经理除商务政策之外的第一专业领域。

总经理在满足厂家满意度考核方面绞尽脑汁，苦思对策，消耗大量时间和精力，其实他们研究的不是"如何真正改善工作从而让客户满意"，而是"如何应对厂家考核，让自店满意度考核分数更高"。

这两件事有区别吗？

是的，曾经这两件事毫无关系！

一、正确的理论引导出错误的行为

在4S店模式导入中国市场的早期，同时引入了"客户满意"和"客户满意度"的概念，这对尚处于"蛮荒"状态的中国汽车市场及后市场无疑是一记惊雷，对提升整个行业的形象和服务水平，具有重要的历史意义。

1. 两条基本理论

两条基本理论如下。

第一，"超出"客户期望，可以获得客户满意。

第二，按标准服务流程落实，可以获得客户满意。

无论第三方培训专家顶着怎样的项目进店辅导，说着如何先进的理念，都紧紧围绕着上面两条基本理论。

怎么看这两条理论？逻辑上无懈可击，特别有道理！然而，评判理论是否正确，并不能看理论本身是否符合逻辑，而是要把它放到实践中去检验。实践是检验真理的唯一标准！

2. 厂家的实践

主机厂结合第三方公司，实践了20多年，近几年才慢慢平淡下来。

（1）第一条

厂家主要的工作放在强调"超出"这个概念上，为此做了很多工作，例如以下几点。

- 给客户提供的饮料由三种提升到五种，提供更加豪华舒适的客户休息区。
- 要求茶水服务员及时反馈维修进度。
- 车间要把客户轮胎上的石子抠下来，由服务顾问拿给客户看，体现其关注细节的服务态度。

（2）第二条

前文提到的由服务思维推导出来的标准服务流程，在"超出"理念的引领下不断加码，在新概念、新技术的加持下，一些新做法被不断加强到标准流程中。结果就是标准流程不堪重负，不但未能让客户有惊喜体验，反而导致基本服务都无法保证。前面提到的客户到店车辆无法进入车间就是典型案例。

3. 问题分析

工作效果不佳，自然是有原因的。

如果从理论本身分析，问题的根源体现在两点。

（1）"满足"尚未实现，何谈"超出"

如果当年的理论简单改造成：满足客户期待，防止不满意；超出客户期待，给客户惊喜。可能结果会大大不同。

想到"满足客户期待"，想到的就不会是"五种饮料和豪华客户休息室"，而是以下这些。

- 销售订单匹配度高，可以及时交付。
- 售后服务价格透明，收费合理。
- 故障诊断准确，能把车修好。

如果指导方针是这些，很多厂家就不会长期漠视基础服务能力，而去追求花里胡哨的服务领先半步了。

（2）服务标准应摆脱线性思维，改成选配模式

对于面向全国的大型服务连锁机构，有一份服务标准是非常必要的。但服务标准的制定和执行要以"实事求是"为原则，按照"规定动作不走样，自选动作有创新"的思维，带上选装件，带上小惊喜，这样才能真正起到提升客户满意的效果。

二、客户满意度评判须回归理性

随着客户满意概念的普及，客户满意度的评判标准也被引入中国。其中，具有行业领导地位的是J.D.power，一家享誉世界的客户调查公司。

由于J.D.power的调查报告已经成为行业标准，并且其定期发布排名，对汽车厂家影响很大。据说，合资公司里的中方倒没有所谓，而外方派驻高管则非常重视、因为他们的绩效，或者说派驻期间的工作表现评价，是与J.D.power的成绩高度挂钩的。

为了应对J.D.power的满意度排名，很多厂家采取了一系列综合措施。

- "曲线救国"措施，主动邀请J.D.power一起合作，共同立项推动满意度提升工作。
- 直接措施，将J.D.power检查标准设计成服务标准，强力推动"贯标"。
- 配套措施，借助第三方力量，建立类似J.D.power的调查体系，通过电话调查和面访调查打分并建立满意度排名，根据排名对经销商实施奖惩。

站在厂家的立场，制定这些措施出发点是好的。但由于执行过程中的偏差，引导出来的不是经销商实打实的客户满意度改善工作，而是大规模的造假。

由于厂家考核力度很大，客户满意度牵涉经销商的大额返利，成绩太差就会"惊天动地"，成为职业经理人难以承受之重。在面对经销商造假这件事上，厂家经常一副"痛心疾首，恨铁不成钢"的样子。然而，真实的情况却是：厂家无法通过制度设计来阻止经销商造假，导致经销商陷入"囚徒困境"。如果你不专门造假应对考核，则你的真实分数就将垫底，根本无法足额获得返利。

造假行为一度让满意度考核得分非常荒谬，100分满分，得99分已经排在全国100名开外了。其实，这个成绩很容易知道是假的。试想，如果有这么高的满意度，那为什么客户在过了保固期，就几乎都选择离开了呢？然而厂家并没有深究这些，他们在自己构建的整体框架下一路狂奔。

2020年以后，由于自媒体的崛起，客户可以根据网上的信息直接了解各个品牌的服务水平，J.D.power的影响力大幅下滑，相应的厂家满意度管理制度也相对放松，与返利挂钩的考核也相对宽松了许多。

笔者这两年比较多地接触了自主品牌。发现他们在满意度管理上已经比较务实了。他们已经将工作的重心从提升整体满意度调整为"防止客户不满意"。他们找到了真相，抓住了工作重点。

三、重点在"服务能力"

前文回顾了厂家推动客户满意的历史，有进步意义，也有操作不当的地方。

前两年，一个主流自主品牌就因为宣传手册上的芯片型号和实车不一致，直接导致厂家赔付了6亿元。在信息爆炸的自媒体时代，任何一个小事件都会在互联网上被无限放大。因此，重视客户满意管理工作就显得更加迫切。

那么，无论厂家还是经销商，我们应该怎样调整思路，才能走到正确的轨道上呢？在说出答案之前，我们先分析两个基本问题。

问题1：客户是否真的会满意？

笔者曾在很多场合问了很多人这个问题，他们的答案都显得不够自信。笔者的答案是：一个提供正常服务的商家，要求客户正常付费，客户感受基本上不会用"满意"这个词来形容，只能说"还过得去""还行"。那客户怎样才会满意呢？

大约只能是"刚谈好价钱，突然就免费了"。

这当然是个玩笑，但也从侧面说明：要想取得客户满意，"超出"客户期待确实是必要的。

问题2：吸引客户的是服务标准还是服务能力？

一位需要修车服务的客户，选择一家4S店修车，是因为前台接待非常有礼貌，还是听说这家店有位能处理疑难杂症的好技师？答案显然是后者（特殊需求除外）。因此，我们可以很容易地得出结论："服务能力"才是吸引客户、提升客户满意度的核心竞争力。

1. 客户满意度保障体系的构建

为了更好地厘清客户满意度保障体系的构建思路，笔者提出了客户满意度保障体系模型，如图3-15所示。

如图3-15所示，经销商门店须建立三层结构的客户满意度保障体系：整体服务能力、个体服务表现、服务表演。

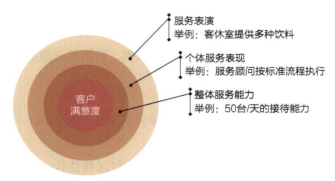

图3-15 客户满意度保障体系模型

为了让这个模型更好理解，笔者在讲课时经常会做个比喻：一个高中生是如何考上理想大学的？

首先，他经过三年的辛苦学习，具备了考上大学的知识和能力。

其次，考试那几天，他身体、精神状态都调整到最佳，临场发挥较为出色。

最后，考试时他很幸运，作文题押对了。

这个比喻与上述三层结构有相似的逻辑。

- 要想取得客户满意，门店具备满足客户需求的服务能力是基础。例如：有每天接待50台车进店的服务能力，才能在接待40台的情况下让客户基本满意。

- 要想取得客户满意，在具体某次服务客户的时候，无论是服务顾问，还是修车技师，甚至是休息室的服务生，都要表现良好。

- 按照设定好的剧本为客户提供惊喜。比如：绕车检查时提醒客户带走财物，从客户的轮胎上抠石头子以示对客户的重视等。当然，这方面工作要真诚，假了就出戏了！

面对图3-15，这些年来，厂家在工作内容的设计上，出了哪些路线上的偏差呢？我们可以做如下分析。

第一，错误地把"表层"的服务表演当成"底层"的服务能力，将工作重心放在服务表演的设计上，导致工作重心没有根基，一旦局势有变，这些设计就随风而去了。例如：抠石子表演会因为人员流动和疏于管理而很快沉寂。

第二，错误地将个体的服务表现理解成个体的行为，而忽视了从企业管理的更高层次推动组织能力的提升。例如：围绕贯标，将直接面对客户的服务顾问累死，却不知服务顾问是需要车间、配件、客服的所有人员提供支持，才能干好工作的。

第三，长期忽视基础服务能力建设。例如：对工时定价、报价透明度、一次修复率、配件立即供应率等方面工作的深度改善，长期缺乏应有的重视。

2. 对厂家构建新的客户满意度保障体系的建议

想让数据回归真实，让客户满意度保障体系真正发挥作用，厂家可以采取以下措施进行调整。

第一，放弃将电话回访与面访的调查结果与返利挂钩，改为排名公示劝导整改。

第二，加强对客户投诉的管控力度，并建立总经理负责的跟踪处理机制。

第三，加强明访和暗访结合的入店调查，但不与返利挂钩，只针对重点红线事项进行处罚，并针对服务水准进行打分公示，劝导整改。

第四，继续实行"贯标"，但向"规定动作不走样，自选动作有创新"的新思维方向改造。

第五，将工作重心放到提升"综合服务能力"上来，并建立围绕"服务能力"的考评标准，可以与年底评星挂钩。

> **小结**
>
> 　　本节探讨的是客户满意度提升的问题。客户满意其实是个复杂的问题，可以从很多的维度进行解读。我们的重点解读方向是"供给侧"，围绕能够确保客户满意的"能力"进行提升，才能真正获得客户认同。希望各厂家在未来能够好好思考，调整思路和方法，将工作重心回归到真正提升经销商服务能力的正确轨道上来。

第十节　业财一体

笔者见过很多行业软件的推销者，其中不乏巨头，他们在讲述产品功能时，基本都会说一个概念：业财一体，这一度让笔者非常困惑。

笔者大学刚毕业就在汽车厂家工作，接受的是正规的企业管理培训。任何涉及钱的行为都在财务的有效监督之下，在笔者看来，财务对业务实现进行有效监督是天经地义的事情，并不需要什么先进的理念。因此，笔者一度认为，所谓"业财一体"，指的是将业务数据与财务管理刚性连接，好处是可以实现去人工化自动做账，降低用工成本。

但随着管理经验的丰富，笔者开始对这一概念提出质疑，因为现实应用中意义并不大，也不可能成为卖点。

下面我们对"业财一体"概念的各个维度进行正确解读。

一、业务必须由财务监管

对从业者来说，接受财务监督应该是天经地义的。但全国走的店多了，笔者发现现实并非如此。例如很多店的保险业务，自从变成见费出单的模式后，财务就彻底失去了对该项业务的控制。

- 出单完全不在掌控中，每天也不知出了多少单，只在保险公司对账时才知道。
- 保险政策不事先到财务，保险公司对账单到了才知道手续费有多少。

现在，门店越来越走向平台化，很多合作公司在店内开展业务，这些业务与店内业务很多是强连接，但也有很多弱连接。尤其是当下微信是如此好用，看似人都在群里，实际上却毫无意义。

巧妙地设计流程，让财务介入监管，是经营的铁律，必须严格遵守。

二、创造监管环境

很多投资人和总经理很有财务监管理念，但并不理解财务监管的原理。

如果跳出监管职责这个"神圣"的问题，就会发现：财务人员也就是几个普通的小员工，他们凭什么就可以实现对业务的监管？别说监督业务，笔者倒看到很多次，业务员生气一吼，直接把财务人员吓哭了。

所以，真相其实是：总经理按照业务开展的基本原理，合理设计业务流程，按照财务监管的需要，将财务工作设计在流程节点上，在提供服务的同时，实现财务对业务的监督（见图3-16）。

图3-16　财务对业务监管原理示意图

很多总经理并不懂这个道理，一旦发现管理漏洞，就直接把财务人员叫过来骂一顿，其实，很多时候，出现管理漏洞，并不是财务人员本身的责任。

例如：财务收银员对售后放车有监管责任，需要服务顾问和客户拿着结算单，经收银员核对后，开具放行条（或在门禁软件上操作放行确认），客户将放行条交保安，保安完成放行动作。假如这个门店有两个门，另一个门没有门禁，客户根本没有办理结算就私自开车跑了，这件事收银员就没办法阻止，也就没有监管责任。

从这个例子可以看出，财务只是整个放行控制体系的一个节点，并不能为违规放车承担全部责任。

笔者在经销商集团工作的时候，与财务之间的配合是相得益彰、非常愉快的。由笔者牵头设计旗下门店的标准流程，以顶层视角通盘考虑，充分满足财务的监管需求，将财务监管需求合理设计进整个流程，然后与财务总监进行沟通，最后定稿，以双方联合发布的方式向整个集团推广实施。这才是健康的业财合作关系。

很多经销商集团的运营部门和财务部门本位主义严重，互相推诿责任，不肯坐下来为共同的目标而有效合作。这直接导致这些集团的制度设计只考虑本部门利益，关键问题多年无法解决。笔者就见过这样的案例，三年前去一个集团拜访，运营总正和财务总监吵架，好像是个索赔的管理问题。如今再去，发现他们居然就同一个问题还在吵。

三、一贯的流程，统一的数据

笔者在看数据的时候，经常发现业务部门报的数据和财务部门的数据对不上。由于这是经常发生的现象，于是就给人留下印象：数据分为财务数据和业务数据两套是正常现象。

按照业财一体的观点，业务行为只有一个，数据也就只能是一个。不存在财务数据、业务数据两套的概念。

业务数据与财务数据不同，只有如下两个原因。

- 业务团队未能执行标准流程，导致财务获取数据与业务获取数据不同，这不是差异，是错误。
- 在流程的不同节点，由于业财不同的需求，取得了不同角度的KPI，这不是数据差异，是不同的KPI恰巧叫了同一个名字。

以"新车销量"为例，分析如下。

- 从业务角度看，销量可能指订单量、开票量、交车量。
- 从财务角度看，销量基本指开票量。

如果业务拿交车量与开票量对比，显然是对不上的。如果双方提供的都是开票量，数据却不同，那显然有一个是错误的。

四、对内和对外

与很多人的认知不同，内部管理报表与外账报表最大的不同，源于设计这两种报表的需求不同，导致的取数逻辑不同。

- 就外账报表而言，任何数据都要与税务相关法规保持一致，与凭证要对得上，与银行流水要对得上。
- 就内部管理报表而言，如何能准确地描述业务本质，更容易帮助决策，怎样有利于管理就怎样设计，与外人无关。

小结

　　所谓业财一体，我们更多的是强调业务与财务统一设计流程，形成无缝衔接。业务为财务创造良好的监管环境，财务在预先设计的职权范围内坚守原则，履行监管责任。这样，在规范流程的运作下，业财将获得统一的数据，业务可以通过数据进行分析决策；财务根据法律规定管好凭证，制作税账，完成报税等财务工作。

　　财务部的具体工作内容，本书第六章还有详细论述。

第十一节　数字化管理

在这个时代，几乎没有人再怀疑数字化管理的价值了。

曾经非常流行的数据对标，听说有人还为推广这项管理技术赚了大钱。

记得几年前，笔者陪同某豪华品牌厂家高管去一个经销商集团拜访，正赶上人家在开月度经营分析会。同品牌的几个门店正聚在一起分析数据，看见厂家高管来了，就邀请其一起参会，并请其点评。厂家高管对经销商运营不是非常熟悉，就请笔者代劳，笔者根据多年经验，就数据本身进行了分析，笔者不但指出了各个指标表现与行业经验值之间的对标差异，还对其为什么如此表现进行了管理分析，甚至，还对一些指标提出质疑，认为这些数据的获取方式可能存在问题，并指出了问题可能出在哪些流程节点上。

一个多月以后，笔者接到一个陌生电话，是一个豪华品牌4S店总经理打的，他说起一个多月以前笔者点评数据的事情，当时他太太就在现场。她回家向他描述说："今天遇到一个神人，看着我们的经营数据，就能将我们集团的各种真实存在的管理问题都讲出来，感觉对公司的了解程度比几个高管还深，就像在公司工作了很多年一样。"

这个故事，真切表达了数字化管理和数据对标的现实意义。但也说明，只有配合强大的专业能力，数字化管理才有价值。

然而，笔者接触了很多投资人，他们都很重视数字化管理，但对数字化管理内涵的理解却不够深刻。在没有基础流程管理，没有对数据进行清晰定义的情况下，直接进行数据对标是没有实际意义的。

由此可见，数字化管理是一个完整的体系，并不是只有"数据对标"这么简单。

一、取数、看数、用数

一个投资人，自然希望企业数据清晰、决策准确。但数据不是从天上掉下来的，很多企业还在靠业务部门报数获得数据，财务和业务还在为数据对不上而进行"长期斗争"。实际上，数字化管理体系是一个不断建立、不断完善的过程。

为了能简单说明问题，我们将数字化管理体系概括为：取数、看数、用数。

二、取数原理

1. 数据与流程

数字化管理的基本前提：数据是流程正规运行的副产品，如图3-17所示。

图3-17 数据是流程正规运行的副产品示意图

这里有两个关键概念："正规""副"。它们揭示了数据产生的两个基本前提。

第一，数据是基于流程的，只有流程正规地运行，才能保证数据准确。

本质上来讲，数据就是记录流程的，所以流程运行是否正常，直接决定数据的准确性。

举例如下。

- 如果销售合同签订得很混乱，车、精品、按揭、上牌等都没有表达清楚，则后面进行KPI分析时，这些数据都不可能准确。
- 如果不经过结算车就被违规放跑了，则结算产值就不可能与实际相符。

第二，数据的产出，最好是"副产品"，即流程正规运行，数据自动产出。

数据的基本特征里，除了有"准确性"，还有"及时性"。所以取数方法要尽量做到"神不知鬼不觉"，才能及时、准确获取数据，就好比一条大河正常奔流，你要做的就是取一瓢水进行分析，它流它的，你分析你的。这基本就是数字化管理系统对于管理的最大价值了。因此，是"副产品"，还是为了取数而要求报数，对数字化管理，具有决定成败的现实意义。

2. 取数能力建设

整个数字化管理体系的建设，哪部分最难、工作量最大？答案一定是取数能力建设。

前文提到，数据基于流程运行，因此，取数能力建设就与正规流程建设密不可分。而通过前面的论述，我们又知道：流程基于组织结构，组织结构基于业务模式，业务模式基于客户需求。因此，取数能力的建设是建立在整个管理体系不断完善的基础之上的，即随着基础管理水平的不断提升，流程的不断完善，取数能力也不断提升。

有人会说，上套软件，流程规范一下，数据不就能取出来了。

这就又引出来一个新的问题：如何让软件的操作与业务的真实情况完全吻合。也就是让软件的运行真实记录业务的开展情况。如果做不到这一点，软件就成了摆设，对管理的帮助意义将大打折扣。

三、看数分析

1. KPI设计与业务模式

笔者这些年深入了很多汽车经销商集团，见过形形色色的KPI设计，例如某著名经销商集团有一个关于保险的指标——保险交换率，定义为

保险交换率＝（从保险公司获取的保险代理费＋该保险公司推修事故车产值）/
保险公司保费

定义这个KPI的目的是判断门店与保险公司合作的关系是否足够好。从大的逻辑看，这个KPI设计并没有问题。但如果深度思考，就会觉得有以下瑕疵。

- 保险代理费的收入和事故车收入比，往往不在一个数量级上，将这两个指标相加，并不能体现保险代理费的贡献价值。
- 保险代理费政策获取和事故车产值获取是两个并不太相关的工作，把它们放在一起，对表达相关工作成果并没有太大的现实意义。

因此，不能说这是个错误的KPI，只能说是个并不太理想的KPI。

2. KPI设计原理

KPI如何设计才算是好的KPI呢？

这里直接给出结论：能精准描述业务模式运行的KPI才是好的KPI。最好的KPI可以与某个业务行为一一对应。

为了让问题更好理解，以下举个医院的例子。

稍有医学常识的人都会知道一些常见指标（KPI）与哪些疾病对应，比如：

- 尿酸高——痛风。
- 血糖高——糖尿病。
- 扩张压、收缩压高——高血压。

管理KPI的设计，也有相同的道理。

以潜客管理为例。我们知道，潜客管理遵循蓄水池理论，其管理分为"五大管理"，与KPI的对应关系如图3-18所示。

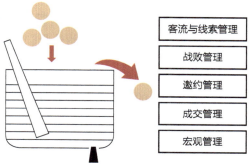

图3-18 蓄水池理论五大管理示意图

客流与线索管理
战败管理
邀约管理
成交管理
宏观管理

- 客流与线索管理——新增潜客量、客流转化率。
- 战败管理——战败量、战败率。
- 邀约管理——邀约到店数、邀约成功率。
- 成交管理——订单量、成交率。
- 宏观管理——潜客总量、潜客热度等。

所以，优秀的KPI能相对独立地表达一个业务行为，而多个KPI则可以准确表达出整个业务模式，这才是KPI设计的基本原理。

3. KPI分类

事实上，汽车经销商行业已经发展得非常成熟了。即使你不了解KPI设计的基本原理，也可以根据行业经验实现KPI管理。但如何才能让KPI管理更加全面，重点KPI更加突出呢？这就需要对KPI分类有清晰的认识。

这里提出门店KPI三大分类：量、质量、效率（客户效率、资源效率、人员效率），如图3-19所示。

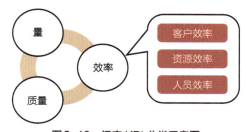

量
效率
质量
客户效率
资源效率
人员效率

图3-19 门店KPI分类示意图

- 量，指业务规模，例如营业额、销量、维修产值和保费总额等。
- 质量，指业务开展内在水平，例如单车毛利、维修毛利率和事故车毛利率等。
- 效率，当下门店管理，重点抓的是效率指标，具体来说，效率指标分三种：客户效率，直接反映客户转化的真实水平，如成交率、邀约成功率和进厂率等；资源效率，反映包括资金在内的资源的管理水平，如投资回报率、库存周转率、配件周转率和工位利用率等；人员效率，反映对人员充分使用的管理水平，如人均销量、人均产值、千元工资毛利等。

伴随流程体系的建设，KPI可以被准确、及时获取，数据决策体系就基本建成了。通过专业的分析，就可以进行科学决策了。

四、用数方法

数据的应用体现在管理的方方面面。

1. "五统一"管理法

经过长期的实践总结，笔者提出了"五统一"管理法。所谓"五统一"，指的是五项数据应用，统一于"唯一"的业务行为。这五项数据应用如下（见图3-20）。

图3-20 "五统一"管理过程示意图

- 月初下目标。
- 配套奖金方案。
- 过程KPI管理。
- 奖金计算与发放。
- KPI分析与总结。

"五统一"管理法应用的过程，就是经营管理的过程，周而复始。

2. 奖金方案的设计与应用

在经销商这个行业，薪酬普遍采用的是"基本工资＋奖金"的方式。对基层员工来说，最常用的方案考核周期是"月"，辅以周、季、年。

（1）奖金方案的本质

从本质上来说，奖金方案之所以被称为方案，就是因为它是数字化管理体系的一部分，并且它的执行是以取数能力建设作为前提的，如图3-21所示。

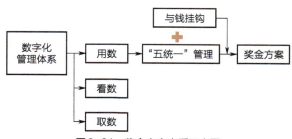

图3-21　奖金方案本质示意图

如图3-21所示，奖金方案的另一个重要特征就是"与钱挂钩"。通过对员工表现进行数字化考核，并与员工收入挂钩，从而激发员工的工作积极性，这是奖金方案的本质意义。

（2）奖金方案的三大基本原则

笔者看过很多奖金方案，自己也写过很多。由于奖金方案可以部分表达总经理的经营管理思路，所以它从来不是一个单纯规定如何发钱的方案，它几乎就是总经理的"第一管理大法"。然而，由于没有基本理论的指导，很多总经理的奖金方案设计得没有什么章法。

以下给出奖金方案设计的三大基本原则：指向性原则、可执行性原则、稳定性原则。

1）指向性原则。奖金方案的本质是希望员工在奖金的刺激下自觉按照公司希望的方向开展工作，但公司对员工的期望是非常综合的，既希望员工上班不要迟到早退，又希望员工能创造好的业绩，因此，奖金方案的任务是把公司针对某一个具体岗位的最核心的期望提炼出来，这就是奖金方案的指向性原则，如图3-22所示。

公司对不同级别的员工有不同的指向性要求，归纳起来有两个基本指向。

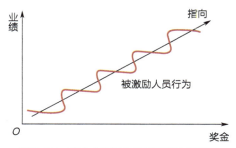

图3-22　奖金方案指向性原则设计示意图

- 多劳多得原则。
- "公司好我就好"原则。

基本上，这两个指向性原则对每一个员工都有效，但还是有侧重方向的：级别越低，越适用于多劳多得原则；级别越高，越适用于"公司好我就好"原则。

比如以下两个例子。

- 设计修理工的奖金方案，要严格执行多劳多得原则。如果因为这个月公司亏损而调低了系数，让修理工拿少了，就很可能导致内部矛盾。
- 总经理的奖金方案，就和多劳多得没多大关系了。即使他整天迟到早退，公司超出预期赚钱了，他也应当得到相应的激励。

还有一个现实问题，那就是随着行业竞争日趋激烈，厂家考核日趋复杂，对具体工作岗位的方案设计上，很难突出重点。如何才能突出指向性原则呢？

以下提出两个基本技巧。

- 大胆抛弃次要工作内容，突出能表现业绩的KPI，次要内容放到其他考核方案表达。
- 用"模块化"设计理念，把复杂问题简单化。

2）可执行性原则。前文提到，奖金方案是数字化管理的一部分，它是基于取数能力建设的。因此，奖金方案的可执行性就成为影响奖金方案设计成败的关键因素，即奖金是否可以被准确地计算并发放，是奖金方案设计好坏的决定因素。

笔者见过很多总经理，在办公室里闭门造车，创意百出，然后把奖金方案直接颁布施行，却不去论证取数能力是否能跟上，流程是否可以配合。这种工作方法，多半会被"打脸"，难以收场。更多的时候，是总经理利用权力压制了争议，导致员工只能把不满埋藏于心。

为了保证奖金方案的可执行性，必须在奖金方案的设计之初就想好奖金方案的执行问题，它遵循图3-23所示的基本流程。

图3-23　可执行性奖金方案设计思路示意图

3）稳定性原则。奖金方案发布后，向团队宣导、让员工正确理解是一个很长的过程。

笔者曾与上百位总经理进行深度交流，在谈到员工对奖金方案的敏感性时，很多总经理的观点是："这帮人精着呢！你少发他一分钱，他都会马上上楼来找你。"然而，笔者深入基层了解到的情况往往并非如此。员工典型的状态是："叮咚"一响，工资到账了，看看和上个月差不多，就叹口气说，干多干少就那么回事吧！

按照一般性管理经验，从一个奖金方案被公布，到员工真正理解奖金方案的指向性，大约需要三个月时间，也就是发三次工资后，他们才能有所感悟。如果奖金方案还不到三个月就开始修改了，那就彻底失去它的管理意义了。因此，对管理者而言，保持奖金方案的相对稳定性有现实需求。

然而，市场是瞬息万变的。这种变化又要求总经理快速响应，奖金方案也要随着市场形势的变化而变化，这就引发了"变"与"不变"的矛盾：竞争压力逼迫求变与内部管理要求不变。

笔者在深度分析了"变"与"不变"的内在需求后，提出以下奖金方案"奇正相生"的设计思路（见表3-1）。

- 保持基本奖金方案长期不变。
- 在奖金方案中设计目标考核，将定期下发目标的权力握在手里。
- 保持奖金方案中考核系数长期不变，作为对员工的基本信用。
- 保持方案延展性，以临时性激励方案作为长期方案的补充。

表3-1　变与不变的设计方法

变	业绩目标	临时激励方案
不变	考核系数	长期奖金方案

（3）奖金方案设计方法与技巧

有些总经理认为奖金方案的制订是体现自身专业性的重要方面，同时把设计奖金方案看成是最能体现其管理权的工作内容。但笔者经过长期研究发现，奖金方案无外乎是一些基本方法的组合，归纳如图3-24所示。

图3-24　奖金方案的基本方法示意图

- 计件法：按照完成的工作或者达成的业务数量计算奖金的方法，例如按工时计算奖金。

- 达标法：按照设定的目标的达成情况给予奖金的方法，例如达成销量目标给予奖金。

- 考核法：制定更加详细的KPI，根据综合表现得分，计算奖金的方法，例如销售顾问综合考评。

奖金方案就是以上三种方法的综合运用。但是要想设计出一份好的奖金方案，有一些技巧还是非常重要的。

第一，要多用加法，少用减法。奖金方案的另一个名字叫激励方案，既然是激励方案，就要起到激励的效果。要多用加法，少用减法，让被考核员工感觉到公司"这也给钱，那也给钱"，而不是"这也扣钱，那也扣钱"。

第二，要抓大放小，繁简有度。既然是激励方案，就要回归激励的本质。想要被激励对象对奖金方案有兴趣，奖金方案设计就不要太烦琐，要让被考核员工能快速领会，并按照奖金方案的指引去做，这才是设计奖金方案的初衷。不能把奖金方案搞得过于复杂，让员工像猜谜语一样迷迷糊糊。如果实在无法设计得简单，可以采用模块化思路，化繁为简地解决问题。

第三，对奖金方案要多做宣讲。奖金方案设计完成后，宣贯是非常重要的工作。奖金计算和发放的过程是进行奖金方案宣贯的好时机。通过宣贯，让员工能更清晰地掌握公司的意图，知道怎样努力才能赚到更多的钱，从而让员工的思路与奖金方案设计者的思路高度契合。

不停宣贯奖金方案的另一个好处就是，让员工知道奖金方案的可信度，提升公司的公信力，从而凝聚员工士气。

小结　本节用很大的篇幅总结了数字化管理体系的本质，提出了取数、看数、用数三大管理范畴。强调了取数能力建设与基础流程建设的紧密关联性。在用数环节，介绍了"五统一"管理法与奖金方案两大应用。在可预见的未来，数字化管理体系的基本内涵都不会发生太大变化。

第十二节　从 ERP 系统到 SaaS 系统

在前文提到的四化建设中，有"运营信息化"的提法。当下，使用管理软件在理念上已经不成问题，甚至可以说，很多管理者在没有软件的环境下几乎无法实现管理。

但汽车经销商这个行业，软件的使用却一直不那么正常。

一、ERP 系统的行业现状

企业资源规划（Enterprise Resource Planning，ERP）系统现在基本上已经成为管理软件的总称。按理说，经销商这个行业已经非常成熟了，相应的行业软件也应该有成熟的、口碑良好的产品才对，但实际情况并非如此。

1. 厂家软件

门店作为厂家的网络终端，由厂家提供管理软件是天经地义的。但长期以来，厂家提供给门店的管理软件功能都非常简单。这些软件对经营管理的支持很少，好像厂家把这些软件搞出来就是为了从门店把经营数据取走，而不是按照经营管理的内在要求来设计它。这几年，厂家提供的软件在功能上有了一定的改善，但仍然无法满足经销商的管理需要。

在行业发生巨变的历史背景下，厂家的软件很难跟上形势发展。

2. 行业软件

全国3.5万家4S店的巨大市场，对那些搞ERP系统的企业没有吸引力是不可能的。这些企业分为三类：财务软件公司、中小软件公司、外资软件公司。这些企业普遍拥有很好的技术和资本实力。然而奇怪的是，多年以来，没有一家做出拥有良好口碑的案例，笔者倒听说了很多起合作崩盘的事件。经销商行业一直没有出现普遍适用、口碑良好的软件产品。

既然市场上没有好软件，很多有实力的经销商就自己开发管理软件。很多先行者认为自己搞得不错，除了自己用之外，还跑到市场上售卖，可以说非常自信。然而，笔者并没有听说有特别成功的案例。倒是一些"小而美"的集团，自己搞的软件自己用，其中有很多贴心的功能。

二、软件不好用的原因分析

汽车经销商这个行业，没有好的行业软件出现，绝不是市场规模小的问题，这个行业市场规模足够大，大到让人垂涎三尺。

那是因为没有好的供应商吗？更不是，无论是ERP系统软件巨头还是实力强劲的品牌厂家，都有开发行业软件的实力，但一直没有好的产品出现。问题出在哪里？

笔者认为，整个行业没有形成真正的管理理论是问题的关键。

曾经有一个偶然的机会，笔者被请到某主流合资品牌的直属数字科技公司，他们受厂家委托开发经销商ERP系统已经两年了，却举步维艰。他们并不缺乏技术实力，主要受困于功能设计上没有思路，找经销商用户调研，也解决不了问题。笔者凭借多年领导开发的经验，向他们讲了9小时的开发思路，就一个主题：软件是管理思想的物化，软件开发就是通过创意将管理思想转化成软件功能的过程。

后来，一位在场的高管反馈："我根本听不懂您说的，但我感觉我们就是做诺基亚手机的，您就是做苹果手机的，区别就这么大。"

管理理论实在是太重要了！

厂家对门店运营没有形成好的理论，无法开发优秀软件，经销商也有同样的问题。

笔者曾经领导过一个百强经销商集团的软件开发工作，合作商与笔者一起坐在会议室，找来若干资深总经理、经理，笔者说："有什么功能需求，尽管提出来。"一位资深店总拿出传统销售工具"三表卡"放到桌子上，说："就把它开发出来吧。"这就是最真实的情况。从业者无法想象功能需求，这就好像你只能把一个苹果手机放到他面前，让他评价好坏，而不能在苹果手机没发明出来之前，让他想象出一个苹果手机。

道理就是这么简单！

由于行业无法拿出先进的管理理论，使用者又无法提出好的功能需求，导致软件供应商缺乏开发理念，出色的行业软件也就难以被开发出来了。

三、SaaS系统相比ERP系统的优势

企业都知道信息化的重要性，很多有实力的经销商集团，都搞起了ERP系统：建机房，买设备，买数据库软件，建立运维团队和开发团队，再投资上千万元找合作商。得到的却是一款没有灵魂且笨重的软件。说好的提高效率、减少人员呢？说好的商业智能（Business Intelligence，BI）管理、帮助经营呢？说好的"业财一体"、减轻财务负担呢？怎么连数据都不能保证准确呢？

ERP系统的概念已经被提出多年，面对互联网行业的新形势，这个概念显得那样笨拙和过时。相比之下，软件即服务（Software as a Service，SaaS）概念的提出，更加适合当下的行业。

1）每年收费，减轻了用户初始投入的负担。

2）快速迭代升级，更能适应不断变化的新形势。

3）没有机房，减少了运维人员。

4）部署方便，符合现在不断开店关店的现实。

国内互联网基础设施非常发达，也保证了"SaaS"系统安全运行的硬件条件。可以说，SaaS系统软件取代传统私域部署软件是大势所趋。

四、从整体到模块

前文提到，门店业务分为前段（乾坤大挪移）和后段（九阳神功），面对市场形势的快速变化，要更深入地分析本质：变化的其实是前段，后段变化很小。

因此，配合经营管理需要的软件也应采取模块化的开发方式，以适应这种变化。

以笔者的经验，软件模块化设计是完全可行的，如图3-25所示。

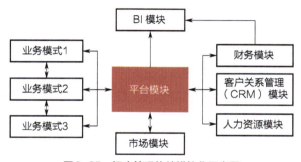

图3-25　门店管理软件模块化示意图

小结 本节讨论了行业软件的相关问题。阐述了一个核心观点：软件是管理思想的载体，只有在管理理论的指导下才能开发出好的行业软件。根据形势的变化提出了两个观点：一点是关于技术的，认为"SaaS"系统软件的整体理念更适合当下的行业；另一点是关于开发思路的，模块化是完全行得通的开发思路。

第十三节　人力资源的务实理念

企业的用人理念，一直是企业的战略问题。

一个不争的事实是，随着经销商的整体盈利能力下降，行业对人才的吸引力已大不如前。20年前，各行各业的优秀人才都跑来当门店总经理，但现在更多听到的是很多总经理选择了改行。

笔者的微观感受也很明显，以前做管理的时候，在基层总能轻易发现一些与工作岗位不相称的聪明人，你只要提拔他到更高的职位，稍加培养，就能胜任工作。但现在，同样的事情已很难发生了。

笔者曾参与投资了一家新能源汽车4S店。为了找到合适的销售经理和主管，笔者动用了所有关系，可找到的人却很难令人满意。笔者也在反思："是自己要求太高不切实际吗？"

理性的答案是"No"，这是从业人员素质整体下降的一个缩影。优秀的人不愿意到这个行业来了，这从入学选择专业就开始了，是收入水平决定的。

20年前，笔者刚进入这个行业，发现修理工的收入很可观。那时人们的普遍月薪也就在3000~4000元的水平，而资深维修技师却可以赚到8000多元，甚至个别月份可以赚到1万多元。连稍有经验的"小工"都可以赚到4000~5000元。这对于技校出身的他们来说，应该是相当满意的。他们甚至可以憧憬在一线城市买房安家。这样的薪资水平自然会吸引优秀的年轻人投身这一行业。

然而如今，修理工的薪资基本没有上涨。按物价水平计算，他们的真实收入起码缩水了一半，这样的收入可能都比不上外卖小哥。

以前，汽车销售顾问可以月入上万元，平时工作接触的都是律师、医生、教师、企业老板这样的人，自己也是一股社会力量，很能办事的那种。而现在的汽车销售顾问，收入和普通的工薪阶层差不多，每天被业绩目标、各种要求压得抬不起头。对他们中的很多人来说，这就是年轻时的一份临时工作，随时都可以放弃。

这样的状况，是很难吸引人才投入到这个行业的。

大部分总经理，都是从销售顾问这样的基层岗位一步步升迁上来的。行业入口人才素质下降，一定会波及管理层。这些年，笔者在与总经理们交流时，越来越难看到对行业有独到见解、从业经验非常丰富、综合素质一流的人才了。

一、培训与人才流动

多数汽车厂家每年都会制定专门的预算来对旗下经销商管理者进行培训。一个主流合资品牌曾设立一个项目，送优秀门店总经理去读MBA，效果如何呢？参与过培训的学员说："结业的学员，除了不会管理门店，其他什么都学会了。"

这当然是一句笑话，但也间接说明培训内容不太接地气。

笔者也曾参与过第三方公司为某豪华品牌设计的"总经理养成计划"，看到大量的名师讲座、欧美游学参观计划，只能默默摇头。

大额的投入，当然会有效果。这些培训开拓了这些职业经理人的眼界，对企业的长期发展自然是有好处的。但这些制定计划的人忽略了一个基本事实，就是"人才流动"。中国社会正处于快速发展阶段，汽车行业又是一个正在快速变化的行业。快速的人才流动是这个阶段最典型的特征之一。投入巨资实现的人才培养效果，会被人才流动冲刷得一干二净。

如何才能对抗人才流动对工作造成的影响呢？

不妨把思路放得更开阔些，提出以下这样的对策。

- 用优秀的体系能力降低工作难度，让中等人才做出上等业绩。
- 把员工变成"体系球员"，降低人才流失带来的影响。
- 创造良好的团队文化，提升员工向心力，降低流失率。

二、降低工作难度

如果你第一次投资一家经销商门店，肯定希望找到一位能力很强、能够打开局面的总经理来主持工作。但如果门店业务饱满，内部制度比较完善，就只需要找一个信任的人来"看堆儿"。

很多老板都是这样考虑问题的。在经销商发展早期，由于盈利能力较强，对总经理自身能力要求不高。

这从侧面反映出，一个体系完备的公司可以大幅降低管理者的工作难度。换句话说，就是在健全的体系下，能力一般的人可以胜任更高级别的管理工作。让人才胜任工作有两种思路，具体如图3-26所示。

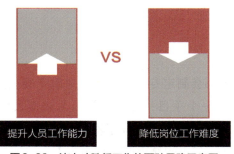

图3-26　让人才胜任工作的两种思路示意图

从图3-26可知，要想让一个岗位（尤其是管理岗位）找到胜任者，有两种思路。

- 要么通过培训提升人员的素质，从而让其适应岗位需要。
- 要么通过体系能力建设，降低该岗位的工作难度，从而让更多的人能胜任。

显然，后者更有可操作性，对企业的回报也是实实在在的。需要特别说明的是，这里不是否定人才培养的价值，而是告诉投资人和决策者，人才培养和体系能力建设，要"两手抓，两手都要硬"，这才是企业管理的不二法门。

三、把员工变成"体系球员"

足球场上对球员有一个略带贬义的定义：体系球员。球员被冠以"体系球员"的标签，隐含的意思大概是其缺乏天赋和灵性，只能依托于"体系"才能把球踢好。但站在球队的角度看，依托强大的战术体系，完全可以让普通球员团结在一起，战胜球星云集的强队。

前文提到，企业也需要强大的体系能力。依托成熟的体系可以：

- 让员工工作更加出色，平凡的员工组成的团队，也可以做出优秀的业绩。
- 降低人事变动对工作造成的负面影响。
- 更容易产生大量能胜任岗位的员工，解决人力资源不足的问题。

正所谓"铁打的营盘流水的兵"，只有把营盘打造成"铁"的，才能让流水的兵不影响战斗力。

对于一个有着成熟体系的公司来说，什么才是真正的人才呢？笔者认为他/她要具备以下两个特点。

- 对体系非常熟悉，能够熟练运用体系规则，在体系内出色工作。
- 能提出建议和意见，不断完善和丰富体系，使其更有利于工作。

一个员工在成熟的体系环境里工作久了，就对体系产生了依赖，离开了体系会显得非常不适应，甚至不能胜任类似的工作。显然，这样的员工离职意愿较低，即使离开了公司，多半也会后悔。

成熟的体系带来的是体系型员工，不但可以提高工作质量，而且可以大幅提升员工黏性，降低流失率，是企业健康可持续发展的决定性因素之一。

四、打造良好的团队文化

笔者在《体系制胜：汽车经销商的科学发展观》一书里，提到了打工人工作的三个目的。

- 赚到该赚的钱。
- 学到该学的东西。
- 过得开心。

作为管理者，要用更多的同理心去理解和尊重年轻工作者的诉求。笔者认为，在经销商这个行业，不需要讲太多"高大上"的道理，只要在尊重的基础上，把团队文化打造得更加"简单"就好，具体如下。

- 工资不打折扣，按时发放。
- 工作职责清晰明确，没有模糊地带。
- 奖金方案清晰，计算数据准确及时，多劳多得。
- 领导明察秋毫，说话算数，说到做到。
- 团队成员良性竞争，积极向上。
- 公司制度奖多罚少，公平有效。

如果管理者能真正抓住员工的关切点，相互尊重，平等以待，员工所能迸发出的工作热情和创造力，一定会给管理者带来很多惊喜。

> **小结**
>
> 　　汽车经销商行业，由于盈利能力下降，导致人才吸引力下降，这是不争的事实。通过搭建成熟的体系，将员工打造成"体系球员"，是对抗人才流动、提升工作效率的有效思路。对年轻员工，要在相互尊重、平等对待的基础上，挖掘其闪光点。

第十四节　公域获客与私域营销

　　笔者并不是一个对新媒体研究很深入的人，很多时候，对于一些新兴的平台，笔者还需向上高中的女儿请教。

　　在互联网大潮的不断冲击下，门店的营销工作重心也逐渐从地面搬到网上。营销媒介也从"老三样"变成了"新三样"，如图3-27所示。

图3-27　老三样被新三样替代示意图

　　以下将从公域和私域两个方面简单阐述一下门店营销的基本状况。

一、公域获客平台

1. 传统营销的做法

当下，绝大部分经销商仍然在使用相对传统的营销方法。像前文提到的老三样：店头、车展、垂直媒体，仍然是门店营销的基本方法。

1）店头传播：这是门店最基本的营销方法。以店头作为硬件基础，通过拉横幅、张贴海报等方式，吸引客户自然进店。随着互联网传播的兴起，自然进店的客户越来越少了，纯正意义上的展厅零售占比呈快速下降趋势。

2）车展传播：近几年，大大小小的车展已成泛滥之势。然而，客户对以车展为契机买车越来越不"感冒"。以车展为噱头提出的优惠政策，对客户的吸引力也变得越来越小。

3）垂直媒体：其实通过汽车之家、易车网、懂车帝等垂直媒体获取线索，进而实现销售的方法（DCC）兴起并成为门店的刚需，也不过才10年不到的时间。随着展厅自然吸客能力的下降，门店对DCC的依赖程度越来越高。对很多地理位置偏僻的门店，以垂媒引流的方式实现销售的占比可以达到全部销售的60%甚至更高。

随着创始人相继离开，汽车之家和易车网两大垂媒逐渐失去了原有的魅力，这使得懂车帝后来居上，成为当下最活跃的汽车类垂直媒体。随着门店盈利能力下降，垂媒的收费对门店而言渐渐成了难以承受之重。同时，随着抖音等新自媒体平台的兴起，很多在自媒体尝到甜头的经销商提出不再续费垂媒，这也是行业发展的一个新趋势。

近期，传出汽车之家和懂车帝都在尝试在线下发展门店，以"线上线索、线下撮合"为基本思路，努力摆脱靠投广告位获利的商业模式，是否能够成功，还有待观察。

其实，经销商传统的营销推广方法还有硬广，包括电视、电台、报纸、电梯广告、流媒体屏幕、T形牌、地图推广等。只是这些方式对经销商来讲，成本越来越高，效果却并不显著。

2. 以抖音为代表的自媒体

随着抖音的兴起，以抖音作为自媒体平台卖车成了经销商的新选择。

一些厂家也及时把握趋势，积极引导，先行者已经走得很远。据称，奇瑞的捷途品牌全系靠自媒体平台实现获客销售已经占到总体销售的70%以上，成为行业争相学习的对象。

从自媒体平台的基本营销思路看，已经发展到3.0时代，如图3-28所示。

图3-28　自媒体平台进入3.0时代示意图

世间没有长期独美的事。这两年，小红书和视频号，因为与抖音差异化的定位和不同的推送理念，也成功崛起。而且，随着抖音日趋商业化，很多喜欢深度价值的用户开始增加使用视频号和小红书的时间。为了应对这种竞争，抖音推出了"抖音精选版"，流量竞争的格局仍在不断变化中。

其他互联网平台也非常重要，包括微博、B站、百度搜索，但这些都未能成为经销商推广的主流平台。随着AI时代的到来，新的交互方式必将到来，汽车经销商与客户之间的连接方法也必然迎来新的变化。我们不能畏惧，只能迎难而上！

二、私域营销方法

很多总经理错误地认为，所谓私域运营就是基盘客户关系维护。正确的理解是：运营私域客户，实现营销传播。

传统的私域营销方法是所谓"老客户介绍"，具体的方法是：为了提升老客户介绍新客户的积极性，给老客户制定各种优惠措施，常见的是售后的保养代金券等。但由于难以界定业务是否真是老客户介绍的，这样的方式很难实现精准管理。很多经销商的这些举措反而制造了藏污纳垢的模糊地带，笔者一直不太建议采用这样难以驾驭的方法。

在互联网时代，私域营销平台也转移到了互联网上，比较典型的是朋友圈、公众号和视频号营销。

朋友圈营销一度是威力非常强大的营销方法，以下分享一个真实案例。

笔者的一位朋友是开"炒车档"的，他没有垂媒平台可以推广。他能做的就是为已购车客户办隆重的交车仪式，并请求客户帮忙在朋友圈发布一条软广告，大致的文案是：我今天在×××店提了一台××车，店里服务非常热情，还搞了隆重的仪式，××人很好，热情、周到、专业，朋友们买车可以找他，电话××××××××××××，并附上交车照片。

就凭借这一个举措，他的门店就客户盈门，生意明显比同类"炒车档"好。

视频号是新崛起的平台，其算法非常适合经销商后市场营销使用，这里就不再赘述了。

小结

随着自媒体平台的崛起，经销商的营销推广工作发生了深刻变化。公域获客和私域营销面临非常大的挑战，如果不正确面对，当垂直媒体获客塌陷后，经销商将面临重大挑战，如果那时自媒体营销还没做好，则将被市场无情淘汰。

总　结

本章用大量的篇幅介绍了汽车经销商模式化管理的基本理论。从模式本质、方法论、经营愿景、经营方针、业务与组织关系、基本三要素、业财一体、服务与业务的关系、数字化管理、信息化、人才观、全面营销等方面，系统阐述了理论的基本框架。作为本书的核心，本章内容偏理论阐述，后文内容会更多偏向于理论与实际应用的结合。

体系
制胜

第四章
销售的底层逻辑

新车销售对于汽车经销商的重要性，无须多言。按循环控制论的观点，新车销售是将客户引入循环的第一业务，也是经销商获利的主要来源。

　　记得几年前，笔者聘请了一位培训师，她曾经是某主流合资品牌的"全国十佳销售总监"，实战经验丰富。她干了一段时间以后，诚恳地对我说："老板，学习了咱们的销售模式理论，我觉得我以前都是乱做的，想怎么做就怎么做，根本没有一点章法，做对了说不出多少道理，做错了也很难找出问题所在。"听了她的话，我陷入了沉思：一个如此资深、优秀的从业者，也接受了那么多的培训，却自我总结以前都是乱做的。这是为什么呢？

　　可见，没有理论指引，只凭借经验，都会觉得自己是乱做的。或者说，一旦接受了模式化理论指引，思路马上被重新梳理并形成思维结构，就仿佛打开了新世界的大门。

第一节　科学布局原理

如图3-7所示，我们做了比喻，用手对门店平台与业务模式布局原理进行了解释。现就销售平台与销售业务模式的布局原理对照说明如下。

手掌：销售支持平台，连接业务前段与后段。

手指：与销售紧密相关的各业务模式。

血管：客户运动路径。

掌纹：销售平台的功能内涵。

关节：对业务模式实施过程管理的关键节点。

一、整体布局

1. 科学布局原理图

我们根据手的类比，构建起销售管理的科学布局，如图4-1所示。

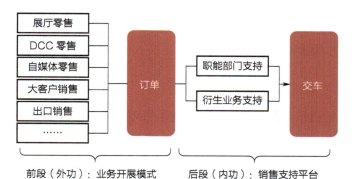

图4-1　销售管理科学布局原理示意图

2. 说明

按照前述理论，整个销售的布局分为前段和后段，如图4-1所示。

● 订单：连接前段与后段，是销售管理的核心所在，很多管理手段的建立都基于订单管理的成功。

- 销售支持平台：是销售业务开展的有力支撑，是流程顺畅运行的中转站，是实现业务监督的基础结构。
- 业务开展模式：是连接客户、保证业务成功的基本方法。

二、常见管理问题

1. 未到模式化程度

由于没有理论指导，大量经销商的业务开展还是基于总经理和销售经理的个人经验。如何布局业务完全取决于总经理和销售经理的个人认知，管理者的个人水平对业务开展结果影响巨大。

2. 过程管理缺失

行业发展至今，业务管理已经有了很大的进步，但由于基层管理者个人经验和理论水平不足，导致销售的过程管理程度仍然不够深入。绝大部分经销商这方面的工作还停留在"下目标，秒杀，看结果"的粗放管理状态，难以进步。

3. 布局不合理

由于缺乏理论指导，导致业务开展过于随意，很多总经理的水平还停留在"下目标，定奖金方案，就可以把业务做起来"上，缺乏从宏观布局上、从根源上推动业务进步的水平。

4. 订单管理漏洞

订单管理是销售全面管理的基础。这个原理并未引起行业的足够重视。销售的绝大部分管控问题，都源于对订单管理的重视度不够。

5. 缺乏平台管理思维

大量总经理平台观念淡薄，只知一味向业务单位施压，没有平台建设的理念。不狠抓基础管理，就不会有本质的进步。

6. 财务监督问题

由于缺乏平台理念，导致财务对销售业务的监督显得力不从心。很多业务开展过程中暴露出来的问题，并不能归结为财务监督不力。

小结

销售业务在平台建设的基础上，流程运行才能更有效率，业务监督才能更加严谨。在模式化理论的指引下，销售管理工作才能上升到更高的境界。

第二节　订单管理是基础

作为承前启后的环节，订单管理在整个销售过程中起到非常关键的作用。然而订单管理往往也是最容易被忽视的管理环节。

记得笔者到访浙江的一家4S店时，就遇到过这样一个案例。

一位普通的销售顾问与客户签订了一份非常笼统的意向合同，仅仅规定了车型等相关信息和裸车价格，就匆匆收了300元定金，放客户走了。不久之后，就有一个已经离职很久的销售顾问发信息给该店总经理，说有一个意向客户，可以介绍过来买车，是否能给予3000元居间费用。由于业绩压力较大，总经理就答应了。后面的事情就顺理成章了，客户如约到店正常签约，外边那个如愿拿到3000元居间费用。

后来这个客户被展厅经理认出，这事才真相大白：内部销售顾问与外部勾结，把已下订客户当成被介绍客户签约，可从公司骗得2700元佣金。

这样内外勾结的飞单行为，用常规思维看几乎是无解的。那如何才能把这种行为的出现概率降到最低程度呢？答案是从两大方面入手。

第一，提升销售过程管理水平，让展厅经理和销售组长可以更充分地把握客户，从而对销售顾问飞单行为形成心理震慑，使其不敢肆无忌惮、任意作为。

第二，加强签单管理，细化合同内容，同时尽量提升订金金额，使飞单行为本身难度提升。如果飞单成了一件难度很大的事情，自然就会减少直至杜绝了。

一、从合同到订单

在探讨完善订单管理之前，需要先完成两个清晰的定义。

- 我们把对外的、与客户签订的、符合法律规定的称为"合同"。
- 我们把内部需要的，符合内部管理规定的称为"订单"。

作为订单管理的重要工作，第一步就是把合同转化为订单，如图4-2所示。

合同向订单转化相关的管理内涵包括以下几点。

图4-2　合同转订单管理示意图

- 合同管理。
- 定金收取管理。
- 限价政策管理。
- 合同与订单签批管理。

下面简要分析一下合同管理和定金收取管理。

1. 合同管理

经销商的合同样式千差万别，有的店的销售合同条款严谨，对车型、颜色、价格、交付时间、附加业务等都有清晰的说明，但有的店的销售合同就是一个表格，销售顾问把内容填好，客户确认后签字，就被称为合同了。甚至为了防止引起厂家限价调查等，合同都不提供给客户，只提供订金收据。

由于很多经销商的销售合同都预先盖了公章，建议采取编号管理的方式，未签订合同统一放在财务，起码放在信息员处管理。

由于信息技术的发展，很多经销商搞起了电子合同，原理是完全相同的。实际上，这些电子合同，现实使用起来往往很不方便，很多门店都放弃了。

2. 定金收取管理

汽车作为大宗消费品，其合同签订往往不是一蹴而就的。行业内常规的签订方式分为三步：意向定、小定、大定。对应的定金被称为：意向金、诚意金、定金，如图4-3所示。

图4-3　订单逐步发展签订示意图

需要特别指出的是，只有实现了"大定"，

客户与商家之间才有了合同关系。

（1）意向定与意向金

在信息交互如此发达的今天，意向定的场景大致如下。

销售顾问例行公事地邀请客户参加店头活动，客户觉得应该表示一下诚意，于是就用微信给销售顾问发了一个红包，一般是99元，表示自己一定会跟这个销售顾问买车，销售顾问把这笔钱交到公司。这种情况比"完全没有"进了一步，我们称之为意向定，将红包称为意向金。

（2）小定与诚意金

小定的环节往往发生在热销车型的上市阶段。

热销车型上市，往往还未公布价格或者没有详细的配置，甚至展车都还没有，但会出现排队定车甚至加价提车的可能，因此，很多客户希望通过小定的方式来锁定未来合同，如期得到车或者以官方指导价拿到车。

对商家来说，当车型正式上市后，将小定转为大定就是重中之重的工作，但目前国内车市变幻莫测，大量车型在上市前热度很高，上市后却由于定价失误等原因"叫好不叫座"，因此会出现小定转大定难的问题。

（3）大定与定金

大定就是指签订正式的购销合同，双方正式承担权利义务。

大定意味着：如果有库存，就进入交付准备环节了；没有库存，则厂家开始排产。因此，大定毁约意味着可能会产生经济损失，客户与商家都会非常慎重。

目前，很多主流品牌厂家都建立起厂家后线与经销商打通的系统，店端可以看见订单车辆排产下线的信息，这让大定客户有了一定的获得感。

但毁约行为仍难以消除，因此，大定的定金要足额收取，否则可能导致比较大的损失。

笔者曾经投资了一个主流自主品牌新能源项目。有一款车型定价出现严重失误，先是店端按常规操作收取客户2万元定金，签订了合同，然后向厂家订车。但在订车后的2个月里，车价大幅"跳水"，导致车到店后，客户拒绝上门交全款提车，最终全部退定，车子"砸"在了手里，造成直接经济损失几十万元。

尽管这是一个极端的案例，但在新能源汽车市场瞬息万变的今天，什么情况都可能发生，这就需要我们的管理者实事求是，灵活制定政策，将风险降到最低。

总之，大定与定金收取要制定明确的政策，并与业务的实际情况相符。在兼顾业务开展的同时，注意防范经营风险。

二、价格政策与订单切割

合同与订单的关系，除了对内与对外的定位不同外，在表现形式和管理功能上也有很大差异。

1. 现实问题与解决思路

合同无法满足内部管理的需要，主要因为合同需要满足变化多端的客户需求，通常签订的方式和内容都非常灵活。灵活的方式确实让客户需求得到了满足，但却给后线监督，尤其是财务监督制造了难度：**财务往往"看不懂"合同！**
如何解决看不懂的问题呢？需要把合同"翻译"成能看懂的订单。

- 实施订单切割管理，实现车与各项衍生业务在订单中的独立清晰体现。
- 制定价格政策，要求订单全面满足价格政策规定。

正所谓，你有万千变化，我有一定之规！

2. 价格政策的制定与执行

这里所说的价格政策，并不是简单地规定了几级车价由几级领导审批的问题，而是有如下的管理内涵。

1）规定了商品车与各衍生业务的限价政策，如图4-4所示。

图4-4　商品车与各衍生业务限价政策示意图

2）在预先制定好价格政策的基础上，只需要求财务在审核订单时以价格政策所示，严格要求特定价格的业务需要相应级别的领导签字同意即可。

3. 订单的切割管理

在很多地区，合同签订的习惯方式是"总包价"，即合同仅有一个总价格，不体现多项业务各自的价格。即使在不签定总包价的地区，也很少会与客户逐项业务签订合同，这就为销售顾问违反规定，借管理漏洞中饱私囊提供了机会。

销售顾问与客户签订的合同被"翻译"成订单，主要的工作就是按规定完成订单切割，即实现按照价格政策要求将车和各项衍生业务独立确定成交价的过程。

在各项业务满足价格政策的规定中，是存在优先级差异的，共分为三级。

第一级，切割优先满足车价的价格政策要求，并且是车价的基础级限价政策要求；

第二级，满足保险、上牌、按揭手续费等业务限价政策；

第三级，满足精品销售和精品赠送的限价政策要求。

4. 订单的审批流程

订单切割后，形成了合同和订单两个管理对象，其管理重点和审批流程如下。

（1）合同审批

合同审批只在业务单位内部进行即可，主要审批负责人是销售经理，其审批的主要目的有两个：确保销售价格合理，并在权限范围内；确保合同上不会出现过度承诺、难以兑现的条款。

对于超越销售经理价格权限的情况，可请示总经理签批。

（2）订单审批

订单审批可略滞后于合同审批，但若条件允许，最好并行管理。

合同审批通过后，销售顾问再完成订单切割，然后由销售经理在订单上签字，再与合同一起交由财务审批。

财务根据相关政策，对订单进行合规审批，具体包括切割原则的执行、相应权限的人员签字合规等。

三、订单切割管理的意义

笔者深入全国数百家4S店进行调研后发现：在销售领域，大量的管理问题都源于对价格政策和订单管理松懈。严肃的订单管理，不但可以堵住很多管理漏洞，而且可以大幅提升单车综合毛利。

1. 实现订单切割管理的意义

● 通过订单切割及审批管理，可以解决财务"看不懂"的问题，从而实现财务对销售及相关衍生业务的有效监督管理。

117

- 通过订单切割及审批管理，可以杜绝销售顾问在总价的逻辑下，任意调整订单，导致衍生业务虚高，从而造成公司利益受损。

由于未进行以上管理而造成各衍生业务失真，给公司造成巨大经济损失的例子，在业内数不胜数。

国内某大型经销商集团，当年这方面问题就格外突出。为了提升各衍生业务的盈利能力，总部一声令下，全国500多家门店接到了七大衍生业务任务目标，但真抓实干把业务做起来很难，弄虚作假就手到擒来。于是，总部看到的是，各项衍生业务一夜间大幅提升，车价却大幅下跌。在欣喜于抓业务有效果的同时，还不禁感叹车市咋"烂"成这个样子。于是，其CEO在上海行业峰会上大声疾呼："经销商生死存亡之时已到"，成为行业笑柄。

2. 让销售顾问转身，强化价格政策严肃性和权威性

经销商销售价格真的就只能随行就市吗？笔者多年的经验表明：不是的！
通过有效的价格政策制定及执行，可以大幅提高单车综合毛利。

- 在月初制定好价格政策后，严肃而正式地颁布执行。
- 提升政策权威性：让销售顾问知道，要在政策范围内销售，否则很难申请到优惠价格。
- 制定配套奖金政策，引导销售顾问，对超限价销售给予奖励。
- 倡导团队文化：以向客户要利润为荣，以申请价格为耻。

管理者要下定决心，促使销售顾问转身，从而确立价格政策的严肃性和权威性。通过内部的有效管理，大幅提升销售利润。

严肃的价格政策是否会影响销量呢？

实践说明，保证价格政策的权威性和严肃性后，并不会影响销量，除非价格政策严重背离市场，那就是另一个问题了。

| 小结 | 订单管理是销售管理的基础组成部分，强化订单管理对门店销售管理意义重大。通过实施价格政策和订单切割管理，可以在实现财务监督的同时，最大限度地防控管理风险和经营风险。通过严肃价格政策的权威性，让销售顾问转身向客户要利润，可大幅提升单车综合毛利。 |

第三节　销售支持平台

按照"先平台、后业务"的思路,我们来探讨销售支持平台的理论问题。由前文所述可知,销售支持平台有三大基本内涵。

- "事业线":厂家商务政策管理。
- "生命线":进出存管理。
- "爱情线":衍生业务支持。

一位总经理,只有在销售支持平台的三个维度上不断提升管理水平,优化流程,门店才能取得实实在在的进步,是"根"上的进步。它不但可以提升业务水平、提升盈利能力,还能为门店健康可持续发展提供动力。

一、三大内涵

销售支持平台三大内涵如图4-5所示。

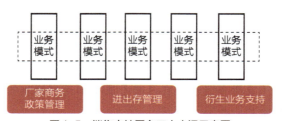

图4-5　销售支持平台三大内涵示意图

1. 厂家商务政策管理

当下的经销商,自身造血能力下降,严重依赖厂家返利。可以说,对厂家商务政策的解读和制定正确对策成了门店经营的重中之重,也是体现总经理"聪明经营"的核心所在。

厂家在销售端的商务政策,按照管理范畴区分,可大致分为三大组成部分,如图4-6所示。

这里,我们着重探讨的是业务直

图4-6　厂家在销售端的商务政策示意图

119

接考核与满意度考核政策。

（1）政策分类

本来，厂家与主营业务相关的政策是非常简单的，往往包含以下几部分。

- 经销差价。
- 考核达标返利。
- 满意度考核返利。

随着竞争的加剧，厂家诉求不断增加，政策也不断加码，经年累月，就变得越来越复杂。于是，政策以实施的方法区分，可分为三种，如图4-7所示。

图4-7　业务直接返利政策构成示意图

（2）商务政策管理方法

围绕厂家考核的指挥棒，制定配套的措施，跟进业务进度，确保厂家返利的充分获取，成为经营第一要务。

无论是集团公司，还是个体投资人，对厂家商务政策管理的诉求都应是"让商务政策管理透明化"，避免厂家商务政策解读成为总经理的个人行为，从而导致公司的正常经营受个人影响过大。为了实现这个目标，须建立如下管理机制。

- 建立厂家返利政策大名单，并确保销售部和财务部均有备案。
- 随时更新清单，保持销售部和财务部清单一致。
- 由销售经理（或财务经理）在月初月底根据返利清单的业务完成情况，制定《返利获取汇总表》。
- 《返利获取汇总表》经总经理签字后，由财务纳入返利池管理。
- 将预估返利分配到单车，计算单车综合毛利。
- 财务根据返利的不断返回情况进行持续确认，并更新《返利跟踪表》。

2. 进出存管理

由于与资金运用紧密相关，因此，进出存管理被比喻成"生命线"。

进出存管理是门店基础工作，但在人治管理状态下，很多门店的进出存管理仍然非常粗犷，很多总经理将这么重要的工作系于信息员一人。他强，则销售部的运转无比顺畅；反之，则销售部走得磕磕绊绊，甚至出现重大事故，给公司带来巨额损失。

（1）主干流程决定工作效率

从订单被签批生效开始，业务流程就进入后段。

为了完成交车，各后线部门需通力
配合。作为主干流程，可以说，从订单
匹配到完美交车这一进程的效率，就是
销售部的整体效率，如图4-8所示。

图4-8　从订单到交车流程示意图

这个主干流程并不复杂，要想做到流程顺畅，就需要信息在销售顾问、信息
员、财务部、衍生业务各窗口快速传递和反馈，相关流程细节请参考《体系制胜：
汽车经销商的科学发展观》一书。

（2）进出存工作连接两大命脉

进出存管理工作实在是过于重要，因为它
连接着两大经营命脉：商务政策和资金安全，
如图4-9所示。

**图4-9　厂家商务政策、资金安全与主
干业务流程对接示意图**

第一，订车与厂家商务政策直接影响利润。 订车与厂家商务政策连接紧密，
与资金的计划性关系密切，其重要性不言而喻。

- 厂家对于经销商订车都有明确的规则，但在明规则下往往还有一些潜规则。
  作为一个优秀的信息员，如果能熟练运用这些规则，为公司争取到好资源，
  对于获利提升意义重大。
- 掌握商务政策，制订订车方案，进而把控订车节奏，对于提升订单匹配度，
  提升获利空间，有着重要的现实意义。
- 经销商资金的计划性，总经理对资金计划的精确把握，合理指挥销售经理
  和信息员实现有限资金的高效利用，对确保资金安全，做大业务规模，都
  具有重要意义。

第二，库存是最大的经营风险。 很多合资品牌厂家的外国高管不理解经销商
为什么要亏本卖车。在厂家高目标政策的驱使下，经销商不得不向厂家订购超出
销售能力的商品车，导致库存高企。库存成为经销商最大的经营风险。大多数经
销商都不是因为经营亏损倒闭的，而是因为过高的库存资金占用导致现金流枯竭
而倒闭的。

第三，资金使用计划考验管理水平。 由于资金使用庞大，经销商往往采用各
种成熟的银行贷款方式进行库存融资。合格证作为库存的凭证，往往被抵押在银
行或第三方监管机构。当销售开票或者汇票到期，门店就面临还款赎证的资金压

力。如何制定有效的"合格证赎领管控机制"和配套资金使用计划，非常考验总经理的经营水平。

第四，现金车和先进先出原则的落实。现金车的产生是经营不正常或者管控失败的具体表现。

由于汇票到期等原因而不得不将库存车合格证赎出，就形成了现金车。现金车大量占用资金，影响进出存正常流转。消灭现金车是常态经营中放在最优先级别的工作事项。

与现金车处置这种亡羊补牢的思路对应的是车源匹配"先进先出"原则的落实。

按理说，这种重要又简单的工作不应该成为问题，然而事实却并非如此。

笔者就亲眼看到过某德系品牌的一位投资人在大骂员工，原因是刚应客户要求从厂家订回来一台车，却发现店里有一台颜色、配置等方面完全一致的库存时间长达一年的现金车。

由于管理混乱造成的这类情况可以说比比皆是，只是很多都被掩盖了而已。

3. 衍生业务支持

按照"新四化"理论，门店业务开展正走向平台化。不断有新的业务被引入到门店业务平台上来。在销售的主体流程上见缝插针地把这些衍生业务插进去，为这些业务创造机会。

从业务开展时机角度，这些衍生业务无外乎分为两类：订单前衍生业务和交车前衍生业务。

为配合主干业务流程，要求这些衍生业务具备独立交付能力，具体要求如图4-10所示。

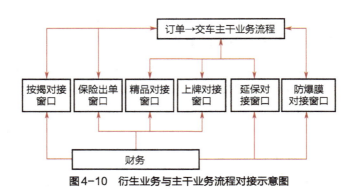

图4-10 衍生业务与主干业务流程对接示意图

- 有清晰的对接窗口。
- 有清晰的交付条件，有信息反馈能力。
- 实现财务有效监督。

二、解放销售顾问

为了推广"解放销售顾问"的理念，笔者问了很多总经理一个问题。

如果一名销售顾问的精力是100%，那他花在签单上的精力是多少？花在交车上的精力又是多少？

很遗憾，没有标准答案。有回答20%、80%的，有回答40%、60%的，还有回答50%、50%的。但可以肯定的是，没有人回答销售顾问花在签单上的精力超过50%。

经销商请一名销售顾问，主要目的是让他连接客户、签单卖车，而不是交车。如果可以借助先进的信息化工具，巧妙设计"订单—交车"流程，形成自动化后台，则可以大大释放销售顾问的精力和时间，大幅提升销售顾问的战力，如图4-11所示。

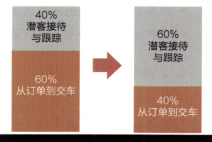

图4-11　解放销售顾问原理示意图

笔者曾带领团队为广东一家日系品牌4S店成功地完成了自动后台的设计工作，销售顾问基本不用串联交车流程，销售业绩大幅提升。为了验证效果，笔者访问了一名普通销售顾问，她说："我在这上班，感到挺满意的。我合租的室友在另一家4S店上班，我和她每个月都能卖12~15台车，但我除了开例会，基本可以按时下班，而她整天起早贪黑，压力很大。我们的品牌竞争力差不多，我们之间的差异，我觉得是我们的自动后台让我干得更轻松！"

几个月以后，这家店的销售冠军完成了当月36台的交付壮举。他霸气地说："在这里，签单不用担心交付，轻松就能赚奖金，哪能不使劲签啊！"

三、财务监督

财务对销售的监督，本质是对销售支持平台的监督，财务是不会插到销售前段去监察业务模式的。财务对销售的监督，几乎涵盖了经销商财务监督的所有方式。

1. 对库存进行监管

- 新车入库时，车辆和钥匙是同时入库的，合格证是财务负责入库和质押的。
- 财务不定期实行库间盘点，同时配合银行及监管机构进行库存盘点。

2. 对主干流程进行监督

- 财务介入对合同和订单的审核，通过价格政策与订单的比对，实施监督。
- 通过开票环节的收款监督，确保收款和订单一致。
- 通过对合格证赎回的操作服务，对资金运用实施监督。
- 通过开具放行条，对主干流程结束实施监督。

3. 对衍生业务进行监督

- 财务对衍生业务的外围供应商及合作协议进行监管。
- 财务对衍生业务出库进行监督。

4. 对商务政策进行监督

- 财务存档厂家商务政策的各项通知，并获取商务政策清单。
- 财务通过建立厂家返利获取对接流程，对返利获取进行监管。
- 财务对销售返利池进行监管。

> **小结**
>
> 销售支持平台的观念形成，是强化销售业务、改善销售部管理的关键。通过销售支持平台的建设，可强化财务对相关业务的监督能力；可大幅提升销售部的运转效率；可解放销售顾问，大幅提升销售能力。总之，总经理在销售支持平台上取得的管理进步，是经销商竞争力的根本性进步。

第四节　蓄水池与三驾马车

在《体系制胜：汽车经销商的科学发展观》一书中，笔者提出了"蓄水池理论模型"。一个困扰多年的问题：蓄水池模型与行业内更加普及的

"销售八步法""销售漏斗"的本质差异究竟在哪里？

销售三大理论模型如图4-12所示。

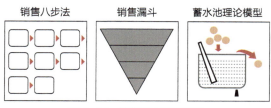

图4-12　销售三大理论模型

三大模型都用于指导门店销售，但它们对同一问题的分析视角完全不同，可概括为以下几点。

- 销售八步法：服务思维。销售八步法是站在"服务"客户的视角，通过为客户提供接待服务来表达销售顾问行为的。这是早期从日本引进的思维模型，指导服务标准化。

- 销售漏斗：业务思维。漏斗是站在基层"业务"开展的视角，对整个销售的过程进行了简单的描述。漏斗并不是为汽车销售专门打造的模型，而是来源于电子商务领域。尽管其在行业内有巨大的影响，但对业务开展并没有太大的实践指导意义。

- 蓄水池理论模型：管理思维。蓄水池是站在管理者的视角，在宏观层面对业务进行整体设计并推动业务开展的管理模型。它让潜客管理思路清晰，对展厅经理、销售经理乃至总经理厘清潜客管理思路，抓住管理重点具有积极意义。

笔者这些年接触了很多品牌的培训和厂家的工作指导手册，他们在业务开展甚至业务创新方面都有很多见解，比较欠缺的往往是对业务的宏观管理，这也是当下行业最为欠缺的知识。

一个比较典型的现象就是各个厂家研发的DLR管理系统。几年来，厂家系统在功能设计上取得了长足进步，但几乎所有厂家系统都存在一个问题：对管理者如何全面管理业务缺乏功能设计，这就是未能实现思想突破的具体表现。

我们研究"蓄水池理论模型"，就是站在宏观管理视角，全面科学布局潜客管理。

一、蓄水池理论模型

1. 理论模型（见图4-13）与七大模型元素

1）根据图4-13所示，蓄水池有上水口、下水口和出水口。

- 上水口打开，水进入蓄水池。
- 下水口打开，蓄水池中的水流出。
- 通过使用搅拌器，水就会旋转起来，从而从出水口流出。

2）与模型相对应的销售潜客管理"5+2"七大要素。

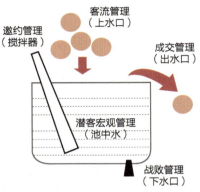

图4-13 蓄水池理论模型示意图

- 上水口：对应各种引流模式下线索转潜客的各种渠道。
- 下水口：对应潜客战败管理的措施。
- 出水口：对应成交管理的各项措施。
- 搅拌器：对应邀约管理的各项措施。
- 池中水：对应潜客群宏观管理的各项措施。

另外，有两个固定元素。

- 蓄水池的形状：对应厂家的品牌力和产品力。
- 池中水的水位：对应地段、口碑、营销等因素作用下形成的集客能力。

2. 用蓄水池理论模型指导工作

在工作中，模型的价值就是协助引导我们的思想，使我们的思路更加清晰，蓄水池理论模型的价值就在于此。

1）蓄水池的形状是由厂家决定的。蓄水池的形状代表了厂家的品牌力，它在经销商门店开业时就被确定了。前文提到，目前行业处于品牌颠覆阶段，销售结果受厂家品牌力影响巨大，如图4-14所示。

如图4-14所示，品牌力强的蓄水池就像个脸盆，口大底浅，对应潜客管理就是：获客多，成交容易。品牌力弱的蓄水池就像试管，口小

图4-14 品牌力的影响示意图

底深，对应潜客管理就是：获客少，成交难。

对销售经理来说，谁都愿意端个脸盆（强势品牌）讨生活！

2）水位的高低是由门店自身的禀赋造成的，是长期积累的结果。

蓄水池形状一定，水位高低，对结果影响很大：水位高，水离出水口近，溢出就容易；水位低，水离出水口远，每一滴水溢出都非常艰难，如图4-15所示。

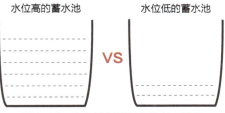

图4-15　集客能力强弱的影响示意图

如图4-15所示，在集客能力强的门店，水位长期处于高位，只要轻轻搅动，水就会从出水口流出；如果水位过低，即使拼尽全力搅动，水也很难从出水口溢出。

可见，门店通过长期积累的口碑、持续营销创新形成的集客能力，对销售结果影响很大。无论是销售经理还是销售顾问，谁都愿在一个集客能力强的门店开展工作。

3）用五大管理法指导团队潜客管理工作。

在蓄水池理论模型的指引下，销售经理对潜客管理工作的思路将变得非常清晰，如图4-16所示。

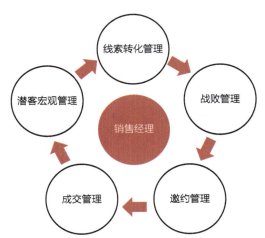

图4-16　销售经理对潜客宏观管理的思路示意图

一名销售经理，盘点以上五方面工作，配合各自的KPI，就可以很容易发现工作的不足之处。

- 线索转化管理：主要引流渠道（店头、DCC、自媒体、车展）的到店转化率。
- 战败管理：战败条件、战败申请流程、战败率。
- 邀约管理：邀约目标、邀约强度、邀约话术、邀约到店确认、邀约成交率等工作。
- 成交管理：成交技巧、成交政策、三级拦截机制、降低成交难度的配套措施。
- 潜客宏观管理：潜客总量，分车型、分热度、分来源、分销售顾问分析。

二、三驾马车

对经销商来说，新车零售业务的根本价值不必多说。在"移动互联网＋自媒体"的社会环境下，零售的形态发生了很大的变化，也潜移默化地改变着销售的底层逻辑。

1. 建构在蓄水池之上的引流渠道

就当下的经销商业态，除了极少数上门签单外，绝大部分的零售成交还是发生在展厅里的。并且，各种创新的引流渠道，其主要的价值就是把客户资源吸引到展厅，完成这项工作后，潜客管理就回到蓄水池理论模型的指导范畴，如图4-17所示。

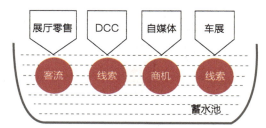

图4-17　零售业务模式以蓄水池理论模型为承载基础示意图

（1）潜客的定义

潜客指与销售顾问发生面对面交谈，并将有效联络方式告知销售顾问的尚未成交客户。

从这个角度看，各种引流渠道，都需要经过蓄水池的转化，将客流、线索、商机通过邀约到店的方式，升级为潜客，再经过蓄水池的管理，转化为成交客户。

（2）提升流量的思路

站在蓄水池理论模型的框架内：

- 让蓄水池承载的创新引流渠道越多越好。
- 让每个引流渠道都变得"粗壮"，健康发展，充分贡献力量。

这就是零售业务要不断创新导入新引流渠道的原因。

2. 老三驾马车升级为新三驾马车

在自媒体营销尚未兴起时，零售"三驾马车"指的是展厅零售、DCC、活动销售（主要指车展、店头活动等）。随着自媒体的兴起，"短视频+直播"的获客销售方式快速崛起，成功替代活动销售，成为"三驾马车"的新成员（见图4-18）。

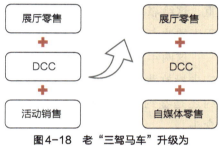

图4-18 老"三驾马车"升级为
新"三驾马车"

3. 各引流渠道趋势分析

（1）展厅零售

在互联网无处不在的今天，展厅零售的空间被无情挤压。通过店头吸引，引导客户自然进店的可能性越来越低了。当然，也有新的趋势。

- 通过百度或高德地图露出，或者通过百度搜索而找到门店，进而实现主动上门的，也被纳入展厅零售范畴。
- 通过城市展厅和商超店的建设，把触手伸到城市深处，更加方便地触达客户，这都算展厅零售的范畴。

但在垂媒和自媒体的夹击下，展厅零售在整体零售中份额下滑的趋势几乎不可逆转。

（2）DCC

DCC指借助垂媒发布广告信息，待客户留下联络方式，再通过电话邀约，促使客户到店成交的一种零售方式。

DCC概念大约在2010年提出，2015年后逐渐走向成熟。随着几大垂媒的影响力上升，DCC在零售中的占比也在不断上升，很多经销商已经达到50%，有些位置不太好的门店，甚至可以达到70%。

近两年，作为垂媒代表的汽车之家和易车网的创始人纷纷离场。公司被收购后，两大垂媒显得有点老气横秋，这直接导致懂车帝的崛起。现在是三大垂媒的时代，其中懂车帝作为后起之秀，借助字节跳动的生态优势，大有赶超两位"老大哥"之势。

随着自媒体的崛起，三大垂媒获客能力也受到挑战，但三大垂媒为了能获得更多厂家统采合同，通常会做出超出自身能力的承诺。于是，线索注水越来越严重，这给靠线索吃饭的经销商增加了很大工作难度，三大垂媒的口碑也受到一定程度的冲击。

这两年，随着盈利能力下滑，加之自媒体营销的崛起，经销商对高额的DCC广告投放费用意见很大，但对DCC依赖度很高的门店最多也就发发牢骚，该签约还是签约。但一些自媒体营销做得好的经销商，已经萌生放弃DCC投放的念头。

DCC这种业务模式之所以能获得如此成功，是垂媒平台、厂家、第三方培训公司共同推动的结果。其中，第三方公司提供了店头DCC的模式提炼和业务开展理论。

一个趋势是：随着自媒体引流销售的兴起，以及垂媒对接的日趋成熟，市场部开始转向自媒体素材制作及短视频发布等工作。基于这个趋势，DCC将被彻底独立出来，由专门的DCC团队一条龙管理。

另一个趋势是：由于DCC占比不断提高，展厅零售占比不断下降，导致展厅已无法"养活"专门的销售顾问团队了。于是DCC销售顾问经历了由全员到专职，再由专职到全员的结构调整。

随着垂媒影响力下降，DCC这种业务模式的巅峰期已经过去，但当下，它仍然是绝大部分经销商零售的主要获客方式。

（3）自媒体零售

当下，以抖音为代表的自媒体引流零售方兴未艾。

优秀的案例越来越多，甚至出现了捷途这种全网门店70%以上的零售均来自自媒体引流的案例。这让那些还没摸到"庙门"的管理者异常焦虑。

在短短三年多时间里，自媒体销售已经发展到3.0阶段，如图4-19所示。

- **自媒体1.0时代：**自媒体一开始并未被看作是直接销售的载体。

图4-19 自媒体引流零售进入3.0时代示意图

先知先觉的经销商发现抖音上"短视频+直播"的方式，可以大幅提升门店影响力，并吸引客户到店消费。随着粉丝数量的增长，依靠自媒体平台直接获客成交成为可能。

✓ 经销商的工作诉求是提升抖音号的粉丝数，创造爆款短视频，提升播放量。

✓ 通过直播获客成交更加被重视。

这一阶段称为"炒号阶段"。

● **自媒体2.0时代：**维护自媒体的目的就是卖车。

通过"短视频+直播"的方式，可以实现直接销售，甚至达到"三分天下有其一"的效果。

在字节跳动大力将抖音平台商业化的强力推动下，经销商放弃了通过发布爆款短视频增加粉丝的思路，转而演变成：拍摄直接优惠信息短视频+付费投流，从而达成引流销售的目的。

✓ 抖音不再专美，小红书、微信视频号、快手纷纷崛起。

✓ 相较于短视频，直播重要性下降，但仍在继续。

✓ 玩自媒体需要花钱了。

✓ 经销商内部自媒体运营结构逐渐成熟，KPI也日渐清晰。

● **自媒体3.0时代：**所谓自媒体矩阵，就是全员发动，由市场部牵头，大量注册自媒体平台号，鼓励销售顾问自己做自媒体，独立养号。

公司统一制造内容作为辅助，个人发布各自内容，一旦哪个号有成为爆款的趋势，马上加以放大，再结合付费投流等方式支持，从而提升销售效果。

笔者与巨量引擎的一位经理进行过深度交流，探讨了如何制作爆款视频的问题。他语重心长地说："如何制造爆款是一门'玄学'，如果我知道答案，我就去创业，不干这个了。"我恍然大悟，这是一个模糊控制的游戏规则，就像AI无法用逻辑推理一样，时代在进步，观念确实得跟着一起更新。

小结	本节我们讨论了新车零售。各引流渠道以蓄水池理论指引下的潜客管理工作为依托，纯粹的展厅获客占比已经大幅下降；DCC也过了巅峰期，但占比仍然很大，大部分经销商还很依赖；自媒体获客引流方兴未艾，如今已经发展到3.0时代。在AI即将兴起的时代，新的引流渠道还将不断涌现。

第五节　数字化与 KPI 评价

如前文所述，如果把经销商门店比作一个人体，那平台和业务模式就是骨骼和肌肉。把骨骼和肌肉摆放在指定位置后，还需要用神经系统把它们连接起来，这个神经系统就是数字化管理体系。

数字化管理体系的主要内涵概括如下。

- 范畴包括取数、看数和用数。
- 数据是流程正规运行的副产品。
- 业务KPI是业务模式的数据映射。
- 业务KPI指标包括量、质量和效率。
- 五统一管理法：目标、奖金方案、过程管理、奖金计算与发放以及KPI分析。
- 正确制订奖金方案：指向性、执行性、稳定性。

下面用以上内涵将汽车销售的数字化管理体系建立起来。

一、取数保障

依前文可知，数据来源于流程的正规运行，而流程的正规运行取决于两点：

- 正确的布局。
- 对流程运行的有效监控。

1. 财务监督

如前文所述，销售支持平台有三大管理范畴，财务对其监管的内容如图4–20所示。

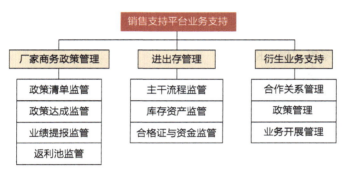

图4-20　销售支持平台

在有效的财务监督下，保证流程的正规运行，为正确取数提供了基础保障。

2. 加强过程管理

前文提到，业务主管用自身的工作"描述"了业务模式。因此，要想取到数据，就需要充分践行业务模式要求的工作事项，例如展厅零售。

要想获得展厅零售的相关数据，就需要切实加强"五大管理"的相关内容。

- 切实落实客流登记和新增潜客管理，才能得到客流量和客流转化率。
- 切实落实潜客战败管理，才能得到潜客战败量和潜客战败率。
- 切实抓好邀约管理，才能得到邀约量、邀约成功率和邀约到店率。
- 切实抓好成交管理，才能得到成交量、成交率和一次成交率。
- 管理好蓄水池，才能得到在跟踪潜客量、分级潜客量和意向车型潜客量。

通过加强过程管理，保证相关流程的正规运行，为正确取得过程管理KPI奠定了基础。

二、看数方法

门店总经理根据自身管理需求，按自己的理解创新提出各种KPI，导致经营数据五花八门，让除他以外的人摸不着头脑。

前文提到，业务KPI是业务模式的数据映射。如果业务模式实现了统一，那么KPI自然就实现了统一。

模式化的KPI分析体系是模式化管理的重要组成部分。

前文提到，销售业务KPI的数据分类是量、质量、效率。结合对各业务模式的正确理解，可以形成一个二维矩阵，将销售的"根"KPI表达出来。

1. "根"KPI

（1）展厅零售"根"KPI

展厅零售"根"KPI见表4-1。

表4-1　展厅零售"根"KPI

指标		维度				
		量	质量	效率		
				客户	资源	人员
展厅零售	客流转潜	客流量	—	登记率	—	人均接待量
	潜客战败	战败量	—	当期战败率	—	人均战败率
	潜客邀约	邀约到店量	—	邀约成功率	—	人均邀约到店量
	潜客蓄水池	在跟踪潜客量	H级客户占比	—	—	人均跟踪潜客量
	潜客成交	签单量	单车综合毛利	成交率	—	人均签单量

（2）DCC"根"KPI

DCC"根"KPI见表4-2。

表4-2　DCC"根"KPI

指标		维度				
		量	质量	效率		
				客户	资源	人员
DCC	网站维护	—	当期排名	—	—	及时响应率
	线索获取	线索量	—	—	—	—

（续）

指标		维度				
		量	质量	效率		
				客户	资源	人员
DCC	线索清洗	有效线索量	—	线索有效率	—	—
	线索邀约	邀约到店量	—	邀约成功率	—	—
	成交	成交量	单车综合毛利	总成交率	单台投放费用	人均签单量

（3）自媒体"根"KPI

自媒体"根"KPI见表4-3。

表4-3　自媒体"根"KPI

指标			维度				
			量	质量	效率		
					客户	资源	人员
业务开展过程	销售结构	媒体平台	平台量	—	—	—	—
		投流	投流金额	—	—	—	—
		短视频	数量	—	—	—	—
		直播	总时长	高峰在线量	—	—	—
		粉丝	新增粉丝量	—	—	—	—
		点赞	新增点赞量	—	—	—	—
		浏览	浏览量	—	—	—	—
	业务进程	商机获取	商机量	—	—	平均商机费	—
		邀约到店	邀约到店量	—	商机转化率	平均潜客费	—
		成交	订单量	—	商机转化率	平均成交费	人均销量

（4）销售支持"根"KPI

销售支持"根"KPI见表4-4。

表4-4 销售支持"根"KPI

指标			维度				
			量	质量	效率		
					客户	资源	人员
业务开展过程	销售结构	配车	配车订单量	—	—	订单匹配率	—
		开票	开票量	单车综合毛利	成交率	—	人均销量
		交车	交车量	—	客户满意度	订单交车率	—
		库存	库存量	平均库存天数	现车匹配率	库存周转率	—

2. 单车综合毛利

单车综合毛利（Gross Profit，GP）是评价销售质量的KPI，相比于销量，它更能客观体现真实销售管理水平。

（1）提升单车综合毛利的举措

销量提升的思路非常直接，大幅放价格可以提升销量，把车批给平台也可以解决销量的问题。当然，强化销售力也可以提升销量。但单车综合毛利的提升，问题就复杂很多，思路不够直接，行动也很难被结果充分验证，但大致的行动方向还是清晰的，分为以下五种。

- 制定正确的销售策略，充分获取厂家政策。
- 正确设计销售结构及配套库存结构。
- 提升零售销量占比。
- 严肃订单管理和价格政策。
- 提升衍生业务渗透率。

（2）经常出现的问题

由于新车销售是相对复杂的业态，为了让单车综合毛利更客观地表达销售各要素的实际贡献情况，行业整体接受GP系列化的概念。

- GP1：光车毛利。

- GP2：光车＋前置返利。
- GP3：光车＋前置返利＋衍生业务（严格说是含在订单管理内的衍生业务）。
- GP4：光车＋前置返利＋衍生业务＋后置返利。

很多经销商在GP数据的获取和分析上都存在一定的问题，列举如下。

第一，缺乏订单切割管理，导致GP1失真。

前文提到，价格政策配合强有力的订单切割管理，才能保证光车与衍生业务体现真实价格。如果没有管理，销售顾问在利益的驱使下任意调整订单，则将全部失真。

第二，前置、后置返利预测失误，造成盈亏核算严重失真。

由于厂家模糊返利的存在，对核算使用权责发生制的经销商，需要在经营周期结束后，预估更长经营周期目标的达成情况，还需预估模糊返利政策。这样的预估，没有任何正式文件作为支撑，却是盈亏核算的最大影响因素。这导致经销商盈亏核算弹性很大。可以说，很多经销商当期的利润是总经理联合财务"做"出来的。

第三，返利被"一股脑"计入单车综合毛利（GP）。

很多厂家针对销售的商务政策，比如补贴市场活动的、激励二手车的，并未做严格的区分管理，也未将其与销售车辆对应匹配，导致GP4核算结果严重失真。

例如：某个月销售情况很差，只卖了10台车，单车毛利也很低。结果，财务确认了一笔与市场相关的大额返利，于是，就将其直接匹配到这10台车上，导致GP4达到5万/台、6万/台甚至更高。

这样的数据对经营分析又有什么指导意义呢？

总之，单车毛利的核算规则对最终利润的影响巨大，这不仅会影响决策者判断，还会影响管理层奖金的发放，是非常重要的管理事项。

三、用数管理

1. 五统一管理法

前文提到了用数的"五统一"管理法。如果把"五统一"的日常管理放到更大的维度，则"五统一"就变成了"七统一"，如图4-21所示。

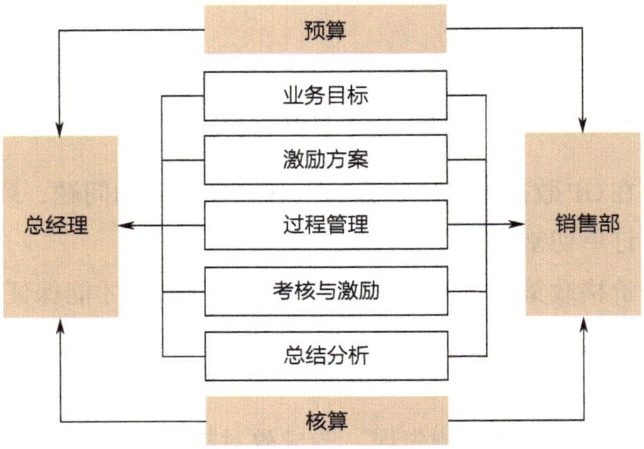

图4-21 "七统一"管理法示意

2. 奖金方案的设计

如前文所述，销售部的奖金方案全面遵循指向性、可执行性、稳定性三大基本原则。

更加具体的销售顾问奖金方案的设计，我们放在下节进行讨论。

小结

经销商销售的数字化管理，全面遵循模式化理论，分为取数、看数、用数三大部分。取数能力由流程管理支撑，是看数、用数的基础。取数能力的建设伴随着管理改善的整个过程，可以说，取数能力的建设过程就是管理改善的过程。因此，取数能力的建设并不完全是为了看数、用数，而是管理改善的标志，即能取到准确的数，说明流程标准化取得了阶段性成果。在数据准确的前提下，看数就成为经营专业性的具体表现，因为KPI是业务模式的数据映射，只有理解了业务模式，才能真正看懂KPI，才能透过表象看懂KPI背后的经营本质。用数部分主要有两大管理范畴："五统一"管理法和奖金方案设计。

第六节　组织结构与团队管理

再先进的理念，最后也要落实到组织上，才能实实在在地开展业务。

前文提到，构建组织的核心理念如下。

- 客户需求决定业务模式，业务模式决定组织结构，组织结构决定流程设计。
- 门店是可以因人设岗的，即同一业务模式，可以有多种组织结构来实现。

但组织结构支持业务模式的效果是不一样的，如何评判组织结构的好坏呢？

这里提出两条评判标准。

第一，是否能充分描述业务模式的精髓，助推业务发展。

第二，是否在基层就可以实现有效沟通，提高业务效率。

按照模式化理念的指引，理想的销售组织架构如何设计呢？

一、经典组织结构

在探讨经典组织结构前，先回顾一下管理结构原理。

- 销售经理负责管理销售支持平台。
- 销售主管负责描述业务模式。

1. 组织结构图

基于以上认知，可以构建出图4-22所示的经典销售部组织结构。

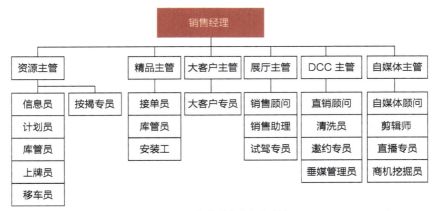

图4-22　经典销售部组织结构

2. 原理说明

基于图4-22，说明如下。

- 销售经理：通过资源主管管理平台，通过各主管管理业务模式和业务团队。
- 资源主管：管理从订单到交车的主干流程，管理车源进、出、存，管理按揭业务。
- 精品主管：管理精品的接单、出库、安装，管理精品供应商。
- 大客户主管：管理网点销售，管理大客户销售等非零售销售模式。
- 展厅主管：管理展厅零售业务模式，管理销售支持的配套资源（如试驾）。
- DCC主管：管理垂媒平台，管理DCC业务模式。
- 自媒体主管：管理自媒体推广，管理自媒体零售业务模式。

二、团队管理

在介绍"新四化"概念时，我们提出了管理人性化。

"00后"进入职场，给老员工带来了新问题。在笔者看来，"00后"注重体现个人价值，注重人格得到尊重，拒绝被"画饼"和PUA，这正是社会进步的标志。然而，管理方法可以调整，但工作结果和目标要求不能打折扣。

需要强调的是，管理人性化是以管理标准化为基础的。没有管理标准化，就谈不到管理人性化，只有管理"折扣化"。

如果用平常心换位思考，我们会发现，"00后"的核心诉求大部分都是合理的。我们要做的更多的是倾听、理解、包容、支持。

1. 打造公开透明、公平公正的良性竞争环境

在面对团队建设问题时，我们经常听到的是打造"狼性"团队文化。然而，这所谓的"狼性"，不会从天上掉下来。面对更有个性的年轻人，我们的管理思路应该做怎样的调整呢？

第一，打造公开透明、公平公正的良性竞争环境。

第二，在严格执行标准化管理要求的同时，着重实现以人为本的管理理念。

对一个经销商来说，如何做到公开透明、公平公正？

以下几方面工作很重要。

- 业务模式清晰，组织结构清晰，岗位职责清晰。

- 目标明确，工作要求明确。
- 规章制度清晰，奖多罚少。
- 工作流程清晰，节点衔接顺畅。
- 奖金方案清晰，计算准确，发放及时。
- 领导光明磊落，不搞小帮派，不搞暗箱操作。
- 奖有奖的原因，罚有罚的理由，都做到明面上。

以上仅仅是基本要求，是"00后"员工能接受的基础，要想真正打造出所谓"狼性"文化，还需得到他们发自内心的认同。只有将心换心，凝聚大家的共识，建立起共同的奋斗目标，让团队发自内心地接受这个目标，才能真正发挥出团队的主观能动性。

2. 针对销售顾问的数据分析

针对销售顾问的数据分析体系，也叫销售顾问的数字化模型，可分为四个评价维度：业务进程结果、业务进程效率、业务结果、业务效率。

- 业务进程结果：接待量、新增潜客量、试驾量、跟进电话量、邀约到店量、签单量。
- 业务进程效率：留资率（到店率）、试驾率、跟踪及时率、邀约成功率、成交率。
- 业务结果：销量、销售毛利、单车综合毛利（GP3）、延保出单量、二手车收车量。
- 业务效率：按揭渗透率、保险出单率、上牌率、延保渗透率、精品达成率。

每月根据目标的达成情况，可制作出销售顾问表现数据分析雷达图，如图4-23所示。

通过对图4-23的分析，可以判断出销售顾问存在能力问题还是态度问题。

- 如果是能力问题，是哪方面的能力问题。
- 如果是态度问题，需要领导谈话，打开心结，解决问题。

很多管理者觉得自己很了解团队成员，对他们的能力也非常清楚，但事实上，数据分析比个人主观判断更能准确反映销售顾问的工作表现。

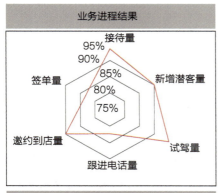
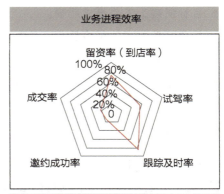
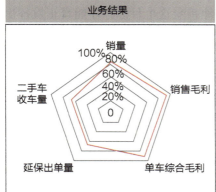
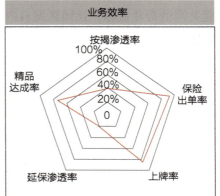

图4-23　销售顾问表现数据分析雷达图

3. 销售顾问奖金方案的设计

按前文理念，销售顾问的奖金方案严格遵循指向性、可执行性、稳定性三大原则。

然而，新车销售业务，伴随着大量的厂家考核，并且多项衍生业务同时捆绑推进，想要设计出有清晰导向又简单直接的奖金方案，并不是一件容易的事情。以下给出设计销售顾问奖金方案的基本思路。

- 为了降低复杂度，使整体方案显得简单直接，应采取模块化设计方式。
- 考虑到多重的指向性原则要求，应采取计件法、达标法、考核法三种方式组合方案。
- 为体现可执行性原则，应将奖金方案与奖金计算表同时设计。
- 为体现稳定性原则，应将长期奖金方案单独建立，同时为临时激励方案留出政策空间。

● 为保证激励效果，坚持以单台奖金作为基本考核单位。

基于以上五点思路，举以下例子来说明。

（1）总体公式

销售顾问奖金＝（销售台次×100元/台+∑单台超额利润奖）×表现系数
　　　　　　　＋特定车型销售奖＋团队达标分配奖

（2）单台超额利润奖

为了体现当下重点提振销售利润的指向性，设计了单台超额利润奖。这个奖项的设计需要有一定的管理配套。

● 超额利润指的不是真实的毛利，而是限价之上的"超额"利润。
● 限价是月初的价格政策，但价格政策有多个级别的限价，建议使用销售经理的限价。
● 单车超额利润奖是将订单有效切割管理作为配套措施一起使用的。
● 单车超额利润奖相对复杂，需要配套奖金计算表，并向销售顾问重点宣贯。

（3）表现系数

销售顾问完成业务，消耗的是公司提供的业务机会。因此，评判销售顾问的业务表现，还需加上两个方面：一是对业务开展进程效率的评价，二是对业务效率的评价，具体见表4-5。

表4-5　对业务效率的KPI评价表

方面	序号	KPI名称	权重	达标情况和给分标准
业务开展进程效率	1	新增潜客量	10	不达标5分；达基本目标10分；达挑战目标11分
	2	客流转化率	5	不达标3分；达基本目标5分；达挑战目标6分
	3	试乘试驾量	5	不达标3分；达基本目标5分；达挑战目标6分
	4	邀约到店量	10	不达标5分；达基本目标10分；达挑战目标11分
	5	实际邀约到店成功率	10	不达标5分；达基本目标10分；达挑战目标11分
	6	大定成交率	10	不达标5分；达基本目标10分；达挑战目标11分

（续）

方面	序号	KPI名称	权重	达标情况和给分标准
业务开展进程效率	7	按揭渗透率	10	不达标5分；达基本目标10分；达挑战目标11分
	8	保险渗透率	5	不达标3分；达基本目标5分；达挑战目标6分
	9	上牌渗透率	5	不达标3分；达基本目标5分；达挑战目标6分
	10	精品单车销售额	10	不达标5分；达基本目标10分；达挑战目标11分
	11	二手车收车渗透率	10	不达标5分；达基本目标10分；达挑战目标11分
	12	延保交车渗透率	10	不达标5分；达基本目标10分；达挑战目标11分
总计			100	—

为保证奖金方案突出重点、简单明了，体现它作为激励方案的本质，不能将所有要求都放到里面。比如销售顾问的着装、迟到早退等问题，可以制定行政奖惩条例，单独执行。但笔者建议，罚的钱公司不能收，应秉持"从群众中来、到群众中去"的原则，比如做成所谓"大家乐"的方式。

（4）特定车型销售奖

- 特定车型制定额外销售奖主要是为了应对厂家对具体车型的目标考核。
- 或是为了提升某些高利润车型销量的刺激措施。

团队达标分配奖，主要是促使销售顾问在集体中除了实现个人价值外，也要关注集体荣誉，具体方法如下。

- 将展厅销售顾问团队分组，各自设置主管。也可以在展厅、DCC、自媒体之间进行竞赛。
- 设置业务目标，如果是销售能力相当，则直接对标，如果销售能力相差悬殊，则可以考虑目标达成率竞争。总之，要让各团队对标起来。
- 如果团队获奖，则奖金在团队成员中按贡献分配，可以通过团队活动方式计提消费。

（5）长效方案与短期方案相结合

依前述基本理念，奖金方案需要"奇正相生"，长效方案与短期方案相结合。销售顾问的奖金方案就是其中的典型。

短期方案主要有以下三种可能。

- 为过久库存在短期内处理而设计的特别奖励。
- 为车展或者店头特别活动（比如店庆）而设计的特别奖励。
- 为提升某项特定业务（比如延保）或者特定管理（比如试驾率）而设计的短期特别激励。

销售部其他人员的奖金方案均可比照以上奖金方案设计，只要遵循奖金方案设计的基本原则，结合自店的实际情况，均可以设计出效果良好的奖金方案。

> **小结**
>
> 本节我们探讨了销售组织结构和团队建设的相关问题，需要再次强调的是，尽管我们一直强调按照理论指引就可以找到正确的方向，但管理的精髓是"因地制宜，实事求是"，组织结构的设计尤其如此。组织结构是表象，业务模式才是本质。如果你把表象理解为本质，那就会导致形而上学。一些厂家在经销商管理上总是犯这种错误。至于团队建设，要求管理人性化，究竟如何在管理标准化的基础上做到人性化？管理"00后"成了摆在面前的新课题。
>
> 奖金方案是经销商内部最重要的制度之一。按照奖金方案设计的理论，把握指向性、执行性、稳定性三大原则，结合实践，奇正相生，每个管理者都可以根据实际情况设计出理想的奖金方案。

第七节　衍生业务

在《体系制胜：汽车经销商的科学发展观》一书中，笔者用较大篇幅阐述了衍生业务主要是为了契合"均衡发展，体系制胜"的核心理念。当时这些衍生业务并不成熟，写出来对行业还是有一定指导意义的。

当下，尽管创新仍在继续，但大部分衍生业务已经比较成熟，没有必要再花费太多篇幅阐述。为了突出重点，我们把与销售相关的衍生业务压缩到这一节，集中阐述它们的变化趋势。

一、衍生业务布局

前文提到，所谓衍生业务的业务模式，就是其与主干业务的结合方式。依据与新车销售结合的方式，可以把这些衍生业务分为三类。

- 订单前衍生业务：按揭、保险、上牌、精品（部分）和二手车等。
- 交车前衍生业务：延保、焕新保、精品（部分）和防爆膜升级等。
- 交车后衍生业务：精品（部分）等。

衍生业务如此布置，除了符合业务开展的需要，还符合业务管控的需要。

比如延保，在这个概念导入国内的早期，就是在订单前进行销售的。但管理者很快发现，延保的导入并未带动单车毛利提升，业务实质上是赠送的。为了杜绝这种"假销售、真赠送"的管理漏洞，延保被从合同前推销挪移到交车前推销。

另一个重要的考量是"业务平台化"的需要，延保、焕新保、防爆膜升级这几种业务形态，大多采用的是"平台化"思维的业务模式。

二、单车综合毛利（GP）

1. 衍生业务存在的价值

某种程度上，衍生业务的存在就是为了提升单车综合毛利的，但假设门店不能实施有效的订单切割管理，那很多衍生业务不仅不能提升单车综合毛利，还会使成本大大增加，成为个别销售顾问获取私利的工具。

2. 衍生业务对核算的影响

由于单车综合毛利与衍生业务紧密相关，因此，让衍生业务的业绩随着新车进行核算是默认的标准，即：如果某台车被认定为当月的业绩，则与之相关的衍生业务也默认被计入当月，衍生业务所创造的利润也应被计入当月。

但很多新车销售业绩的核算是以开票作为计入核算的标志的，如果开票发生在月底，则可能会发生较多衍生业务认定业绩跨月的现象，影响核算的准确性。

基于以上原因，对核算给出以下建议。

第一，内部核算新车业绩认定以交车为准，而不是以开票为准。

第二，如果仍以开票为准，则保险、精品等订单内衍生业务业绩仍跟随计算单车综合毛利，并参与月度利润核算。跨月问题特殊管理。

第三，二手车销售、交车前业务、交车后业务不参与单车综合毛利核算，也不跟随新车进行利润核算，也就不存在跨月核算的问题。相关业务可以通过特定KPI（如二手车单车平均毛利）进行管理。

当然，各家公司可以根据自身特点，合理设计内部管理报表的核算规则，但清晰明确是基本要求。

三、按揭业务

20年前，按揭渗透率只有20%左右，而当下的按揭渗透率已经达到60%~80%，一些豪华品牌甚至做到了85%以上。出现这样的现象，除了消费观念变化外，厂家、银行、商家共同推波助澜的作用也不容小觑。

厂家把提供金融补贴作为推动销售的手段之一，贴息政策对消费者具有直接的吸引力。在门店销售人员的反复游说下，贷款购车的消费观念就这样被培养起来了。

本来，厂家贴息，门店游说，按揭作为销售的一个辅助金融手段，就这样平淡地发展下去，是没什么故事可讲的。

1. 按揭疯狂起来

对于银行来说，优质且份额大的业务是购房按揭，笔者听一位银行的朋友说，购房按揭业务占到银行贷款业务的75%~85%。但从2021年开始，房地产市场下滑，购房按揭业务快速萎缩，听这位朋友说，整体下滑50%以上。主干业务出现如此大的下滑，难怪银行要"疯"了。没有什么业务能在短期内替代购房按揭业务，相比之下，尽管购车按揭的规模远比不上购房按揭，但其信用较好，风险较小，是很理想的业务类型。

于是，"僧多粥少"的局面就此形成。作为金融产品，银行内卷起来，就很难剎住车——笔者听到的按揭佣金率，最夸张的数字是23%。这肯定不是行业最高的，但也足够惊人。它意味着，假如客户购买一台豪华品牌的中型车，贷款30万元，经销商就可直接获利6.9万元。这就是"不按揭就不卖车"的根源。

2. 按揭产品化

本来按揭有两个利润来源：按揭手续费和银行返佣。但在巨额的银行返佣诱惑下，在市场竞争面前，按揭手续费基本被放弃，只剩银行返佣一项获利来源了。

由于按揭与购车结合最紧密，业务模式也非常简单，所以没有太多技巧，笔者只想给出以下建议：按揭产品化，即把不同的按揭，包括高息和低息、贴息和不贴息、银行和金融机构，都起上名字，并举例计算出客户权益。这样销售压力小，客户容易接受。

3. 按揭KPI

按揭的业务模式简单，KPI也就简单。

- 按揭渗透率：零售销量中办理按揭的比例。
- 单车平均按揭毛利贡献额：平均一台车通过按揭业务实现的毛利金额。

四、二手车

中国作为世界第一大汽车市场，二手车业务一直被资本看好。早些年，同样是汽车创业项目，二手车可以拿到的投资都在10亿美元的规模。大家都希望中国能出现像日本那样统一的二手车交易平台，在完成国内交易后，可以将数百万台二手车出口到海外市场去。

1. 二手车市场的现状与展望

十年的光阴，历史并没有向资本期盼的状态演进。大量资金投入后，二手车并没有形成统一的平台，也没有出现大规模的出口业务。尽管那几个交易平台还在，但行业影响力远远不足，二手车仍是一盘散沙的局面。与十年前相比，业态并没有太大的变化。

反倒是新的历史机遇来了：新能源汽车迅猛发展，零公里二手车大行其道，在国内卷得身心俱疲的从业者蜂拥而至。然而，零公里二手车并不是真正意义上的二手车。

二手车的突破口到底在哪里？

从大的历史趋势看，中国二手车的机会才刚刚到来，一直以来，中国二手车无法大规模出口的根本原因是没有价格优势。没有价格优势的根本原因其实是中国汽车产业还没有真正形成竞争优势。当下，汽车市场的内卷其实是产业竞争力提升的外在表现。形成大规模二手车出口的前提是国内新车价格彻底变成世界洼地，同时伴随着中国自主汽车品牌成为世界汽车品牌，二手车大规模出口的机会才会真正到来。

看着吧，好戏才刚刚开始。

2. 经销商门店在二手车收车中仍扮演关键角色

（1）收车优势的形成

经销商在二手车领域取得核心地位主要在收车环节，优势形成主要有两个原因。

- 厂家二手车补贴的政策，让门店收车有一定的价格优势。
- 直面二手车客户，一手车源，对二手车商有吸引力。

（2）互联网拍卖模式的建立

收车有优势，但销售二手车却有一定的弊端：门店依靠自店销售吸客形成的二手车车源不足以支撑一个二手车店，因此，厂家鼓励经销商以自店为基础开设二手车店的商业模式一直未能形成气候，反倒是多店协同在二手车市场开销售店的模式效果不错。

随着互联网工具在二手车领域的应用，通过"自店收车、拍卖平台销售"的模式已经非常成熟，很多有实力的经销商集团都建立了自己的拍卖平台和配套二手车销售店。

1）管理问题依然无解：由于二手车与新车业务连接并不紧密，这给销售顾问带来很大的操作空间，二手车飞单操作简单，单次获利丰厚。

2）二手车KPI：由于门店选择二手车业务模式不同，二手车的KPI也不同。这里以"收车–拍卖"模式举例，具体见表4-6。

表4-6　二手车KPI评价表

方面	序号	KPI	说明
收车	1	收车量	当期二手车实收成交量
	2	二手车成交率	当期二手车收车量/当期新车开票量
	3	二手车均价	当期二手车收车的平均价格

（续）

方面	序号	KPI	说明
拍卖	4	拍卖成交量	当期借助拍卖平台实现拍卖的成交总量
	5	拍卖成功率	当期成功拍卖量／当期上拍量
	6	单车平均成交金额	$\sum$当期单笔拍卖成交金额／当期拍卖成交量
	7	当期平均单车毛利	$\sum$（拍卖成交价－收车价）／拍卖成交量

当二手车出海大潮到来时，估计汽车经销商只能扮演次要的角色。毕竟，二手车出海需要真正的格局和勇气，对于以坐商思维为主的经销商可能无法扮演这样的角色。

五、精品

我们探讨精品在经销商体系中的存在价值，是把精品当成能获利的"业务"，而不是以所谓"满足客户的个性化需求"为目的。

1. 精品在经销商的现状

由于互联网的影响，精品的现状非常尴尬。大量的网店销售，直接让终端价格彻底透明，经销商再没有溢价空间。

另一个现实是由于自主品牌的崛起，内卷造成的新车"堆料"现象严重，新车配置普遍提高，导致出现精品"无处可加"的情况。原来的精品大户：车载导航、电动踏板、电动尾门、天窗、行程记录仪等，成了很多车型的标配。

由于缺少客户需求，剩下的那点项目：防爆膜、地毯、抱枕等，变成了销售议价过程中替换直接价格折让的赠送工具，因此，管理重点也从"激励销售"向"控制赠送"转变。在单车毛利很低的情况下，控制赠送成本的意义还是很重要的。

精品项目的内涵还是很丰富的，已经没有业务价值的主要是"无需施工"的项目（如地毯），因此，需要施工的项目就大有可为。比如：防爆膜升级就被单独拿出来，借助业务平台化理念，无限放大，形成了门店降低成本、大幅获利的优质项目。

2. 精品的业务展望

1）客户需求的趋势。客户的个性化需求其实一直在上升，在解决了"有和无"的问题后，寻求爱车的个性张扬是一个趋势，就看从业者是否能提供合适的服务来满足这种需求。

2）可能的业务机会。看到客户需求，还需看到自身的定位，精品需要思考自身的优劣势：

- 高端的定位，直接面对客户冲动的时机，经销商仍然具备优势。
- 结合施工的项目，建立护城河。
- 设计出与主干业务（销售）的结合方式，找到恰当的业务时机。
- 更专业的精神，因为竞争对象是专业对手，一不小心就会因为不专业而失败。

基于对客户需求的理解，以下是可能出现的业务机会。

第一，从加装到改装升级：某些越野品牌，或者以旅游为特色的品牌，都有大量的改装需求，目前国家政策对改装越来越宽容，提供更全面的改装方案，满足这部分需求，应该比现在有更大的市场机会。

第二，科技与"狠活"：目前，一些围绕车身的科技产品，比如某种漆面处理技术、特殊贴纸等，可以给客户带来独特的体验，有一定的市场机会。

第三，与车关联度低的产品：经销商门店本质是一个卖场，什么都可以被引进来，华为就准备把鸿蒙智行交付中心搞成销售华为科技产品和智能家居的综合卖场。经销商门店完全可以搞成特殊产品的销售店。

总之，经销商门店作为综合卖场，通过精品的概念提升坪效比，仍然有很大的探索空间。

3. 精品业务的管理与KPI

传统的精品在门店有四大销售模式，分别为前装、点菜、套餐、增值换购。

由于业态的变化，以上四大模式，只有防爆膜增值换购还在大行其道，其他的模式大多已经难以为继。因此，着眼点应该在对赠送的控制和项目贡献管理，KPI也要因管理思路的调整而调整，见表4-7。

表4-7 精品业务KPI评价表

方面	序号	KPI	说明
订单内精品	1	平均单车赠送成本	当期交付车辆的出库精品对应的入库成本
	2	平均单车销售额	当期交付车辆对应的订单内切割精品销售额
	3	平均单车销售毛利	当期交付车辆对应的订单内切割精品销售平均毛利
交车前项目	4	销售额	因项目实现销售而实收的金额
	5	项目量	精品项目的实际实施量
	6	项目渗透率	当期项目实施量 / 当期实际交付量
零售项目	7	销售额	与零售相关的精品实收的精品金额
	8	毛利率	与零售项目对应的精品出库的毛利率
总计	9	精品销售额	遇上三种业务模式产生的真实销售额（不算赠送）
	10	总体毛利率	与总体销售对应的毛利率（不含赠送成本）

总之，精品业务正发生全新的变化，急需创新引入新项目。在业务平台化的思维下，如果能实现外部专业供应商与经销商创新合作，在专业加持下，相关业务应大有可为，毕竟客户需求就摆在那里！

六、延保与焕新保

延保与焕新保放在一起，是因为它们都是金融创新产品，并且门店都会选择业务平台化的合作开展模式。

1. 延保导入中国的历史

汽车延保作为创新金融产品导入中国大约在2010年。任何的新生事物，都有一个接受的过程。延保在门店销售，一开始步履维艰，出现了一些乱象。

- 不断传出优秀案例，延保渗透率搞到70%~80%，实际调查发现，全是管理不善哄骗公司的。
- 延保供应商大规模"暴雷，"对延保的声誉造成了很大的伤害。

延保真正获得新生是"业务平台化"思维形成的新商业模式，以及供应商调整策略共同作用的结果。

- 业务平台化思维下，第三方直接进驻门店开展业务，延保店内业务模式发生了深刻的变化，销售时机由"订单内"改成了"交车前"，杜绝了"赠送"的乱象，使经销商获得了实实在在的利益。第三方更专业的介入，确保了成交率。
- 厂家推出了延保产品，结合了主流保险公司兜底，提升了延保的信誉。

让人意外的是，新能源汽车往往有更好的延保渗透率，这是之前没有预料到的市场现象。总之，延保已成为经销商门店普遍开展的刚性业务，成为经销商不可或缺的利润贡献点。

2. 延保在店内的业务模式

延保最终凭借"业务平台化"思维，借助第三方专业介入销售取得了成功，具体方式如下。

- 延保供应商派人进驻门店。
- 销售顾问在交车环节向客户推荐延保，延保销售员出场。
- 延保销售员凭借过硬的专业知识，向客户推荐延保产品，实现销售。

经销商与第三方公司延保合作有很多种方式，主要区别在结算方式上：有店内收款，事后与厂家和延保公司结账的；也有客户直接线上付款，由厂家和延保公司向店内支付佣金的。

3. 延保的KPI管理

延保业务模式相对简单，KPI也不复杂，见表4-8。

表4-8　延保业务KPI评价表

方面	序号	KPI	说明
过程管理	1	引荐量	当期销售顾问引导客户见到延保销售员，创造业务机会的总量
	2	交车引荐率	引荐量/当期交车量
	3	成交量	定期延保实际意向销售量
	4	成交率	当期出单量/对应零售交车量
结果管理	5	出单量	当期延保实际出单量（由于业务特殊性，与成交量意义不同）

（续）

方面	序号	KPI	说明
结果 管理	6	销售额	实际出单的延保保单总金额
	7	毛利率	当期出单延保扣除供应商保单成本后的毛利率
	8	单台平均销售额	延保销售额 / 出单量
	9	延保交车渗透率	延保出单量 / 当期零售交车量

4. 焕新保

焕新保比延保迟来了十几年，它作为一个全新的概念，具体到产品上还是有很多定位差异的。通常指，客户购买焕新保产品后，在特定时间内，如果发生了比较重大的事故，已经超出了约定的车损值，则可以到经销商处换一台新车，在商业保险范围内，经销商修复并处置旧车。

焕新保的构思如下。

- 客户在遭遇重大交通事故后，一般有嫌弃旧车的心理，可实现其更换新车的愿望。
- 门店实现了新车销售，并获得了回收二手车的机会。
- 焕新保供应商控制好理赔，可以实现盈利。

客观讲，焕新保发生赔付的概率较低。作为一种保险产品，满期赔付率应该很低，也就是利润空间较大。

焕新保能否复制延保的成功之路，成为普遍的业务形态，还有很长的路要走。

总之，各种金融创新产品还是会不断被提出，并在业务平台化思维的指引下，导入经销商门店进行销售，但能否成功，取决于很多因素。

七、防爆膜升级

严格意义上说，防爆膜升级是精品店内四大销售模式的一种，属于增值换购的变种。只是在"业务平台化"思维指引下引入第三方后形成了新模式。

1. 合作模式

门店在引入第三方防爆膜供应商后，双方的合作模式如下。

- 门店在新车销售时赠送客户全车防爆膜。
- 交车给客户时，销售顾问指引客户到贴膜店去获取赠送的防爆膜（也可能在店内）。
- 客户上门后，贴膜店获得业务机会，向客户推荐高端防爆膜。
- 客户接受推销，实现业务。

业务逻辑非常简单，创新主要体现在贴膜店（防爆膜供应商）与门店的合作方式上。双方约定，无论客户是否升级防爆膜，贴膜店都须向经销商支付介绍费，升级客户还有额外提成（或者没有，取决于基础提成的高低）。这样经销商就把赠送成本转嫁，成为旱涝保收的赢家。

然而，这样的方式，贴膜店就等于把全部的业务风险放到了自己身上，他们为什么要这样做呢？

除了获客不易外，防爆膜利润空间大，产品品质很难分辨。因此，如果这种模式导致贴膜店以次充好，蒙骗客户，从而引发客户投诉，则相关风险要足够重视并做好应对预案。

2. KPI管理

防爆膜升级在经销商内部的管理比较简单，因此KPI也很简单，见表4-9。

表4-9　防爆膜升级业务KPI评价表

方面	序号	KPI	说明
过程管理	1	贴膜到店量	当期实际到贴膜店领取防爆膜的客户总量
	2	交车到店率	当期到店贴膜客户量 / 当期交车量
	3	升级率	当期接受升级客户数 / 当期到店数
	4	平均单台销售额	接受升级客户消费总额 / 当期到店数
结果管理	5	基础返佣	当期到店客户数 × 约定金额
	6	升级返佣	因接受防爆膜升级的客户产生的业务而给予门店的佣金
	7	总返佣	基础返佣+升级返佣

总之，这种防爆膜升级的合作新模式，经销商处于稳赚不赔的地位。但也须提防贴膜店以次充好引发客户投诉。

小结	本节讨论了经销商与销售相关的主要衍生业务。这些衍生业务，有的已经非常成熟，有的刚刚导入尝试。站在经销商视角，不能提升门店盈利能力的衍生业务都是毫无价值的。经销商主干业务开展创造的业务机会，已经显得非常"拥挤"，业务创新空间已经非常狭小。相信未来还会有新业务引入门店，但能形成巨大影响力，成为刚性业务的机会越来越小了。

总　结

本章我们系统阐述了销售业务将模式化理论转化成具体管理方法的过程。具体包括正确的平台布局、业务模式、数字化管理与KPI、组织结构与团队管理、衍生业务创新等内容。只有在模式化理论的指导下，经销商才能打造出强有力的销售管理体系。

第五章
售后服务的底层逻辑

经销商的售后服务，近些年表现一直比较沉闷：传统老牌4S店的业绩多年徘徊，没有提升，甚至还逐渐下降；新店业绩提升到一个较低的高度就停下来了，没有多少想象空间；和品牌维修连锁店的客户争夺日趋激烈，留住过保客户越来越难；与保险公司的关系越来越差，事故车争夺白热化。行业创新停滞，人才匮乏，只能靠打价格战，毛利率持续走低，日子过得很辛苦。

行业发展何以至此？

第一节　反思经典理论，重构客户思维

在经历了最初的野蛮生长后，凭借国外先进经验，一套完整自洽的理论体系就在"厂家—经销商"的售后服务部门建立起来了。

这套理论体系以"优质服务让客户满意"作为行动核心，我们姑且称之为"满意服务"理论体系。在这套理论的指导下，各主机厂建立起一套经销商售后服务工作的管理体系。

在全新的时代背景下，我们需要对这套引导行业20年的理论进行一次深度解析，才能找到新理论，解决新问题，引领行业下一个10年的发展。

一、经典理论解析

经典理论的思维起点是"让客户满意"，从这个思维起点，推导出"超出客户期待让客户满意"，进而实现一系列理论推导，如图5-1所示。

图5-1　"满意服务"理论思维推导示意图

以上理论思路严谨，没有槽点，因此作为核心思想，指导行业行动方向20余年。但任何理论都是用来指导实践的，否则就会成为纸上谈兵了。

在第三章中，我们提到了这套理论的问题所在。

在这套理论的指导下，十几年前，在J.D.power作为行业统一考核标准，成为行业最高"指挥棒"的大背景下，各厂家都围绕"服务超出客户期待可取得客户满意"的中心思想，大力强调"超出"这一核心理念，在提升了整个行业服务意识的同时，也做了很多不接地气的工作。

这几年，售后服务行业竞争压力大，以上的理论并未能真正指导业绩提升，客户也未能因为所谓"满意"而提升忠诚度。理论与实践产生了明显的偏差。于是，整个行业开始逐渐淡化这些服务细节的规定，开始重视业绩提升。但纵观全行业，这些举措仍停留在松散的、以"业务技巧"为主要特征的状态。

行业需要新的视角，提出新的理论，指导经销商售后服务的经营工作。

二、业务思维

上述的"满意服务"理论，完全自洽，并不需要太多的调整。我们需要换个思维角度，站在从内向外审视的经营视角，重新梳理指导思想。

1. 增强业务思维

（1）服务与业务的关系

- 服务与业务是一枚硬币的两面：一面朝向客户，一面朝向企业内部。
- 服务是业务的外衣，它的存在，使业务更容易被客户接受。

（2）服务思维与业务思维

- 服务思维是天然"做加法"的思维方式，它使服务内容越来越丰富，也越来越复杂。
- 业务思维是天然"做减法"的思维方式，它拨开各种复杂的现象，聚焦于业务的本质。

整个行业在"满意服务"理论的指引下，服务思维非常强大，但业务思维未能有全行业普遍认可的统一理论，这使业务开展工作显得零碎且缺乏长期性，大多数业务指导停留在业务技巧层面，不能为售后服务带来深层次的变革。

（3）服务思维与业务思维的各自价值

作为一名管理者，需要同时具有服务思维和业务思维。通过业务思维，抓住业务本质，强化管理重点；通过服务思维，可以更好地在客户需求导向下强化服务细节，如图5-2所示。

图5-2　服务思维与业务思维导向不同示意图

（4）业务思维下的模式化理论

通过前文论述，我们可以得出以下三个论断。

- 我们追求的目标不是所谓客户满意，而是防止客户不满意。
- 客户满意主要是由强有力的服务（业务）能力来保障的，而不是所谓标准流程。
- 与客户持续保持联系的是"业务"，成功地向客户开展业务是维系客户的最主要手段。

2. 客户满意主要是"业务能力"支撑的

第三章论述了保障客户满意的三层管理结构，需要特别强调的是：客户忠诚与客户满意是客户管理的两个平行范畴，客户忠诚并不是客户满意的更高层次要求，而是评判客户关系的两个平行维度，客户满意更倾向于"过程"，而客户忠诚更倾向于"结果"。提升客户忠诚度的方法也不局限在提升客户满意度这一个途径。提升客户忠诚度的最有效方法是：加强与客户的有效联系，绑定客户，而不是提升客户满意度这种缺乏具体抓手的概念。

> **小结**
>
> 本节我们探讨了重构客户思维的基本问题，通过分析服务与业务的关系，提出增强业务思维，从而让服务思维和业务思维并重，成为管理者的正确思维方向，进而提出在业务思维引导下，提升客户满意度和忠诚度的新理论。

第二节　售后服务平台

前文提出了"平台、业务模式、客户运动"的基本概念，主要举了销售的例子，其实，售后服务也完全符合该理论。

一、手的比喻

仍然使用图3-7所示的手掌作比喻。

1. 手掌（销售支持平台）

作为手的主体部分，显然手掌（销售支持平台）是整个手的核心。对于售后服务来说，售后服务平台正是它们的核心。

2. 掌纹（平台功能内涵）

掌纹仍然有"事业线""生命线""爱情线"三条。对应关系如下。

- "事业线"：厂家代理合作关系管理（例如服务标准、配件供应、技术和设备支持、索赔代理等）。
- "生命线"：私域客户关系管理（例如客户信息管理、客户运动管理、客户政策管理等）。
- "爱情线"：保险公司合作关系管理，与保险公司合作共同为客户提供的专业保险服务（例如投保、理赔、事故车定损维修等）。

3. 手指（业务模式）

售后各项业务模式就像手指，直接接触客户，通过业务模式的运作，实现业务结果。售后服务的主要业务模式是保养、强制保养、索赔、维修、续保、事故车、美容、延保、延保索赔等。

要想业务健康开展，就需要业务模式定位准确，业务开展有力。

4. 关节（过程管理节点）

与销售类似，售后服务业务的开展，同样需要实施强有力的过程管理。过程管理的关键点就好像手指的关节，例如，索赔的关键点包括索赔认定、索赔申请、索赔开票、索赔回款等。

5. 血管（客户运动管理）

血管承载着血液，流向哪里，哪里就有养分。

在售后服务语境下，血管就是客户运动规律，把握它，就能把血液（客户）引导到相应的位置，确保业务成功。

二、平台功能内涵

依前文所述，售后服务平台有三大内涵：厂家代理合作关系管理；私域客户关系管理；保险公司合作关系管理，如图5-3所示。

图5-3 售后服务平台内涵示意图

针对平台的三大管理内涵说明如下。

1. 厂家代理合作关系管理

售后服务的核心竞争力是什么？经销商售后服务与其他修理渠道的本质不同是什么？答案很显然是"厂家授权"。

作为厂家的授权服务点，就要接受厂家的领导，接受指派的任务。来自厂家的管理范畴包括以下几方面。

- 按厂家规范设计经营场所、维修车间、配件仓库，通过厂家指定渠道购买维修设备。
- 按厂家制定的《服务标准》开展业务，并接受厂家的监督与考核。
- 接受厂家的任务指派，并努力达成厂家制定的目标。
- 协助厂家处理客户投诉，并努力将负面影响降到最低，及时向厂家反馈。
- 向厂家订购配件，努力完成厂家制定的目标，接受厂家的考核和奖罚措施。
- 接待客户，并协助厂家完成对客户车的强制保养、索赔等服务。
- 配合厂家开展相应的服务活动。
- 接受厂家的培训指导。

可以说，经销商在售后服务领域，与其他品牌连锁模式并没有太大区别。从本质上说，经销商是在厂家开创的业务机会范围内开展业务的。

厂家的主导性使很多总经理和服务经理失去了经营的主动性，以为听厂家的指令就是在经营，导致售后服务出现思想僵化、管理漏洞频出等问题。

2. 私域客户关系管理

很多人一直在争论：是先有了售后业务才有了存量客户，还是因为有了存量客户才有了售后业务？

　　这显然是个无聊的问题，却反映了两种不同的业务观点。笔者更倾向于，因为有了存量客户关系，才去开展售后服务的业务。这是一种客户导向的、积极进取的思维方式。

　　笔者在陕西看到一个4S店，一楼用来修车，二楼是篮球场，提出的口号是：车保养，人运动，共健康。这显然是在私域客户关系管理平台上长出来的"运动庄稼"。

　　私域客户关系管理是通过"前台-客服"的组织结构实现的，如图5-4所示。

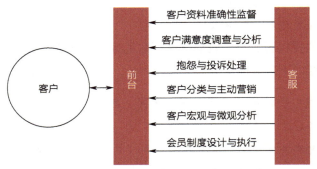

图5-4　前台与客服连接结构共同面对客户示意图

3. 保险公司合作关系管理

　　保险曾经被理解为价值链延伸业务。我们一直强调，保险的意义不可以用价值链延伸来概括。这些年，由于事故车在售后服务中的占比越来越高，业内对于保险的意义已经没有太多争议。然而，业态却变得越来越没有技术含量了。

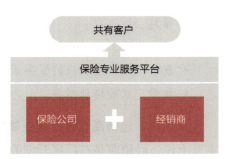

图5-5　经销商与保险公司合作服务平台示意图

　　笔者认为，通过与保险公司的合作，建立保险专业服务平台，为客户提供保险相关服务，才是长期取胜之道，如图5-5所示。

　　对于保险专业服务平台，我们将在本章最后一节进行详细论述。

小结 本节我们着重论述了售后服务平台。与销售类似，售后服务平台也包含三重内涵：厂家代理合作关系管理、私域客户关系管理、保险公司合作关系管理。尽管经销商服务部还有很多外部合作，但这三大关系管理构成了售后服务平台的基本属性，并奠定了售后业务模式之间的基本关系。

第三节　循环控制论与业务群组

一、循环控制论

在模式化理论的论述中，我们提出了循环控制论理论模型。

通过循环控制论理论模型，我们用上帝视角，揭示了经销商的"灵魂"，统一了基本经营原则。在售后服务的部分，模型揭示了售后服务的两个"小循环"——保养循环和保险循环，并提出经营的基本方法论。

- 将尽量多的客户引入循环是硬道理。
- 让客户在循环中快速转化、不流失。
- 在循环的过程中，确保利润最大化。

基于以上三个基本认识，我们提出了"客户维系型"和"获利为主型"两种业务，并提出了循环控制论下使用业务思维的基本思路。

第一，紧紧抓住保养和续保两个客户维系型业务（将尽量多的客户引入循环）。

第二，强化保养与其他维修业务之间的连接关系，强化投保和事故车理赔业务的连接关系。

第三，管控好各业务的毛利率，提高业务质量。

循环控制论对售后服务的基本意义在于：它既揭示了售后服务的存在基于存量客户这一基本目标群体，又给出了售后服务经营的基本思路和方法。

一名服务经理完全可以坐在办公室里，在循环控制论理论模型的指引下，盘点各项经营工作的得与失。

二、业务群组

基于对售后服务平台和循环控制论的深度分析，我们认识到，售后服务的众多业务，可以在"客户维系型业务"的引领下，分成若干业务群组，以便对其规律进行更好的研究。

近几年，通过售后服务的创新，在循环控制论揭示的两个基本循环的基础上，又增加两个相对次要的循环——延保循环和美容循环。于是，我们的存量客户关系平台与业务群组图就发展成如图5-6所示的样子。

图5-6　存量客户关系平台与业务群组图

从示意图可知，目前的售后服务业务分为四个群组，分别说明如下。

1. 保养业务群组

这是一个以与厂家合作关系为主要特征的业务群组，它的经营模式和主要特征如下。

- 服务特征明显，需要按照厂家规定的《服务标准》开展业务，执行标准流程。
- 付费特征有两个：客户自费、厂家付费。
- 以强调厂家品牌为主要特征。
- 以"保养"作为客户维系型业务，利用其刚性、有规律的特点，产生强关联。
- 以"索赔"业务的特点加强客户黏性，强化经销商独特的市场竞争地位。
- 以厂家赋予及自身团队努力形成的专业维修技术作为品牌价值，吸引客户。
- 以维修业务和故障排除业务为主创造利润。

这个群组以"保养的预约招徕"和"促进销售客户回厂"作为两大营销方法，辅以厂家服务活动、集中召回等作为主动营销的基本思路。受中国汽车产业整体品质上升、路况改善、客户用车习惯调整、支付能力下降、厂家对索赔管理日趋严格、外部竞争日趋激烈等因素影响，保养群组的业务增长普遍陷入瓶颈。

在新能源汽车快速发展的时代，相较于其他三个，保养群组是受冲击最大的业务群组。尽管也需要定期的检查和保养，但动力电池的保养与发动机、变速器的常规保养完全不同，故障发生的可能性也大幅降低，这是新能源汽车的优势，却是经销商不得不面对的残酷现实。但笔者认为，旧的需求消失了，新的需求会同时产生出来。例如：软件升级和加装可能成为新能源品牌售后服务发展的新方向。

2. 保险业务群组

这是一个以保险专业服务为核心特征的业务群组。它的经营模式和主要特征如下。

- 门店与保险公司共同面对客户，客户满意工作由双方共同承担建设。
- 投保和理赔形成完整的闭环，自成相对独立的体系。
- 相对其他渠道，保险公司为经销商制定特殊的合作政策。
- 客户付费购买保险，享受理赔服务，这是最主要的业务特征。
- 与理赔直接相关的事故车维修业务是售后服务的主要创利业务之一。
- 私域客户续保业务是维系客户的关键手段，是检验客户满意度的晴雨表。

随着行业走向成熟，续保业务的重要性已经毋庸置疑。尽管已经完全没有利润，甚至还要倒贴，但经销商仍在不遗余力地发展这项业务，试图通过这样的方式稳固客户关系，保证事故车的返厂率。

由于以保养为代表的一般维修业务群组大部分业务需要客户自费，这些年业务规模在逐渐萎缩，事故车业务占比不断上升，更加凸显其重要性。

3. 美容业务群组

循环控制论理论模型中没有提到美容循环，并不是它不存在，只是它在当时的市场环境中还显得无足轻重。由于近些年售后服务业务遇到了瓶颈，需要业务创新来提振业务规模，美容就是一个创新方向。

美容业务的特点与循环控制论是完全可以自洽的，它也有自己的"客户维系型业务"和"获利为主型业务"。客户维系型业务主要指洗车业务，而获利为主型业务涵盖的内容就很多。

- 深度室内清洁及除异味。
- 电喷镀膜。
- 水晶漆面。
- 去划痕。

通过深度洗车创造机会，结合客户心理诉求，推动客户消费附加的美容项目，这在很多经销商门店都得到了验证。美容业务对售后服务的价值如何呢？

以笔者熟悉的一个美容业务开展比较成功的中档品牌4S店为例，它的美容业务产值可以达到总产值的20%，毛利率可达一般维修的近2倍，这意味着美容业务的利润贡献接近40%的维修利润贡献。在这样的权重下，把它提升到一个独立的业务群组来重新认识是恰当的。

4. 延保业务群组

当下，延保业务以平台合作的方式开展已经普及，并为广大消费者所接受。正常水平的门店，延保交车渗透率可以达到40%左右，新能源品牌会更高些，可以达到50%~80%的水平。

有延保销售就会有理赔服务。尽管延保的赔付率相对于保险偏低，但随着理赔周期的到来，客户自然会找上门来，专业的接待、良好的理赔服务是必需的。

按照之前的理论指引，业务模式是本质，组织结构是表象。延保的售后业务开展和理赔服务可以根据店内实际情况因地制宜地安排，但其自成体系的业务群组地位必须在思维上确立下来。

三、双业务金字塔

在确立了平台建设和业务分组的基本理念后，还需对群组内业务开展进行必要的指引。为了能解决群组内的业务定位，这里引入双业务金字塔模型，如图5-7所示。

双业务金字塔概念有双重意义。

- 越靠近金字塔底座，受众群体越大；越往塔顶，受众群体越小。
- 越靠近金字塔底座，技术要求越低；越往塔顶，技术要求越高。

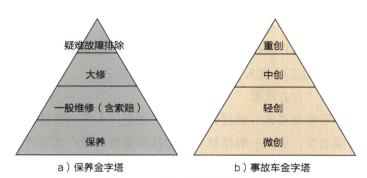

a）保养金字塔　　　　　　　b）事故车金字塔

图5-7　双业务金字塔模型示意图

基于这样的内涵，我们来确立各业务群组的业务核心定位。

1. 保养金字塔

根据各组成业务的特点，我们来确立需强化的重点。

（1）保养业务

保养业务肩负着客户维系的基本职能，它需要的技术含量较低，在客户诉求中，对修后车况没有明显的担忧，更多强调的是交车速度快和价格透明公道。

如果在服务的过程中能通过标准化服务体现对品质的高追求，则可以树立高服务品质的形象。

保养和预约招徕是紧密结合的业务动作，通过保养预约招徕，可以实现持续维系客户的目标。

为了提升保养业务的盈利属性，往往与保养业务伴生的是养护产品的组合推销。由于这不是本书的定位重点，这里不做过多阐述。

（2）索赔业务

索赔业务是厂家委托经销商实现对客户服务承诺的重要事项之一。随着厂家对索赔业务管控的驾轻就熟，以及汽车质量的稳步提升，索赔业务不再成为售后服务的重要利润来源，它更多地扮演着加强客户关系的角色。

笔者并不提倡挖掘索赔业务，因为不仅无法实现更多盈利，还会带来较大经营风险。

（3）一般维修与故障排除

客户车由于使用年限的增加，需要进行必要的零件更换和故障排除，这是重要的工作职能。

与保养业务相比，一般维修业务、故障排除业务，都需要较高的维修技术。因此，可以通过解决客户故障问题来提升专业形象。尤其是资深维修技师，尽管可能并不创造很多的工时收入，却可以成为"镇店之宝"，成为吸引客户前来，提升客户忠诚度的"有力武器。"

从保养金字塔模型可知：通过保养业务，使更广大客户群体体验门店专业服务，提升客户满意度；通过一般维修和故障排除业务，使广大客户加强对维修技术的认知，从而提升品牌形象，提升客户忠诚度。

2. 事故车金字塔

与保养金字塔模型不同的是，事故车金字塔模型都是事故车业务，但根据车损的严重程度不同，导致客户诉求重点不同。

（1）微创和轻创

它的定义是：不需要更换零件、不需要实施钣金修复的事故车。

这种轻微事故车业务，客户的核心诉求是快速交车，只要漆面没有明显色差即可。对应这种客户诉求，往往采用"绿色通道＋干磨快喷"组合的接待处置方式，力争实现当日接车、当日交车的服务效果。客户满意的关键点集中在"时间"。由于轻微事故重点体现服务效率，受众基数大，可大幅提升保险专业品牌形象，为续保等其他业务开展奠定良好基础。

（2）中创

它的定义是：需要钣金、喷漆修复，需要少量使用外观零件的事故车。

这种事故车，客户的诉求体现得较为全面，既需要用专业的保险服务协助维护客户的正当权益，又需要使用正厂零件，确保维修质量，对速度相对不太重视。门店往往需要用与保险公司良好的合作关系，更加专业的定损和理赔服务来维护客户权益。

它作为经销商的常规业务，在保证客户权益的前提下，更多地需要保证利润获取。

（3）重创

它的定义是：事故车需要全面进行修复，包括外观件、钣金件、机械零件等。

这种事故车，客户可能终身不会遇到。因此，获得合理合法的权益保护是客户的第一诉求。门店应该通过理赔的专业服务协助客户与保险公司协商，尽最大努力保护客户权益。至于维修事故车，需要在成本控制上加强管理，保证基本的收益。

| 小结 | 本节我们通过对循环控制论的回顾，推导出售后服务平台支撑业务群组的概念。循环控制论揭示了两个最主要的群组：保养业务群组和保险业务群组。经过行业这几年的创新发展，我们又提出两个新业务群组：美容业务群组和延保业务群组。在汽车向新能源转型的时代背景下，这两个新群组大有与原有两大群组并列之势。为了能够理解群组业务的准确定位，我们引入了双业务金字塔模型。时代在发展，我们的观念也要与时俱进。 |

第四节　组织结构与流程设计

笔者在给经销商总经理和服务经理讲解售后组织结构原理时，常提出以下这么一个问题。

当总经理任命一个人担任服务经理时，这个任命的内涵是什么？总经理究竟要交付给这位即将上任的服务经理哪些东西？

通常情况下，他们可以回答出以下两个层次的内涵。

第一层：总经理交给他场地、设备，还有团队。

第二层：总经理交给他存量客户。

能够回答出第二层的，笔者都给予了表扬，说明他不但能想到"看得见、摸得着"的具体东西，还能从业务角度出发，想到"看不见也摸不着"的"客户关系"。然而，这并不是最终的答案。笔者还会说出第三层——总经理把向这些客户开展特定业务的权力分配给了服务经理。

一、服务经理的目标

总经理任命了服务经理，意味着授予他/她三层内涵的任务，前两层非常好理解。以下重点解读第三层，不要小看了这层内涵，它揭示了业务思维下服务经理开展工作的终极目的。

- 成功向客户开展业务，获取利润。
- 保证存量客户群不断保值增值。

1. 双重任务

这里需要强调的是服务经理执行的是双重任务，如何理解？

举个例子：如果一名服务经理干了一年，出色地完成了公司下达的业务与利润目标。但从第二个考核年开始，就一个老客户也不上门了。如果早知道是这样的结果，总经理是无论如何不会任命他当这个服务经理的。问题出在哪里？因为他没有完成第二重工作目标，即没有实现存量客户群的保值增值。

2. 宏观视角

服务经理的工作目标之一是让存量客户群保值增值。这是一个宏观的概念，他的工作任务是让宏观数据变好，而不是强调对某一位具体客户采取行动。比如，一个品牌门店，经过一位服务经理一年的努力工作，发现有效存量客户的总数量没有增长，而其中800位某车型客户流失了，增加了800位其他车型客户。从微观角度看，流失了800位某车型客户，这是很大的损失。但从宏观视角看，他实现了整个存量客户群的保值增值，工作值得肯定。

这就是宏观视角和微观视角看问题的差别。经销商售后服务一定要坚持宏观视角分析问题、宏观视角解决问题的工作思路。比如：我们希望用流失率来评价对存量客户维系的工作质量，却并不特别重视对流失客户的再招徕工作，因为这样做的效果微乎其微。

二、组织结构原理

当服务经理确定接手了这个盘（三层内涵），他/她就面临搭建组织结构的问题。

1. 组织结构搭建原理

如前文所述，我们来回顾一下结构搭建的基本思路。

第一，客户导向下的组织结构思维，如图5-8所示。

第二，业务模式是本质，组织结构是表象。同样的业务模式，可以由多个不同的组织结构实现。

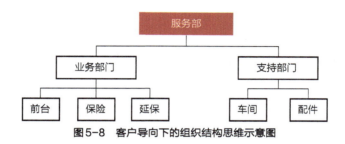

图5-8 客户导向下的组织结构思维示意图

第三，评价组织结构是否适合，有以下三个评判标准。

- 是否符合业务模式的内在规律。
- 是否有利于降低岗位工作难度。
- 是否有利于降低沟通层级，提升沟通效率。

第四，经销商门店作为一个业务灵活的公司，是可以因人设岗、保持灵活机动的，管理者对业务模式正确理解，同时确保组织合理运行才是解决问题的关键。

2. 三层组织结构职能原理

依前文理论指引可知：三层组织结构，分别承担的主要管理责任如下。

- 总经理：业务掌控，通过财务、客服两大二线部门监督，精准的数据分析实现。
- 服务经理：业务支持，通过掌控平台实现对业务的支持，通过管理主管推动业务。
- 业务主管：业务模式，通过自身的积极工作体现业务模式的内在规律。

3. 按循环控制论原理搭建组织结构

按循环控制论指引，售后服务有两个基本的大循环（另两个次要循环这里不再赘述）。按照业务开展三层管理结构的定位，服务经理下设两大业务主管，如图5-9所示。

图5-9　服务经理管理结构示意图

按照循环控制论的指引，两大主管带领各自团队，分别践行"保养循环"和"保险循环"的业务运行规律，实现业务。

三、车间与配件

与销售不同的是，售后服务的业务需要两大基本保障：维修、配件。

1. 维修车间

维修车间构成大致分为：机电车间、钣金车间、喷漆车间。

（1）前台与车间的关系

生产车间的组织结构没有太大变化，但生产流程一直在调整。

第一，车间与前台的关系。

很多经销商尝试过服务顾问（Service Advisor，SA）与车间采集用直接对应关系，大家利益捆绑在一起，希望这样可以提升效率。

笔者走访过很多经销商，没有看到特别成功的案例。因为弊端是显而易见的。这样的方式使服务顾问被车间绑架，作为相对弱势的一方，服务顾问不能按照自己的意愿与客户交流。比如按车间意图胡乱给客户报价，引起客户反感。另外，这种方式不能很好地调配生产力，导致效率无法提高，甚至出现了生产力分配不均的问题。

笔者建议将车间一头一尾"封闭"起来，通过车间主管的有效调度完成待修车辆分配，通过技术主管的质检工作完成交车。

第二，前台、车间、配件的报价流程。

面对维修上门客户，讲解、报价是服务顾问的工作，但是在支持服务顾问的时候，车间和配件是并列关系还是顺承关系，就需要在实践中验证，其相互关系如图5-10所示。

笔者经过多年的实践，比较倾向于前者，好处显而易见：这样的模式，服务顾问对整个流程有更好的掌控力，可以提高效率。同时，服务顾问可以通过与配件的直接接触，提高配件知识，更好地回答客户提出的问题。但任何管理模式都要尊重基本事实，还是那句八字真理：因地制宜，实事求是。

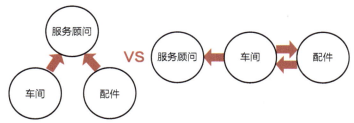

图5-10　服务顾问与车间、配件关系图

（2）车间组织结构

理想的车间组织结构如图5-11所示。

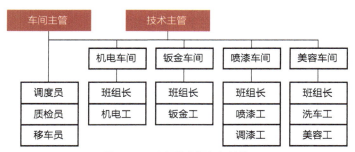

图5-11　理想的车间组织结构

2. 配件部

（1）配件部职能

配件部的工作职能非常单纯，具体如下。

- 向厂家订购配件。
- 委外加工（也有经销商将此功能放在车间，笔者认为放在配件更有优势）。
- 外采配件（尽管很多厂家不允许，但几乎每个经销商都有外采配件需求）。
- 劳保用品管理（尽管也有劳保用品放在行政管理，但大部分还是在配件部）。
- 调漆功能（调漆在车间还是在配件管理，各有优势）。

（2）配件部组织结构

理想的配件部组织结构如图5-12所示。

配件部是门店最不起眼的一个部门，总经理由于自身专业知识的匮乏，往往对配件

图5-12　理想的配件部组织结构

部疏于管理。笔者见过的最夸张的案例是：总经理居然不认识配件部主管。以下案例都是笔者亲身经历的。

案例一：某中档品牌4S店投资人朋友对笔者说："老师，我自己的店我清楚，大毛病没有，小毛病挺多，你帮我多费心看看。"当笔者提醒她配件部可能有严重问题时，她极度相信，但最后倒查五年发现，配件主管用各种方式累计贪污配件款300多万元。最后配件主管卖掉两套房和车，勉强把钱还上了。

案例二：某品牌4S店，六年没有进行严格的配件盘点，在笔者的提醒下进行了一次盘点后，盘亏的金额正好与六年的累计利润相当。也就是说，老板六年的盈利都是"空欢喜。"

售后服务的典型管理漏洞，将在下一节详细讨论。

3. 生产标准流程

经前文论述，采取哪种流程设计方案，关键的问题是梳理流程节点之间的衔接关系，如图5-13所示。

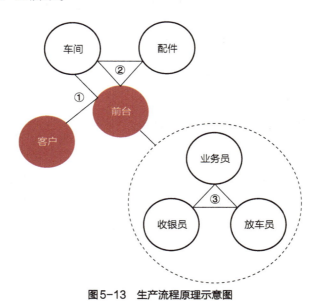

图5-13 生产流程原理示意图

由图5-13可知，整个生产流程分为三个阶段，即检测报价阶段、生产阶段和结算放行阶段。每个阶段要协调好相应的三角关系。

- 检测报价阶段：要处理好客户、服务顾问、车间三者的流转关系。

- 生产阶段：要处理好服务顾问、车间、配件三者的协同关系。
- 结算放行阶段：要处理好服务顾问、收银员、放车员三者的协同关系。

四、理想组织结构图

依前文论述，按照循环控制论的指引，我们可以得出服务部理想组织结构图如图5-14所示。

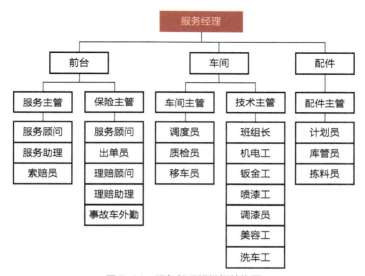

图5-14　服务部理想组织结构图

再次强调基本理念：业务模式是本质，组织结构是表象。面对团队时，要根据业务开展的实际情况，合理设计组织结构。在当下行业整体盈利表现不佳时，更小的团队规模，更高的运营效率才是我们追求的目标。

> **小结**
>
> 本节我们详细论述了售后服务组织结构的设计原理。按照客户导向的原则，提出了服务经理的基本职能；按照循环控制论的基本观点，形成了服务主管和保险主管两大业务开展组织结构；探讨了车间和配件两大支持部门，讨论了两大支持部门与前台连接的标准流程；最后得出了售后服务部的理想组织结构图。

第五节 管理漏洞

依前文所述，我们对业务开展的基本原理有了全面的认识。在组织结构建立以后，我们就可以进入实质的业务开展管理状态了。

所谓的业务管理，主要体现为将业务开展手段落实到位。

- 构建完善的业务流程，实践正确的业务理念。
- 财务在标准流程的环境下有效介入，实现有效监督。
- 在标准流程的基础上，实现数据的准确提取，实现KPI分析。

基于以上的理解，建立"西瓜图"理论模型。

一、"西瓜图"理论模型

1. "西瓜图"理论模型示意图

为了正确理解售后服务现场业务开展的基本原理，提出了业务监控"西瓜图"理论模型，如图5-15所示。

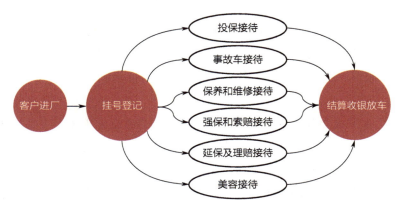

图5-15 业务监控"西瓜图"理论模型示意图

2. 模型释义

"西瓜图"理论模型揭示了售后服务基础管控的以下要点。

（1）客户在场和离场完全分开

按照"西瓜图"理论模型，客户被清晰地分为"在场"状态和"离场"状态。在"西瓜"内部，客户处于在场状态；在"西瓜"外部，客户处于离场状态。

- 客户在场：我们的工作是服务客户，实现业务。
- 客户离场：我们的工作是关怀客户，促进返厂。

从宏观视角看，我们的首要工作是通过管理节点控制将"客户在场"与"客户离场"清晰地分离出来。

- 进厂必须登记：确保客户车辆进厂接待后必须录入系统，将个人行为变为公司行为。
- 放行必须结算：确保每一位客户在离厂前都按收费标准完成结算。

对于这两个基础管理动作，却很少有经销商能够完全做到。

为了保证"进厂必须登记"和"杜绝违规放车"，除了有效的门禁制度外，还须增加"在修车盘点"制度作为补充：让财务不定期（大约每10天一次）进行在修车盘点。通过盘点，可能会发现两种情况。

- 在修车名单上有，但车间和临时停车场找不到，这就出现了违规放车。
- 在修车名单上没有，但在盘点过程中看到了，这就是进厂不登记。

如果发生了以上情况，则要求服务经理牵头彻查，并给出调查结果，由总经理根据管理条例提出处罚意见并执行。在修车盘点是非常重要且执行难度较低的制度。

（2）业务细分管理

"西瓜图"理论揭示的另一重管理内涵是：业务细分管理。

依前文所述，售后服务业务是分群组的。但面对客户时，这些业务又是相对独立的。与销售要执行订单切割管理类似，售后服务的各项业务也须执行业务细分管理，这是经营的需要，也是管理的需要。

第一，售后服务的大量管理漏洞都是在业务交叉的逻辑下产生出来的。例如：在事故车结算单中加无关配件，然后用这些配件实现"体外循环"，违规维修。这就是典型的业务交叉管理漏洞。

第二，只有在业务细分管理的前提下，才能支撑更加细致的业务数据分析。例如：只有进行了业务细分，在保养业务群组内，保养、索赔、养护品、轮胎、高端机油才能进行各种效率指标的提取和详细分析，包括进厂台次、产值和毛利率等。

二、十大管理漏洞

由于很多总经理的专业知识存在短板，或者没有很好的手段进行有效的管理，大量经销商售后服务管理漏洞百出，严重影响了收益和企业形象。

很多门店的维修毛利率长期处于极低的水平，就是无法找到真因，自然也没有办法解决。笔者遇到过一个极端案例：某中档品牌4S店，维修产值二三十万元，可结算代金券每月却能收到十多万元，整体券后维修毛利率连20%都不到。

售后服务的管理漏洞五花八门，有的笔者至今也未能想到很好的对策杜绝。

案例一：配件经理把整套活塞组上的活塞环拆下来给客户用了，美其名曰是"为了保证客户满意迫不得已而为之"，但这一行为是"被动暴露"的，没请示过任何人。

案例二：某4S店盘点发现，包装完好的前照灯，打开包装一看，里面是一个装满水的塑料袋。要不是当次盘点过于较真，恐怕门店倒闭了都发现不了。

这里，我们讨论的管理漏洞界定在因内部业务流程不严谨而产生的直接漏洞上。至于因为支付事故车佣金而出现的贪污，不在讨论范围内。下面介绍的这些管理漏洞，从起因看，无外乎以下两种。

- 因为节点管控不严谨而产生的管理漏洞。
- 因为在业务之间形成交叉，而管理思路又没到位而出现的管理漏洞。

下面列举十大售后管理漏洞。

1. 违规放车

违规放车指的是没有办理正规的结算放车手续而产生的放车行为。

其实违规放车并不是一个单纯的管理漏洞，而是一个可能出现大量管理漏洞的管理节点。因为有违规放车，绕开了财务的结算监管，各种问题就都出来了。

很多服务顾问参与违规放车，屡禁不止，各种借口层出不穷。

- 客户着急要走，必须顾及客户满意度。
- 事故车缺配件，还没修好，必须先放走。
- 客户背地里把车开走了。

尽管违规放车管理方法很简单，但在实际操作中，却很难百分百做到位，由此引发的管理问题也非常突出，必须重视。

2. 乱收费

不要以为乱收费会对公司有利，事实上，服务顾问有乱收费的能力，只会损害公司利益。乱收费的来源有多个层面。

- 因为没有清晰的工时标准，导致服务顾问可以任意"发明"工时，形成乱收费。
- 优惠政策不清晰，折扣券"满天飞"，折让很随意，形成乱收费。
- 在违规放车的漏洞下，绕开监管，形成乱收费。

乱收费是普遍存在的管理问题，治理起来有一定难度，需要从基础管理入手慢慢推动。明确售后产品（工时、配件）是必要的前提工作。

3. 索赔盲区

理论上讲，任何一台接受了服务的车离厂，都须付费。只是索赔车离厂，由厂家付费而已。一个清晰的业务思维是：索赔业务的全过程应该是放多少→报多少→批多少→收到发票多少→回款多少。但大量的经销商却因为业务部门和财务部门的门户之见，导致财务只从"报多少"开始进行监督。于是，"放多少"就成了管理盲区。很多服务顾问就利用这个盲区大做文章。因为索赔的上报标准与正常的维修收费标准有很大的差异，所以索赔结算单无法第一时间制定准确，或者需要全面调整工时、配件价格，才能校准。这就给服务顾问留下巨大操作空间。

- 很多服务顾问帮助客户"一般维修变索赔"（不是真索赔，而是挂索赔，并不会向厂家申报），从容放车，长期无人过问。
- 因为索赔结算无人监管，索赔单不结算就放车了，也不真实向厂家申报索赔，大量挂单无人清理，里面"藏污纳垢"，数据对不上，造成重大损失。

4. 事故车乱打配件

事故车是售后管理的重灾区。事故车乱打配件指由于对围绕定损单管理的机制不健全，导致事故车结算时由理赔顾问、配件出库员，甚至车间人员共同参与，以正常维修事故车名义将其他配件合法出库，并进行以下非法操作。

- "体外循环"违规修理车辆收费牟利。
- 扔到旧件堆或藏于工具箱，合适时机携带出来销赃牟利。

这个管理漏洞在行业内非常普遍，只是问题轻重不同罢了。管理方法就是加强定损单管理，强化定损单和结算单的比对管理，不定期检查现场和工具箱等。

5. 事故车乱打精品

业务人员在事故车结算中私加精品，理由往往是"客户有要求，服务顾问为了引入业务，提前做了承诺"。但这些精品是否真正交到客户手上是非常可疑的。笔者就遇到过一个案例，两辆婴儿车被私加在事故车结算单上，然后精品管理员和理赔顾问一人一辆。

事故车乱打精品有时候也是高层授意的。比如一个案例：总经理要离职了，授意精品管理员安排，买了4个iPad，直接打进事故车结算单里，然后拿着就走了。两个月以后老板才发现。

事故车乱打精品的解决办法，就是强制要求事故车结算单不能包含任何精品，如有需要，必须单独开列精品赠送申请单。理由是保险公司定损单是不会包含精品的。但这些规定生效都是建立在定损单的有效管理上的。

6. 事故车乱结算

事故车乱结算指事故车结算完全背离定损单指定的维修方案进行结算，不仅结算单金额与定损单金额对不上，结算内容也与定损单大相径庭。甚至出现事故车之间的零件相互交叉结算，事故车未完修就结算等情况。

与事故车紧密相关的管理漏洞居然有三个之多，其实，关于事故车还有佣金管理的难题。事故车在维修产值中占比很高，毛利率可观，是售后服务业务的重中之重。但事故车的特点，又导致问题频发，难以管控。对售后服务而言，往往事故车问题发生都是大案、窝案，因为事故车的跑冒滴漏很多都是前台、车间、配件勾兑实现的。

7. 配件乱打价格

配件乱打价格指的是在一些特殊出库时（如事故车外采），通过大幅降低配件价格提升工时标准，从而实现奖金最大化，损害公司利益。按理说，这类问题比较容易杜绝，但由于总经理相关知识缺失，长期不太关注，造成这些问题频繁发生，最终只能看到维修毛利率偏低这一表象。

8. 配件拆分出库

配件拆分出库指配件部不进行申请，私自将组件拆分成散件，进行入库出库，用混乱躲避监管，给公司造成损失。这类案例多发生在年限较久，配件部人员资历很深的门店。

这种漏洞只能用深度盘点的方式，由财务和服务经理共同参与才能发现。

9. 配件不及时入库，借条满天飞

很多门店配件部的账务混乱，多是出入库不严谨造成的。这种现象可以解释为配件部人员能力不足，也可以解释为他们故意捣乱，躲避监管。不及时入库，造成料账对不上，然后就是大规模盘亏；不按规定出库，导致借条满天飞，管理混乱，直至无法核对，时间长了，也没有人负责。

对于这类问题就需要日清日结。配件部每天送出库单到财务，财务将单据与系统核对存档；加强借条管理，借条要求限期归还清理；收到零件货品，要求当天入库等。

10. 大客户乱修乱放

很多经销商有大客户挂账业务，但管理问题也就因此产生了。

笔者见到的最夸张的例子是一家中档品牌店，店内有个大客户已经挂账200多万元了，经了解，这个大客户早已不与店里合作，但店里几乎所有员工的私家车维修都走这个大客户挂账，总经理的朋友来修车也走这个大客户挂账，没有人管，没有人问。

大客户的维修挂账管理充满挑战，比如对方对接人出了问题，修车挂账，对方结算时却不承认，无法付款，造成经济损失的问题就很多。

大客户维修起码要有挂账车辆清单，双方有明确的对接人，定期对账，发现问题及时喊停。

以上列举了主要的售后管理漏洞，但仍未穷尽售后服务的各种问题，例如：修车零件不上车，用旧件替换；偷客户机油，积攒起来出售；偷旧件、偷油漆等。可以说，售后服务管理任重道远，需要常抓不懈。

三、基础管理

面对复杂的售后服务问题，总经理还需抓住基本管理动作。

第一，保证前台的有序管理。

- 通过加强进场登记，加强门禁与结算的配套管理，实现车辆的闭环控制。
- 强化收费标准的制定和有效执行，对代金券、打折、减免等进行强化管理。
- 对索赔结算放行制定严格的管理措施，定期将索赔放行与索赔申报进行严格比对。
- 对事故车结算、定损单管理、精品单列等进行严格规定，并严格执行。
- 如有大客户业务，则对对接窗口、挂账车辆明细、维修报价、结算流程进行约定并严格执行。

第二，对车间进行严肃管理。

- 不定期进行车间盘点，发现违规车辆要一查到底。
- 不定期对工具箱、旧件堆、休息室进行检查，发现问题，及时追查并整改。

第三，对配件部进行严肃管理。

- 对订货、入库做出严肃规定，财务深度介入订货、入库、厂家对账的监管。
- 要求到货当日及时入库，确保料账相符，入库清单报财务抽查。
- 出库单每日交财务，不允许不开单出库，特殊情况开借条须向服务经理申请。
- 定期清理借条，不允许借条超出三天。
- 严肃盘点制度，财务深度介入盘点。

通过以上措施，可大致保障售后服务处于正常的状态，但要彻底解决售后服务的管理漏洞，这些措施还是远远不够的。售后服务最可怕的问题是窝案的产生：管理长期缺位，监管机制彻底失效。杜绝窝案，需要总经理及更高层的管理者长期保持警惕，及时介入。

> **小结**
>
> 本节我们探讨了售后服务的业务开展及管理漏洞问题，售后服务业务灵活，管理漏洞隐蔽且复杂，但大致可归纳为两种：管理节点不严谨的漏洞和业务交叉产生的漏洞。大部分的管理漏洞可通过建立有效的制度并严格执行来改善，但群体共同参与的"窝案"却会令监管全面失效，是总经理层面不可不防的重大管理问题，须足够重视。

第六节　数字化与 KPI 评价

与新车销售相同，售后服务的数字化管理体系也遵循模式化理论。这里将关于数据化管理体系的主要观点重新阐述如下。

第一，数据化管理体系的管理范畴包括：取数、看数、用数。

第二，数据是流程正规运行的副产品。

第三，业务 KPI 是业务模式的数据映射。

第四，业务 KPI 包括：量、质量、效率（客户转化效率、资源利用效率、人员劳动效率）。

第五，五统一管理法：目标、奖金方案、过程管理、奖金计算、KPI分析。

第六，正确制定奖金方案原则：指向性、执行性、稳定性。

下面基于取数、看数、用数的思路，把售后服务的数据化管理体系建立起来。

一、取数保障

要想获得准确、及时的售后服务数据，就需要做好以下三个方面的基础管理工作。

第一，保障前台"西瓜图"切实运行。

依前文论述，"西瓜图"理论模型的内涵包括以下两点。

- 保证客户"在场"和"离场"两个状态清晰。
- 执行业务细分管理。

基于以上两点，进行如下管理要点说明。

- 进厂车辆必须登记，要求服务顾问第一时间完成系统登记操作。
- 要有严格的门禁制度，不结算坚决不予放行。
- 对事故车、索赔、一般维修等业务独立开单管理，不允许合并单据结算。
- 一般维修（含保养）结算有明确的政策，对打折、减免、券、赠送等有明确的规定。
- 有清晰的工时、配件价格。
- 对事故车、索赔等结算有清晰的规定。

第二，保障车间的基本流程。

依前文所述，车间应采取"两头堵住"的封闭管理方式。

- 有清晰的归口调度环节，可完成车辆进车间、出车间的归口管理。
- 能顺利完成检测、报价流程。
- 有清晰的完工节点控制。
- 与配件部对接清楚：领料出库、借用规定等。

第三，保障配件进出存的基本流程。

- 确保进货入库的及时性和准确性，财务有效行使监督权。
- 确保开单出库使用操作系统，财务每日回收出库单。
- 每三天清理一次借条。
- 结算配件可对应计算KPI。
- 定期深度盘点，财务参与监督。
- 对厂家目标及达成情况制定有效的监督机制。

如果以上的基础管理工作都能得到有效落实，则可以基本确保售后服务的数据提取能力。

二、看数方法

1. 业务模式"根"KPI二维列表

由前文理论数据分析方法可知，描述业务模式的KPI分为三大类：量、质量、效率（客户资源的转化效率、资源的利用效率、人员的劳动效率）。基于业务细分分析原理，建立起一个二维表格，将这些KPI罗列出来，见表5-1。

表5-1　业务模式"根"KPI二维列表

序号	细分业务	维度				
		量	质量	效率		
				客户	资源	人员
1	总量	产值（去税）	一级毛利率	单车产值	配件周转率	车间人均工时
		结算台次	—	进厂率	工位利用率	人均产值（全体）
2	保养	产值（去税）	一级毛利率	单车产值	—	—
		结算台次	—	进厂率	—	—
3	索赔	产值（开票）	一级毛利率	单车产值	—	—
		开票台次	放行开票率	—	—	—
4	一般维修	产值（去税）	一级毛利率	单车产值	—	—
		结算台次	—	进厂率	—	—
5	事故车	产值（去税）	一级毛利率	单车产值	短信返厂率	人均工时（钣喷）
		结算台次	—	客户返厂率	油漆工时比	—
6	延保	索赔产值（去税）	一级毛利率	单车产值	—	—
		结算台次	—	满期赔付率	—	—
7	美容	产值（去税）	一级毛利率	单车产值	—	人均产值
		结算台次	—	渗透率	—	—

2. 支持平台的KPI

1）与厂家的代理关系可以用一些KPI进行描述，例如零件订货达成率、平均单台销量索赔额。

2）与保险公司及其他合作厂商的合作关系相关的KPI包括：事故车保费置换比、满期赔付率、月销售额等。

3）存量客户群管理KPI包括：平均年进厂次数、基盘流失率等。

三、用数管理

1. 应用"五统一"管理法

依前文理念，"五统一"也可扩展成"七统一"管理法。

（1）月初下目标

基于"七统一"管理法，可以在月初对业务团队下达目标，举个前台保养团队的例子，见表5-2。

表5-2　前台保养团队目标一览表

序号	业务类型	KPI		前台主管	服务顾问			索赔员
				A	B	C	D	E
1	总体	产值	基本	100万元	40万元	40万元	30万元	10万元
			挑战	110万元	45万元	45万元	35万元	12万元
2		接待台次	基本	1000台	350台	350台	300台	200台
			挑战	1200台	400台	400台	350台	300台
3		维修毛利率	基本	44%	44%	44%	44%	20%
			挑战	46%	46%	46%	46%	25%
4		单车产值	基本	1000元/台	1000元/台	1000元/台	1000元/台	500元/台
			挑战	1100元/台	1100元/台	1100元/台	1100元/台	550元/台
5	保养招徕	产值	基本	15万元	7万元	7万元	5万元	—
			挑战	18万元	8万元	8万元	6万元	—
6		结算台次	基本	300台	120台	120台	100台	—
			挑战	400台	150台	150台	120台	—

（续）

序号	业务类型	KPI		前台主管	服务顾问			索赔员
				A	B	C	D	E
7	索赔	开票产值	基本	10万元	—	—	—	10万元
			挑战	12万元	—	—	—	12万元
8	养护	产值	基本	8万元	3万元	3万元	2万元	—
			挑战	10万元	4万元	4万元	3万元	—

（2）奖金方案的制定与执行

后文将作专门论述。

（3）过程管理

服务经理每天根据KPI所呈现出的情况，进行必要的督促和跟进。

（4）KPI分析

分析预算和月度目标的达成情况，查找经营过程中存在的问题。

2. 奖金方案设计

奖金方案的设计，除了遵循前文所述理论的基本原则外，还有其自身的特点。

（1）前台奖金方案遵循业务部门特点设计

根据业务团队的特点，完全可以根据计件法、达标法、考核法三种方法混合的方式进行设计。例如服务顾问的奖金方案。

1）公式：

服务顾问奖金＝（产值×系数）×考核系数＋附加产品推销奖＋集体达标奖

2）考核系数。考核系数指各项目标的达成情况，按达标法和考核法设计的综合考核，见表5-3。

表5-3　综合考核评分表

方面	序号	指标	权重	得分标准
业务结果	1	产值	10	不达标5分；达基本目标10分；达挑战目标11分
	2	结算台次	10	不达标5分；达基本目标10分；达挑战目标11分
	3	毛利率	10	不达标5分；达基本目标10分；达挑战目标11分

（续）

方面	序号	指标	权重	得分标准
业务结果	4	单车产值	10	不达标5分；达基本目标10分；达挑战目标11分
	5	养护产品产值	5	不达标3分；达基本目标5分；达挑战目标6分
	6	其他附加品产值	5	不达标3分；达基本目标5分；达挑战目标6分
业务过程	7	认养客户返厂率	10	不达标5分；达基本目标10分；达挑战目标11分
	8	保养招徕达成率	10	不达标5分；达基本目标10分；达挑战目标11分
	9	养护保养渗透率	10	不达标5分；达基本目标10分；达挑战目标11分
	10	新车销售对应返厂率	10	不达标5分；达基本目标10分；达挑战目标11分
	11	服务活动招徕达成率	5	不达标3分；达基本目标5分；达挑战目标6分
	12	厂家考核	5	不达标3分；达基本目标5分；达挑战目标6分
总计			100	—

3）附加产品推销奖。服务顾问背负着各种附加产品的推销任务，包括养护产品、高端机油、精品、美容项目等。围绕这些产品，可以用计件法和达标法设计各种目标和奖金，但要考虑服务顾问的承受能力和业务规律。例如：在售后服务中推销某些精品，会大量消耗服务顾问的精力和有限的业务机会，笔者不提倡这样做。

4）集体达标奖。按照组织结构理论，前台可基本分成两个业务单位：保养团队和保险团队。服务经理可根据实际情况为两个团队分别设立目标，对达成的团队给予团队奖励。奖金可根据贡献直接分配到个人，也可建立团队活动基金。

（2）车间团队

门店车间的奖金方案要单纯得多，只能使用计件法，很多使用达标法的案例都是失败的教训。行业里有以下两种基本方案。

- 工时计件覆盖保底工资法。
- 基本工资＋计件奖金法。

简单来说，就是奖金是否覆盖基本工资的区别。

车间人员靠劳动挣钱，不可用业务思维去考核他们，只需考虑工种差异，脱产人员与一线人员的比例问题等。

（3）配件部

配件部与车间不同，可以进行一定的考核。举个经典的例子。

1）公式：

整体奖金＝（出库金额 × 系数 × 考核系数＋业务达标奖）× 个人分配系数

2）考核系数，见表5-4。

表5-4　配件部考核评分表

序号	指标	权重	得分标准
1	立即供应率	30	不达标20分；达基本目标30分；达挑战目标32分
2	库存周转率	30	不达标20分；达基本目标30分；达挑战目标32分
3	盘点正确率	20	不达标10分；达基本目标20分；达挑战目标22分
4	厂家目标达成率	20	不达标10分；达基本目标20分；达挑战目标22分
	总计	100	—

3）业务达标奖。为了更紧密地连接配件部与业务团队，应制定业务达标奖，根据当期业务的达成情况，给予配件部奖金，可分为基本目标达成和挑战目标达成两种情况。

4）个人分配系数。整体奖金计算好后，可根据个人系数，对奖金进行分配，见表5-5。

表5-5　配件部个人分配系数表

岗位	配件主管	计划员	拣料员	库管员
系数	1.5	1	1	0.8

按照以上案例，一份售后服务部整体的奖金方案就做好了，配上奖金方案计算表，一个可执行的奖金方案管理体系就建设完成了。

小结

　　本节探讨了售后服务的数据化管理与KPI管理体系的建设问题，根据相关理论，售后服务数字化管理体系分为取数、看数、用数三大管理范畴，业务KPI分为量、质量、效率（客户资源转化效率、资源利用效率、人员劳动效率）三大范畴。取数需要标准流程和节点控制的保障，本节指出了售后服务取数保障的重点管理内容。看数的部分，列举了重要保养部分KPI的例子来说明，保险相关的问题将在本章下一节进行阐述。用数讲解了"五统一"管理法和奖金方案的设计，由于本章未安排售后服务团队建设的部分，所以这里就列举了奖金方案的设计技巧，希望对读者有所帮助。

第七节　保险

　　在《体系制胜：汽车经销商的科学发展观》一书中，笔者用了较多的笔墨来阐述保险。这些年，整个行业在保险领域正从"专业精深"向全面价格战发展。

一、行业怪象

1. 混乱的代理费

　　在经销商的认知里，新车保险的代理费率大约是15%~20%。在特定的时间段，可能有一些额外的激励方案，仅此而已。但在另外一个市场，普通二级车行的保险代理费率却高得惊人，笔者的认知不断被打破，听到的最高的数据是80%。很难想象，在这样的费率下，保险公司如何能足额尽到理赔责任。

　　超高的费率，完全违背了相关政策，这使得巨额的代理费无法正常支付。这样的行业状况，谁都知道是不可持续的，然而整顿措施却迟迟未见成效。

192

2. 事故车引流成了"黄牛"的盛宴

以前事故车出险，经保险公司指引到特定的维修场所进行定损，秩序井然。保险公司通过比较好的事故车指引机制规范了市场。但随着行业发展，保险公司对事故车的指引能力不升反降。于是，事故车市场进入了无序竞争状态，由此引发了"黄牛大战"，很多经销商的外勤业务人员也参与其中，导致几乎所有的中大型事故车都要支付居间费用，经销商维修事故车的直接利润受到很大影响，行业风气也日趋败坏。

二、保险管家

笔者始终相信，在纷繁的市场环境下，拥有先进的经营理念、合理的业务模式布局和不断完善的管理机制，仍然是取得竞争优势的不二法门。

用循环控制论理论模型指引可知以下结论。

- 保险是门店业务的基本组成要素，是不可或缺的。
- 事故车在售后服务业务中的占比达到40%~60%，是售后服务最重要的业务之一。
- 保险是有效连接客户、提升客户忠诚度的重要手段。

当下的经销商，管理者对保险重要性的认识已经相当到位：续保尽管毛利倒挂，仍然在不遗余力地开展；事故车再难，也在积极拼抢引进。然而，找出与保险代理公司、与传统修理厂的差异，准确把握自身的定位，建立比较优势，才是经销商开展好保险业务的关键。

1. 客户需求引导业务模式

客户对经销商门店保险服务的核心期待是什么？答案如下。

- 得到从投保到理赔全套的专业服务。
- 客户权益被最大限度地维护。
- 在投保、理赔、事故车维修等方面坚守诚信底线。

基于以上认识，可以得出保险业务开展的基本逻辑。

第一，保险是经销商联合保险公司，为客户提供的"专业服务"。与保险公司维持长期的、良好的合作关系至关重要，如图5-16所示。

图5-16　与保险公司合作提供专业保险服务示意图

第二，投保与理赔相结合，提供一站式服务，是经销商的特殊优势，也是满足客户需求的最好业务模式，如图5-17所示。

与保险公司紧密合作，提供"投保+理赔"的一站式服务，既满足了客户对经销商的期待，也充分显示了经销商门店在保险领域的独特优势。建立在这一业务模式上的服务品牌形象，称为"保险管家"。

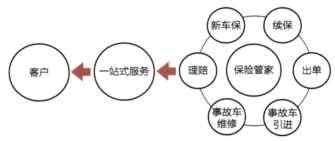

图5-17　保险"一站式"业务模式是满足客户需求的最佳模式

2. 理想的组织结构

基于以上的分析，汽车经销商应该提供一站式保险服务，以"保险管家"形象示人。按照之前论述的"业务模式决定组织结构"的基本原理，保险管家对应的组织结构的理想模型应遵循以下原则。

- 保险服务的主要内容在售后，因此组织结构建立在售后服务平台上。
- 以投保和理赔结合的形式出现。

基于以上原则，保险业务开展的理想组织结构模型如图5-18所示。

同样的业务模式，可以有多种组织结构来承载，因此保险管家的理想组织结构模型，可以在"因人设岗"的大原则下呈现多种多样的组织形态。

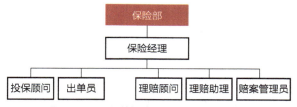

图5-18　理想的门店保险管家组织架构图

3. 保险管家的业务范畴

基于保险管家投保、理赔两大业务内容，将业务职能细化，可得出六大工作范畴，如图5-19所示。

（1）新车保

图5-19　保险管家的六大工作范畴示意图

新车保是保险公司与经销商合作的基石性业务，是经销商与保险公司合作博弈的重要筹码。近几年，由于保险公司之间的恶性竞争，保险代理渠道新车保手续费比较混乱，但经销商领域手续费却在收缩。以至于很多经销商经过评估，也开始跳出保险公司的正常合作框架，到自由市场寻求高额代理费，这在一定程度上冲击了保险公司预设的渠道结构。

（2）续保

"续保重要"已经成为行业的普遍共识，但续保业务开展已经从"通过专业的服务获得客户认可从而续保成功"演变为低质量的价格战。由于片面强调续保量，经销商门店推出大量代金券与续保捆绑，以促进业务。这间接导致代金券"满天飞"的局面，是门店管理乱象的根源之一。

（3）出单

在保险公司的一再推动下，为经销商无偿提供出单服务已成为整个行业的普遍情况。积极的一面是：保险公司提供了增值服务，门店因此节省了人力。消极的一面是：保险公司对门店的保险份额和内部情况了如指掌，在双方博弈时处于优势地位。

（4）事故车引进

经过近20年的发展，保险公司与经销商形成了相当成熟的合作框架：保险公司提供事故车出险线索，并在理赔方面提供政策支持，协助事故车回到经销商门店维修；经销商则以合理的保费回报。

这几年，保险公司对事故车的控制力下降，经销商自身保有客户的出险率也在下降，直接导致市场竞争日趋激烈，事故车业务引进呈现出新的样貌，可惜这并不是良性业态，而是存在"黄牛"遍地、暗箱操作等大量违规行为。

（5）事故车维修

事故车维修技术这些年没有发生太大的变化。要说有变化，就是水性环保油漆的广泛使用。十年前倡导的流水线作业，干磨快喷等技术路线，尽管普及率有所提升，但也未能引起行业的实质变化。

因为生产效率未有质的提升，导致修理工的收入未有明显提升。

（6）理赔

经销商理赔，经历了"代办理赔→直赔→对店理赔"的过程。然而，绝大部分经销商未能从理赔服务的变化中把握客户需求这一不变的准绳，反而随着保险公司的服务政策亦步亦趋，未能形成一贯的服务优势和良好口碑。

由于在理赔服务中未能建立起专业优势，导致在事故车引进的竞争中缺乏差异化竞争优势，无法把握客户，只能选择付佣金这种毫无技术含量的手段。

从保险管家全局看问题，绝大部分经销商在保险业务的开展上存在较大问题：缺乏正确理念的指引，在与保险公司的合作中缺乏长期意识，缺乏体系化的管理方法等。大量经销商陷入"续保拼命发券，事故车给"黄牛"佣金，与保险公司只谈置换"的低水平运作状态。

我们需要回归到"保险管家"朴素的理念内核里，概括为：在与保险公司形成稳定合作关系的基础上，通过自身在保险领域的专业能力，以保险管家为基本业务模式，主要为自有客户提供专业的保险服务。建立起良好的口碑和专业的品牌形象，在激烈的竞争中形成竞争优势，从而实现更好的经营效果。

三、回归服务本质

为什么整个行业的保险业务开展在经历了高质量健康发展阶段后，却出现这么多乱象？根本的原因在于正确的经营理念未能在全行业取得共识。各经销商管理者只是被动地感受来自竞争的压力，却未能基于保险的内核领会深层次服务理念，例如以下两种情况。

- 听说续保很重要，就全力开展续保业务，并未深刻理解，续保业务的成功是建立在客户对门店整体认可，尤其是对理赔专业性认可的基础之上的。

- 事故车业务占比越来越高，在业绩压力下，只知道和保险公司进行博弈，希望可以通过保费份额调整来提升事故车业绩。当这招逐渐失效之后，就开始花钱"买"业务。

那么，正确的经营理念是怎样的呢？

首先，全面回归保险的服务本质。

经销商保险，就是通过保险管家的业务模式，与保险公司紧密合作，向以存量客户为主的广大客户提供专业的保险服务。

其次，摒弃"交换"思维，回归到客户运营的基本思路上来。

过去，由于保险是与保险公司合作的产物，因此，保费换事故车才是统治行业的核心经营思想。然而，随着保险公司日趋强势，保险行业的格局日渐清晰，通过调整出单份额来"要挟"保险公司效果越来越差。

只有回归到客户运营的基本思路上来，保险业务才有健康可持续的发展前途，具体见图5-20。

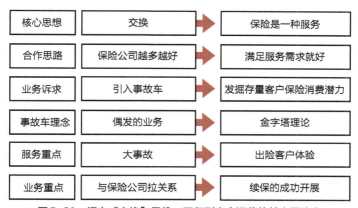

图5-20　摒弃"交换"思维，回归到客户运营的基本思路上

最后，逐渐摆脱向"黄牛"支付佣金的困局。

当下，由于市场环境的变化，存量客户出险率不足是客观事实，但这并不能成为事故车普遍支付大额佣金的理由。

经销商应当进行如下加强。

- 加强出单后续服务，提醒出险返厂的必要性教育。
- 强化返厂短信管理追踪的各项措施，完善对理赔顾问的监督和能力建设。
- 给予客户必要的物料指引和返厂教育。

- 强化事故车维修专业形象的品牌建设。

笔者建议通过不断夯实内部管理基础，提升客户认同，不断减少对支付佣金引进事故车模式的依赖，直至彻底禁止这种模式。

四、业务开展

保险是经销商管理范畴最广的业务之一。保险各分支业务的管理也相对复杂，相关业务开展要点介绍如下。

1. 出单管理

当下，保单已经全面电子化，但这种便捷的出单方式却给管理带来了新的挑战，"飞单"变得防不胜防。

投保变成见费出单的模式导致门店出单监管的难度大幅增加，笔者见过很多门店投保出现了失控现象，有以下具体表现。

- 财务无法事前掌握保险公司政策，尤其是政策变动比较频繁的状况下。
- 财务无法及时掌控出单情况，需要事后等待报表，甚至需要等到保险公司对账才能得到出单数据。

1）在实行电子保单的管理环境下，更要坚持以下管理事项。

- 坚持出单归口管理原则。明确出单管理人员，无论微信群出单方式，还是店内出单方式，均由该负责人经手办理。
- 对收款进行有效管理。与财务建立有效衔接，即使是对保险公司付款，也要将有效的凭证第一时间反馈给财务备案。
- 日报管理。每天形成出单报表，与财务对接，做到日清日毕。如果有内部管理系统衔接就更加方便。

2）财务的监管范畴：财务对出单的监管建立在出单归口管理且事前有效介入的基础之上。除了事前介入，还有其他相关工作如图5-21所示。

- 费率管理：指保险公司相关政策第一时间在财务备案，方便后续对账和内部核算。

图5-21　财务对出单监管的后续事项

- 手续费回款管理：对保险公司手续费回款进行确认，并根据商务政策进行核对，确保准确无误。
- 平账管理：将回款手续费按商务政策指引分配到出单记录中。
- 份额管理：根据保险公司的合作关系及事故车表现等因素，合理制定份额分配策略并落实。

2. 事故车管理

随着一般维修业务增长乏力，事故车在售后的地位不断上升，除了占比越来越大外，事故车毛利率往往也优于一般维修。然而，事故车却是门店管理链条最长，管理最复杂的业务之一。

（1）解析事故车业务

前文提到，保险是经销商联合保险公司共同为客户提供的一项专业服务。简单来看，事故车理赔是保险公司的义务，对经销商来讲是一个普通的维修业务。然而，从深层次看，事故车是保险公司对经销商的承诺。从经销商角度出发，事故车是保险公司提供的一项"包修"生意，尤其是在代办理赔的情境下。

在"包修"的大逻辑下，经销商的管理重点如下。

- 争取更好的定损方案，提升包修金额。
- 确认包修金额（定损单金额）和维修项目。
- 制定维修方案，确保修好车的同时，争取利润最大化。

这是非常朴素的原理，然而，笔者在观察了大量经销商后，却发现在事故车的基础管理上，完全没有体现出对这些基本原理的深度理解。

首先，对定损单获取非常随意。

- 很多门店没有定损单回收的管理事项，不知道向保险公司索要定损单。
- 很多门店从保险公司获取的定损单非常随意，一张皱皱巴巴的手写纸也算定损单。

其次，即使获取了定损单，也没有配套管理措施。

- 很多门店即使拿到了定损单，也没有后续管理措施，结算单也无管理。
- 定损单、结算单事后比对管理更是很少看到。

最后，服务经理没有对维修方案的重点介入。

- 大事故车，事前没有方案，完全由班组任意维修。
- 任由班组不断追加，管理漏洞极大。

（2）事故车的管理范畴

我们讨论的事故车业务，定位于"基于自有客户出险的概率问题"。至于通过疏通外部关系而"引进"事故车，既没有合适的理论，也没有有效的方法。

事故车的管理链条较长，管理范畴包括事故车返厂管理、事故车维修管理、事故车理赔管理。

（3）事故车返厂管理

这里讨论的事故车返厂管理，并不包含通过特殊手段从外部引入事故车的部分。在模式化理论的指导下，所谓"事故车引入"的管理，包含以下三个范畴。

- 通过有效的方法，让投保和理赔紧密连接起来，从而提升事故车返厂率。
- 提升对事故车返厂直接相关的各项工作的管理。
- 通过提升保险管家整体品牌形象和提升客户认知，来提升事故车返厂率。

1）在提升投保和理赔连接度的工作中，有以下四个管理节点可供发挥。

- 不遗余力开展续保业务。
- 强化交保单流程，进行返厂教育。
- 在客户返厂的周边物料上做文章。
- 车主课堂。

当下，由于技术的发展，很多客户无须到店就能完成沟通，但越是这样，越要加强与客户的连接。

2）在事故车返厂出险短信相关管理上强化。在与保险公司的合作中，提供出险短信促进返厂是基本要求，门店内部对此也应非常重视，但大部分门店仍然处于粗放管理的状态，以下五个管理节点可供发挥。

- 出险短信接收与分发管理。
- 与保险公司博弈，提高出险短信率（当期出险短信数/当期保单数）。
- 出险短信返厂率内部考核管理，精确到个人。
- 出险短信响应处罚机制。
- 出险短信未返厂调查及配套处罚机制。

当下，在事故车引入上仍然存在非常大的管理风险，即使以上管理方法都能被有效落实，仍然难以全面杜绝事故车"飞单"现象，管理者只能用"抓大放小"的思路考虑问题。

3）通过提升保险管家品牌形象，提升客户信心，促进返厂率。所谓提升保险管家品牌形象，主要指提升"专业"形象。其实，以上各项措施的落实，本身就是提升专业形象的重要内容，因为让客户看到一个管理严谨的公司，能使其产生他们很"专业"的联想。另外，以下四个管理节点也需要管理者创新发挥。

- 店内出险热线的管理和标准响应话术。
- 贴心的救援服务。
- 针对事故车的专业满意度调查。
- 专门的保险管家接待场地。

（4）事故车维修管理

事故车维修管理归纳起来有以下四点。

- 事故车分类管理。
- 维修预案与维修毛利的控制。
- 维修质量的管理。
- 提高维修效率。

1）事故车分类管理。事故车是一个比较笼统的概念，按照金字塔理论，事故车受损的严重程度不同，客户的诉求重点就不同，只有根据不同的事故车进行分类管理，才能获得更好的客户满意度。不同类型事故车分类管理表见表5-6。

表5-6　不同类型事故车分类管理表

序号	车损分类	共同关注点	特殊关注点
1	轻微事故	客户合法权益得到有效保障	快速修好；别有色差；别节外生枝
2	中小型事故		正厂零件；理赔方便；有代步车；履行交车承诺
3	大型事故		正厂零件；修后车况好

2）维修预案与维修毛利的控制。

前文提到，事故车的本质是"包修"，因此与一般维修管理的最大不同点就是，事故车需要在定损单的指引下形成维修预案。其管理的重点分前、中、后三个阶段。

- 前段，定损单的有效获取管理。
- 中段，通过维修预案管控维修进程。
- 后段，定损单与结算单的比对管理，并配合处罚措施。

3）维修质量的管理。在实际工作中，多数事故车不能完全按照定损单进行维修。这就要求在不严重脱离定损单的大前提下，有适当的弹性控制，既保证了维修质量，又兼顾了维修利润。事故车的业务特点要求加强以下工作。

- 加强事故车维修预案与实际执行方案的比对管理。
- 强化事故车，尤其是中大型事故车的修后质检管理。
- 对外采配件加强管理和介入。

4）提升维修效率。事故车的维修较为复杂，不仅有钣金喷漆，还含有一定的机电维修。这些年来，出现了一些有利于提升事故车维修效率的技术和工艺，但行业接受度还有待提升，主要有以下三方面。

- 利用干磨快喷技术提升轻微事故车的交车效率。
- 利用特殊油漆工艺减少工序，实现快速交车目标。
- 利用流水线作业模式提升维修效率。

（5）事故车理赔管理

在经销商与保险公司的合作历史上，经历了"客户自办理赔→代办理赔→直赔→恢复代办理赔"四个阶段。在模式化理论的指引下，不断加强理赔一条龙服务，对经销商的意义重大，因为没有理赔服务，事故车业务就和一般维修业务区别不大。有了理赔服务，事故车业务才有了鲜明的特色。这些特色都是对门店有利的。在保险公司、经销商、客户三方的博弈中，经销商完全可以通过良好的理赔服务，既讨好客户，又加强和保险公司的合作关系，同时使自己的利润最大化。理赔管理的范畴包括以下几种。

- 客户基本信息的收集。
- 赔案资料的收集和上传。
- 定损单的确认和存档。

曾经，在技术手段不足的情况下，赔案管理本身就是重中之重。在代办理赔的背景下，赔案就是"钱"。然而，在低水平的管理面前，什么事情都可能发生。有的是赔案不严谨导致保险公司拒赔，有的是员工拿赔案要挟公司，涉案金额更是达到数百万元之巨。现在有互联网技术手段加持，这样的事情少了，但赔案管理的意义没有任何改变。

在实践中，理赔管理是与结算放行一起组合实施的管理体系。没有对结算放行的有效控制，理赔管理就无从谈起。

（6）事故车管理风险归纳

前文提到，事故车是管理高度复杂的业务，下面将事故车的业务风险和管理风险归纳为以下八条。

- 事故车飞单。
- 定损单失控，事故车乱结算。
- 事故车结算单上乱加配件。
- 事故车结算单上乱加精品。
- 事故车定金收取不足却违规放车。
- 事故车理赔违规拒赔，车却已修复，定金不足以抵维修款。
- 事故车赔案混乱导致拒赔。
- 事故车佣金乱发放。

（7）事故车管理要点归纳

基于前文对事故车管理的论述，为了更好地厘清思路，把事故车管理要点按照事故车业务进程来梳理，得出事故车业务管理要点，如图5-22所示。

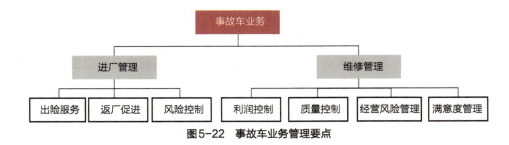

图5-22 事故车业务管理要点

3. 续保业务开展

在基础管理不够完善的情况下，很多门店的续保业务开展呈现出"用力过猛"的情况。在没有任何比较优势的情况下，只有通过价格乱战来争取业务机会。为了更好地开展续保，以下重新梳理续保的经营思路。

（1）建立长期竞争优势

对经销商而言，续保的竞争对手主要是两类：同品牌兄弟门店；代理人、修理厂等非经销商渠道。

- 与同品牌兄弟门店竞争，价格战固然有效，但更好的服务口碑才是制胜法宝。
- 与非经销商的竞争，价格战完全处于劣势，只能依靠良好的服务取胜。

通过以上分析，良好的口碑、专业的理赔服务才是续保赢得竞争的关键所在。以保险管家作为业务载体，加强投保和理赔的连接，创新理赔服务，提升理赔专业性，保证维修质量，以上这些才是建立续保长期竞争优势的关键。

（2）强化续保的业务模式

1）明确目标群体。很多管理者，未能深刻理解续保的本质，跟着保险公司的定义来开展保险业务，复杂地把客户分为：新车客户、次新车客户、在保客户、脱保客户等。然后依此制定了非常复杂的跟踪奖励方案。笔者认为，在进行数据分析时，将客户按这样的思路分类，进行必要的达成率分析无可厚非。但在续保业务开展时，这样的分类就显得缺乏实用价值，反而增加了续保顾问业务开展的难度。因为不见得次新车客户就有更强的消费意愿，脱保客户就消费意愿不足。

需要明确的是，续保是建立在售后服务平台上的业务，存量客户群整体才是续保业务的目标群体，如图5-23所示（注意，哪怕客户在

图5-23 续保业务目标群体示意图

一般维修业务的立场上已经流失，也可以成为续保业务开展的目标）。

2）统一掌控客户资源。当下，很多经销商门店是以续保顾问拿着全部客户资料进行续保业务开展的，这样做既不安全，效果也不好。这里提出以下四个管理要点。

- 完善客户基础信息的收集管理。
- 统一调取、分配客户资源。
- 当期客户资源分配数量与业务目标相匹配。
- 有随时调整、收回客户资源并分配给他人的权力和能力。

客户资源的分配管理与续保业务开展的过程管理是相辅相成的。

3）全过程管理。笔者走访了全国很多经销商，在续保这项业务上，看到过很多"奇葩"案例。比如某经销商就因为没法明确某单续保的两个直接贡献者应该怎样分配奖金而闹纠纷，导致最后续保业务就荒废在那里。这绝不是个案。

笔者常说：如果你能拿出卖车一半的手段来管理续保，续保业绩就不会差。

根据续保业务的管理实践，这里提出以下四个管理要点。

- 业绩认定标准要明确，在全员续保的情况下，产生业务后，贡献如何划分，要有明确的规定。
- 奖金方案与业务要求相一致，业绩目标与客户资源相匹配，奖金比例与业务流程相适应。
- 对业务跟踪过程进行有效监督，消极跟进者，马上调整客户资源；对达成率低者，马上进行辅导。
- 对成交技巧进行及时培训。

4）政策全面配套。当业务开展已经进入模式化状态时，适当的政策就成为业绩提升的关键。具体有以下四点。

- 价格政策以出单求量为设计目标。
- 促销政策每月制定，要求简单、清晰、有力。
- 续保团购活动须定期举办。
- 定期向保险公司要政策。

续保业务的开展是一项系统工程，建构在整体口碑和售后服务平台之上。只有口碑良好，平台给力，续保业务才能开展得好。

4. 保险管家的数字化管理

基于前文理论，数据是业务模式的映射，保险管家的数据管理自然也不例外，保险的KPI列举见表5-7。

表5-7　保险管家数字化管理表

序号	方面	管理内容	核心KPI
1	保险公司合作关系	商务政策	新车保费率；续保费率
		事故车返厂	产值保费置换率；短信出单置换率
		事故车定损	平均毛利率
2	投保	新车保	新车投保率；单车平均保费；单车平均保险毛利
		续保	存量客户续保率；平均单车保费
		出单	总体保费；总体毛利
3	事故车	事故车返厂	短信返厂率；佣金率；佣金毛利占比
		事故车维修	产值；毛利率；单车产值
		理赔	事故车维修客户满意度；平均回款天数

五、打造品牌

在门店建立起保险管家模式的前提下，全面打造保险服务品牌，推动保险工作的全面营销就可以通盘考虑了。这里提出两大方面的工作供管理者把握。

1. 打造专业形象

为了将保险管家的整体专业形象有效传递给客户，需要在以下六个方面加强建设。

- 专门的保险业务开展场地。
- 专业保险品牌形象载体。
- 投保理赔连接的多种手段的全面落实。
- 专业针对保险各项业务的满意度调查和分析。
- 明确的保险服务承诺的表达和落实。
- 事故车分类服务的强化和质量保障体系建设。

有了作为整体的、清晰的全面保险服务的表达，才能让客户切实感受到来自门店的专业服务，专业的品牌形象才能建立起来。在硬件不断完善的前提下，提升软件的水准才是建立竞争优势的关键。

2. 建立清晰的保险公司合作战略

前文提到，保险的本质是经销商与保险公司联合向客户提供的一项专业服务产品。因此，脱离保险公司谈服务是不现实的。尽管当下全行业与保险公司的合作关系不太健康，但笔者仍然给出与保险公司合作的基本思路供参考。

- 选择与主流保险公司合作，不要短视。
- 坚持长期合作的理念，友好合作，不轻易使用停单等威胁手段。
- 坚持数据自有的保密原则，使自己在博弈中处于有利地位。
- 重视与保险公司共同建立差异化服务，提升竞争力。
- 与同城同品牌门店寻求差异化合作。
- 换位思考，站在保险公司立场上思考问题。

小结

本节整体探讨了保险在经销商体系中的地位与业务开展管理的重点。保险在经销商门店中是一项比较特殊的业务，它重要性很高，管理难度很大，是很多经销商的短板。围绕着保险管家的理念，构建起一套完整的保险业务开展的正确模式，是提升保险业务的关键所在。在构建保险管家的基础上，全面推动保险服务专业品牌形象建设，对业务的高光表现意义重大。

总　结

本章探讨了售后服务，作为传统意义上经销商门店的两大基础平台之一，售后服务平台的价值毋庸置疑。在模式化理论的指引下，售后服务平台与销售平台有很多共同的特征，也有自身特点。在这些特点里，把握平台的三个组成内涵是解决问题的关键。本章未就售后服务存量客户的营销进行讨论，相关内容在第七章第二节再深入探讨。

体系
制胜

第六章
以财务为核心

在《体系制胜：汽车经销商的科学发展观》一书中，笔者最大的遗憾就是没能将财务管理的相关知识表达充分。随着工作经验的积累，当有更多的机会站在更宏观的角度看待经营的本质时，笔者才真正领悟到财务对于经营管理的价值。

随着银行信息化程度的提高，财务外勤人员被取消了；随着移动支付的兴起，专职收银员似乎也可有可无；伴随着自身信息化能力的提升，会计也可以不在现场办公了。于是，很多规模比较小的门店，只有一个出纳兼收银员，会计工作被集中到他处集中办公。

尽管人员在缩编，但财务管理的重要性却丝毫没有打折。反而因为门店业务种类增加、厂家政策日趋复杂而显得更加重要。从宏观视角看，经销商天然就是以财务为核心展开经营的。从向厂家账户打建店保证金开始，围绕财务的经营行为就开始了。

让财务居于经营的核心地位是经销商正规管理的重要特征。

作为经销商的管理者，为了确立财务居于经营核心地位的理念，需要进行以下几点。

第一，构建如图6-1所示的思维结构。

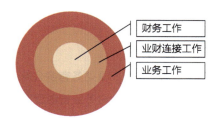

图6-1 财务居于经营核心地位的思维结构图

第二，明确以下经营理念。

- 钱是经营的核心，经营要围绕着"有限的钱"展开，管理"钱"是经营的核心工作。
- 业务天经地义要接受财务的监督，没有什么特殊的业务与财务无关，为业务设计来自财务的监督方法是业务开展的基本条件。
- 凡是与"钱"相关的外围往来关系都需要财务知晓，并在实际往来发生前让财务掌握相关合作协议和商务政策。
- 财务报表是财务对业务的如实记录，KPI是业务的客观评价，它们的准确及时均基于财务与业务连接流程的规范运行。
- 税账管理与税务筹划基于对自身经营的精准把控和对国家税务政策的专业理解，绝不是做假账逃税。

从基本功能划分，财务工作可大致分为如图6-2所示的六个方面。

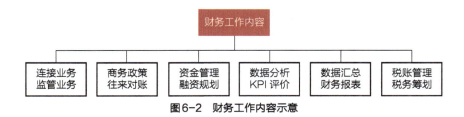

图6-2 财务工作内容示意

第一节　连接业务、监管业务

很多门店一直存在数据不准、业务混乱、业务漏洞百出等管理问题，借助财务的力量进行监管是当下被普遍接受的思路。

财务对业务实现有效监管的本质是：在业财一体的理念指引下，将财务与业务流程一体考虑，将财务工作合理设计在关键节点上，财务只要按原则办事，就可实现对业务的有效监管。

财务对业务部门实现监管，并不是财务有多么神通广大，而是业务部门必须建立在规范运行的前提下，为财务监管创造良好的环境，在流程设计上找到合理的连接机制，这样才能确保财务监管的有效性。

下面以一个经销商标准4S店举例，讨论业财连接关系。

一、掌控外围合作关系

原则上，凡是牵连到资金往来，影响到资产异动和经营的合作关系，财务都应该做到事前掌握，并对书面协议原件或复印件进行有效存档。

4S店的外围合作关系，根据性质不同，可划分为以下几类。

- 政府及各行政职能部门。
- 汽车厂家。
- 银行。
- 土地或房屋所有者。
- 业务供应商或合作商。
- 行政用品或设备供应商。

这些外围关系均需财务掌握合作细节，尤其是牵连到资金往来的。重点列举如下。

1. 汽车厂家与4S店的关系

汽车厂家是4S店的上游供应商，4S店经营决策紧紧围绕厂家政策指引展开。

与财务相关的内容：①订车账户与资金管理；②配件订购与配件入库管理；③索赔开票与索赔回款管理。

2. 三方融资与信用贷款

作为一个资金密集型商业模式，4S店基本离不开银行融资。这里的融资有两种性质：库存融资和流动资金贷款。

- 在行业内，常规库融已经非常成熟，无论是三方担保授信，还是两方直接授信，在银行、厂家、经销商之间均已形成了默契，由此还衍生出一个新的领域——合格证监管。
- 银行对4S店进行流动资金贷款也成为行业普遍现象，目前，很多银行对4S店已经突破传统的抵押贷款，出现很多创新：试驾车贷款、设备贷款、装修贷款和信用贷款等。

3. 业务供应商与合作商

1）随着衍生业务的不断创新，4S店外围供应商越来越多了。

- 与销售相关：二级网点、新车交易平台和保险公司、精品供应商、按揭合作银行和金融公司、上牌服务商、二手车合作商和延保供应商等。
- 与售后相关：养护品供应商、美容外包合作商、外采配件供应商和外加工供应商等。

2）从财务的视角出发，对待外围供应商的基本要求包括以下几点。
第一，通过合作协议备案实现对合作关系的掌握。
第二，全面掌握长期商务政策并在事前掌握短期商务政策。
第三，可实现账款往来的正常化，并实现内部平账管理。

4. 行政用品及设备供应商

从财务的视角出发，有以下要求。

- 行政用品常态采购要有确定的供应商和商品大名单管理，线上采购也应有相同要求。
- 设备等资产采购必须有清晰的供应商比价机制及完善的议价流程。

4S店财务与业务连接并实现监管的前提是业务的规范运作以及与财务进行紧密衔接。掌握各种外围合作关系并实现常态往来，是财务对内部业务行为进行有效连接和监管的前提。

二、监管销售

如前文所述，财务对业务的流程连接和监管，主要是到达平台，更前端的业务模式不在财务监管的范围内。从工作内容看，监管工作可分为以下五个方面。

- 对厂家商务政策的管理。
- 对新车库存的监管。
- 对销售业务进程的监管。
- 对与销售相关的衍生业务的服务与监督。
- 对销售部人员薪酬和费用报销的服务与监督。

接下来就前三个方面进行说明。

1. 对厂家商务政策的管理

很多经销商在对厂家商务政策的管理上出了很多问题。

- 对商务政策理解失误，给公司造成直接经济损失。
- 对返利计提缺乏监管，导致核算报表失真。
- 返利计提后与经营数据结合标准不清晰，导致KPI出现异常。
- 商务政策解读掌握在个人手里，无法做到清晰透明。

对于厂家商务政策的管理，必须把相关工作变成集体行为，除总经理以外，销售经理和财务经理也要具备全面解读商务政策的能力："了解"厂家商务政策不应该成为问题，"理解"商务政策也不应该成为问题，只有合理"运用"商务政策，与经营相结合、达到经营收益最大化，才是总经理个人能力的体现。

基于以上的认知，对厂家商务政策的基本管理方法如下。

（1）建立厂家商务政策（销售）清单

再复杂的厂家商务政策，也一定是可以解读和利用的。形成《厂家商务政策清单（销售）》，是实现厂家商务政策透明化并实现集体管理的前提。《厂家商务政策清单（销售）》范例见表6-1。

表6-1　厂家商务政策清单（销售）

长效/临时	序号	名称	属性	相关车型	考核周期	发布日期	文件编号
	1		基础		月度		
	2		促销		季度		
	3		市场		年度		

对于《厂家商务政策管理清单（销售）》，需要特别强调的是以下三点。

● 由于厂家临时政策的发布并不局限于期初，随时可能追加政策，因此这份清单在月初核准后，随时可以更新，直到经营周期结束，并成为盈亏核算预估返利的最终依据。

● 坚持"销售经理制定→总经理签字核准→财务确认存档"的流程安排，保证流程严谨性，在保证集体管理的同时，为后续严谨核算奠定基础。

● 明确界定各项政策在核算时的计提标准，明确收益是否分配到单车及计算单车毛利（GP3、GP4）时的核算标准。

（2）月度经营对策要形成正式文档

针对厂家提出的阶段目标和临时调整的商务政策，要制定明确的书面对策说明。

● 坚持"销售经理制定→总经理签字核准→财务确认存档"的严谨流程。

● 在《对策说明》中，要清楚提出销量、上报量等关键业务指标，并提出具体每项商务政策条款的具体对策。

（3）期末形成"业财一体"的盘点结论

一个完整的经营周期后（通常是一个月），要形成固定的机制：总经理、销售经理与财务人员一起，盘点经营实绩和对应厂家政策，得出以下明确结论。

● 销售经理要总结期初因应厂家商务政策的计划的落实，以及获取厂家返利的真实情况，得到总经理认可后，由财务存档。

● 财务（也可为销售经理）制作《当期返利获取预估表》，由销售经理和总经理签字确认。《当期返利获取预估表》范例见表6-2。

表6-2 当期返利获取预估表

长效/临时	序号	名称	事前/模糊	预估金额	到账方式	备注
	1					
	2					
	3					

（4）返利追踪管理与返利平账

财务部在形成《当期返利获取预估表》后，进入两个方向的工作，如图6-3所示。

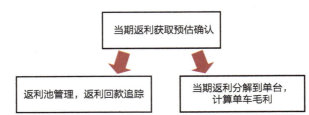

图6-3 返利追踪确认工作示意图

依据《当期返利获取预估表》，更新《返利获取追踪总表》，并持续全面管控厂家返利获取的情况。《返利获取追踪总表》范例见表6-3。

表6-3 返利获取追踪总表

序号	考核期	政策名称	进程管理			确认日期	到账日期
			预估	确认	到账		
1	××年××月						
2							
3							

将预估返利逐台分配到《返利分配表》，作为单车毛利核算的依据，《返利分配表》范例见表6-4。

表6-4 返利分配表

序号	车架号	销售顾问	合同编号	交车日期	上报日期	预估总计	政策1	……
1								
2								
3								

完成以上各项工作后，财务还须产生返利池管理数据，这里就包含两个维度：时间维度和时刻维度，即当下返利池结构和当期返利池异动情况，如图6-4所示。

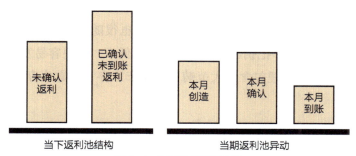

图6-4 返利池管理示意图

厂家商务政策管理与返利获取异动管理是重中之重的工作，也是业财连接的重点工作内容之一。很多经销商在这方面存在严重漏洞，直接导致公司重大经济损失。这项工作必须引起投资人和总经理的高度重视。

（5）整体流程总结

总结厂家商务政策的管理流程图，如图6-5所示。

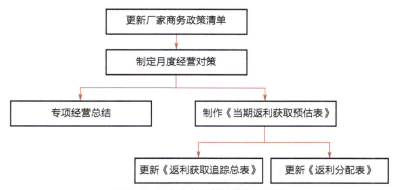

图6-5 厂家商务政策的管理流程图

2. 对新车库存的监管

库存管理是财务与销售连接的基础。标准库存管理分为四大范畴：实物库存管理、与库存相关业务的进程管理、订车与资金计划管理和库存当量管理。

（1）实物库存管理

经销商一般不会发生库存丢失的问题，但库存管理混乱却很常见。一个案例：某4S店，销售顾问私收了客户的车款，偷出了钥匙，交车给客户。从店端视角看，相当于客户没交齐全款就私下把车开走了。这事最后还是妥善解决了，4S店并没有产生经济损失。但从管理的角度看，一名普通销售顾问凭什么可以把这件重大违规事件做成？

大量的4S店新车库存没有库位，钥匙管理也很随意，要去库里移台车，需要动用很多人，带上很多把钥匙。不仅工作效率低下，还很容易发生异常。

商品车实物库存管理包含三大范畴：商品车库存、钥匙库存、合格证库存，如图6-6所示。

图6-6　商品车实物库存管理三大范畴示意图

对这三个范畴的管理要求如下。

- 分别建立库存，以实物库存的方式进行管理。
- 商品车库存必须形成库位管理，建立库位平面图；商品车移库、出库等操作要有标准的流程。
- 钥匙也要建立库存，形成库位管理（最好有个钥匙柜）；取用、归还都要有严格的流程。
- 合格证管理也要有单独的库存管理概念，并与资金运用联动进行。

商品车、钥匙、合格证三大库存要形成清晰的对应关系，在执行标准流程的基础上，如果能使用相关软件，就能起到事半功倍的作用。

（2）与库存相关业务的进程管理

商品车的库存伴随着业务进程，财务适时介入监管。

- 从厂家生成车架号等商品车明确信息时，商品车就被纳入库存监管体系，其状态明确为排产、下线、发运、在途四种。
- 实车到店后，按库位安排，实车、钥匙、合格证纳入常态库存管理。
- 实车的移动、交付前检查（PDI）等库间管理作业，须按规范执行。
- 车辆入押、赎证等操作，需要与资金计划配套实施，财务须深度介入。
- 车辆开票后，开票的真实情况，上报厂家的真实情况，均须纳入财务监管，为后续的经营数据统计奠定基础。

（3）订车与资金计划管理

目前行业普遍使用厂家－银行－经销商的融资合作方式来进行商品车交易，因此4S店订车工作就与融资计划息息相关。同时，很多厂家对于订车有很多特殊的规定，订车工作就显得很有技术含量。

- 要求：总经理及销售经理基本掌握厂家的订车规则及系统使用。
- 订车要有销售经理介入制定计划，并上报总经理。
- 要制定与订车计划匹配的资金计划，并经财务确认执行。

（4）库存当量管理

库存当量与资金运用紧密挂钩，牵涉4S店的正常运转。商品车库存量是4S店最重要的管理指标之一，对库存当量的管理要点如下。

- 库存量与销量的比例关系（库存周转率）不能超出限度。
- 库存资金占用在公司整体融资能力范围内。
- 出库和入库均有良好的制度保障，确保库存良性流转。

3. 对销售业务进程的监管

经前文理论指引，财务的监管之手伸到平台，基本不触及业务模式。因此，财务对销售业务的主体流程的监管范围从订单开始，到交车结束，如图6-7所示。

订单管理 ▶ 配车管理 ▶ 开票管理 ▶ 交车管理

图6-7 销售业务主体流程节点示意图

财务在各个节点，对业务的连接服务与主要监管要求如下。

（1）订单管理

订单管理的重要性怎么说都不为过。依前文理论，订单须执行有效的切割管理。财务的关键管控点如下。

- 期初要有明确的价格政策，价格政策重点规定了光车的价格底线，并以此为基础制定针对各项衍生业务的切割规则。

- 财务要在订单明确生效前，比对价格政策，对订单进行及时审核，流程设计上放在销售经理前还是销售经理后，根据具体情况制定。
- 对于不符合切割原则的订单，要严格退回；对突破价格权限的订单，要请示相应管理者。
- 对于小定和大定的定金收取要有明确规定，以财务集中收款作为重点原则进行管理。

（2）配车管理

配车管理环节与财务衔接较少，但严重影响库存结构，进而影响公司资金流转，其管理要点如下。

- 坚持配车统一集中管理原则，坚持公开透明的配车操作。
- 坚持先进先出的配车原则。
- 加强配车到交车的资源管控，强化交车效率，提升资源利用效率。

（3）开票管理

由于4S店将开票与很多工作进行了"开关"连接，因此，销售开票管理意义重大，其管理要点如下。

- 一般情况下，开票以收齐全款为前提。
- 客户以不同的付款方式付款，店内成本不同，要有清晰的规定并能严格执行规定。
- 要与正规的刷卡机构合作，评估相关风险，控制刷卡成本。
- 对业务人员私收客户钱款要坚决打击。
- 发票抬头存在一定风险，付款与发票抬头是否要保持一致要有清晰的规定。
- 开票是赎合格证的前提，要有严谨的资金计划安排。
- 上报厂家开票数量是经营的重点内容，也紧密关联内部核算，需要在总经理的主持下严谨地按计划执行。

（4）交车管理

从经营角度看，交车开启了与客户的一段新关系，具有重要的经营意义，但对财务来讲，就是商品车移出库存列表，其管理要点如下。

- 明确交车标准条件，按规定开具放行条。

- 销售部严格落实放行规定，完成车辆交付。
- 移出库存列表。

财务与销售紧密相关的衍生业务的连接和监管，将在后文讨论。

三、监管售后服务

相较于销售，财务对售后服务的监管内容要简单一些。但由于售后服务牵连很多专业性要求，并且其业务特点是数量大而零散，因此，从行业现状看，财务对售后服务的监管效果普遍不理想。

1. 与厂家对接

售后服务是围绕着厂家的政策要求展开的，因此，对厂家的连接要求，是财务的监管重点。

（1）厂家考核与返利池管理

售后服务的厂家考核尽管没有新车销售那么重，但仍然是重点工作内容。厂家对售后服务的考核制度大同小异，无外乎以下几个主要方面。

- 对场地和硬件的要求。
- 对组织架构、编制、考核通过率、流失率等的要求。
- 对配件订购任务完成的要求。
- 对完成厂家要求任务（如召回）的响应要求。
- 对客户满意度和客户忠诚度的具体要求。

面对厂家的考核，财务要做到以下几点。

第一，对厂家考核政策有清晰的认知，对政策文件进行存档管理。

第二，对厂家考核结论有明确的掌握，对与之相关的返利有准确的预估。

第三，对售后返利池有清晰的管理。

（2）对索赔的监管

按前文所述，尽管索赔业务不能带来丰厚的利润，但索赔的监管漏洞却很大。站在财务的角度，除了要把握索赔办理进程外，还需控制索赔结算放车。

- 监控索赔申请→索赔确认→索赔开票→索赔回款整个流程。
- 比对索赔结算放车与索赔申请的一一对应关系。

- 核算索赔业务量和毛利率。

（3）对配件订购的监管

配件订购是特别容易被忽视的工作，很多总经理由于个人专业能力的欠缺，对配件订购采取回避态度，配件经理在厂家的压力下盲目下订，致使很多4S店呆滞料问题严重。配件订购管理有以下几个要点。

- 配件订购需要有审批流程，审批通过后，才能由配件经理操作订购。
- 总经理在月初需要根据厂家任务及库存情况，给出计划指引，由配件经理制定订购计划，财务根据计划准备货款。
- 配件到货入库时，入库单要与订购计划进行比对，在财务参与的情况下，及时进行系统入库，实物按规定上架。

2. 对业务开展进行监管

按前文理论指引，要想实现对售后服务业务的有效监管，就要实现两项基础管理布局。

- 完成业务细分管理。
- 实现"西瓜图"管理布局。

（1）业务细分管理

无论是出于对业务提升的需要，还是对业务漏洞的防控，实现业务细分管理都是必要的基础布局。以当下传统燃油车品牌4S店的售后业务类型为例，其业务细分管理可安排如下。

- 保养。
- 强制保养。
- 索赔。
- 一般维修。
- 事故车。
- 美容。
- 延保。
- 延保索赔。

根据业务发展阶段性需求，还可添加精品、养护、轮胎等特定类型进行独立管理。设置独立的业务类型，可清晰获取总产值、台次、单车产值、毛利率等关键 KPI，进而可以对单项业务实施精准决策。

通过业务类型细分，还可为堵住管理漏洞奠定基础。售后服务大部分的管理漏洞是在业务交叉中产生的，通过业务细分的独立监管，可做到防患于未然。

（2）"西瓜图"管理布局

依前文的业务"西瓜图"所示，售后服务客户分为"在场"和"离场"两个状态，管理的基础就是严格地把这两种状态区分开来。这就需要做好头尾两项工作。

- 进厂必登记。
- 离厂必结算。

为实现客户进厂必登记、离厂必结算，须使用综合举措管理。

第一，门禁放行条统一由收银开具，为违规放车制造难度。

第二，售后接待设摄像头，所有进厂车辆均要拍摄记录。

第三，财务不定期对在修车辆进行盘点，对在修车辆未记录的情况予以重罚。

即使这样，仍无法 100% 杜绝违规放车，笔者游历全国，至今未见到全面管控住违规放车的经销商，服务顾问总是有各种理由不办理手续就把车放掉，服务经理对这类事的态度也大多是视而不见，但失去即时结算控制，后果是非常严重的。

（3）结算管理规定

在实现业务细分管理和"西瓜图"管理布局的基础上，清晰的结算规定也是不可或缺的管理事项，一个标准的售后结算管理规定大致包含以下内容。

- 各业务项目（如保养、索赔等）独立开单结算，如有必要，养护品、高端机油、轮胎等增值项目均可列为独立开单项目。
- 明确的折扣、减免权限和规定。
- 优惠券使用的结算规则。
- 事故车必须带定损单，并保证定损单与结算单金额一致。
- 事故车的结算单上不能出现精品，除非定损单上有该项目。
- 精品销售和赠送必须独立开单，独立结算。

- 明确的索赔结算规定，严禁单纯索赔车不结算就放行。

（4）明确商品

售后的本质是"卖东西"，看得见、摸得着的是配件，看不见、摸不着的是工时。很多品牌的4S店配件是有明确的定价的，但工时却是混乱的。一个没有明确工时标准的4S店，打折管理规定不就是个笑话吗？

明确的配件、工时收费标准，配合打折、减免、优惠券管理规定，一个明确的收费管理体系才算完整建立起来。

3. 对车间的有效监管

对车间工人的监管手段比较简单，但长期无人重视，这和总经理的知识结构不全面有些关系。财务在对车间工人的监管中扮演着关键角色。车间监管的几个关键点如下。

- 不定期对工具箱和休息室现场进行检查，防止工人私藏配件。
- 旧件堆是藏污纳垢之地，要不定期清理，严肃管理。
- 不定期盘点在修车，对"有车不在清单上"和"在清单上却无车"两种情况必须一查到底。
- 对相关出入车辆（如保险公司回收旧件车）要严肃检查。
- 强化车间和配件的对接流程，不允许不办手续就借零件等情况发生，定期清理借条。

4. 对配件部的有效监管

对配件部的监管任务繁重，却长期得不到重视。财务对配件部的监管必须全方位切入进、出、存三个方面。

- 对厂家配件任务等政策必须提前掌握，并能提出对策建议。
- 配件到货必须第一时间入库，财务须对系统入库进行督促；要对《到货单》和《入库单》进行即时比对，对异常情况追查到底。
- 库存定期盘点，财务抽盘率不低于30%，要不定期进行小规模抽盘。
- 对库存周转率过低和呆滞料发出预警，要求总经理重视。
- 每天回收出库单，严肃签字等凭证管理要求。
- 加强对借条的清理，杜绝无手续借出配件的行为。

配件的问题大多防不胜防，即使这些监管工作都做得非常到位，仍无法全面杜绝配件部的问题，但只要重视配件监管工作，不让问题恶化，就不会出现无法管控的局面。

四、监管衍生业务

随着各项创新业务被导入，财务的监管压力是越来越大的。但只要清楚掌握了财务监管的基本原理，对这些业务的监管效果就不会差到哪里去。

首先，要明确财务对所有发生的业务都有监管责任。

其次，掌握外围合作关系，确保商务政策提前到财务备案是监管的前提条件。

再次，巧妙设计流程，让财务与业务实现无缝对接，从而实现监管。

最后，牵涉实际交易与钱款往来，财务要归口介入。

基于以上原则，财务可设计出有效的衍生业务监管方法。

1. 按揭监管

作为一项衍生业务，按揭的价值日益凸显。财务对按揭的监管措施归纳如下。

- 掌握各银行和金融机构的长期和临时按揭政策。
- 按揭产品化，并将产品毛利计算清楚，由财务存档。
- 按揭放款、全款放车流程清晰，财务确认放款的节点明确。
- 财务有清楚计算按揭返利的能力，实现对返利到账的确认。
- 财务有能力将按揭返利准确分配到每一台车，从而精准计算单车毛利。

2. 保险监管

财务对保险的监管自然也遵循普遍的监管原则。

- 财务须提前掌握新车保和续保的商务政策，能提前计算出单车毛利。
- 有清晰的保险出单、财务确认流程，并能与关联业务无缝对接。
- 能清晰确认保险出单返利到账，并能将返利准确分配到车上，实现平账。
- 有清晰的事故车完工结算流程。
- 对支付事故车佣金有清晰的规定，能处理因此产生的财务风险。
- 通过定损单比对，能对零件不上车、零件跨车结算等行为强力监控。
- 能给出与保险公司合作的数据分析。

保险是4S店中较为复杂的业务，财务对其监管普遍存在一些问题。通过财务的强力监管，能将相关经营风险降到最低。

3. 二手车监管

财务对二手车飞单等业务漏洞几乎是无能为力的，但可以通过严谨的流程监管保证二手车业务处于平稳状态。

（1）不直接收车的情况

- 提前获取与二手车平台或"黄牛"的合作协议，并能通过协议提前预估获利水平。
- 通过严谨的流程节点设计，以及新车销售合同绑定，使财务可以获知二手车交易。
- 由财务负责与合作商对账，确保店头收益。

（2）直接收车的情况

- 严谨的收车付款流程，财务付款审核机制。
- 严谨的二手车库存管理，财务不定期盘点。
- 与新车销售一样严谨的二手车销售放行政策。

对4S店来说，围绕厂家二手车置换政策展开业务才是二手车经营的真谛。掌握厂家政策，建立对二手车资料提报、返利预估、返利确认及返利到账的管理机制。按规定将二手车返利收益准确分解到新车，实现GP4的单车毛利核算。

4. 对延保等交车前创新金融业务的对接与监管

延保已经成为4S店普遍开展的业务，对延保这类创新金融业务的监管重点如下。

- 掌握供应商合作关系，事前熟悉商务政策。
- 按约定政策设计出单流程，尽量争取店头收款再结算的合作方式。
- 对正常收款、事后出单的业务现象，能实现有效监控。
- 如涉及厂家返利，要做到准确掌握出单情况，能预估返利，后续能平账管理。

5. 对精品的对接与监管

精品在4S店地位越来越低，但管理漏洞依然严重，由于牵连售前、售后，监管难度很大，其管理要点如下。

- 明确供应商合作协议和产品协议，建立产品大名单，对不在名单上的产品禁止进货。
- 明确结算关系，按约定进行结款，建议对账结算以内部出库单为准。
- 依行业现状，库存由供应商提供，但仍然要进行正规的库存管理，盘点是必要的。
- 销售出库与销售合同一致，避免三联单差异。
- 对前装车有管控，避免当成裸车出库造成损失。
- 售后出库要单独开单，避免管理漏洞。
- 赠送精品要单独开单，由总经理签批，避免损失。

其他衍生业务的监管还有很多，只要坚持财务介入监管的基本原则不动摇，问题就不会很大。

五、监管二线部门

二线部门尽管不是直接业务单位，但仍然存在很多需要财务监管的事项，列举如下。

1. 市场部

财务对市场部的监管内容重点梳理如下。

- 厂家关于市场的商务政策明确，临时商务政策也能及时通知到财务。
- 能将销售和市场商务政策明确分开，并规定市场政策不计入单车毛利核算。
- 财务管理好市场返利池，管理好预估、确认、到账的流程。
- 须掌握垂直媒体、自媒体投放的政策，并设计流程，按支付管理办法正规支付。
- 对其他广告投放、车展等厂家政策有清晰的管理，正确处理付款和厂家返利追回。
- 建立市场物料和市场资产库，定期盘点。

- 对市场活动、车展等执行集中报销制度，坚持一案一报销的管理方法。

2. 客户关系部

财务对客户关系部的监管内容重点梳理如下。

- 对厂家客服的考核及返利政策有所掌握，并将其纳入返利池统一管理。
- 对服务电话等付费项目可以从合同及付费方面进行监管。

3. 行政人事部

财务对行政人事部的监管重点内容梳理如下。

- 财务须对人事工资和考勤具备复核能力，能准确复核"工资＋奖金"。
- 建立行政仓库，定期进行盘点。
- 对公司资产形成编号管理，并建立责任人制度，定期盘点。
- 对场地租金、行政易耗品采购等形成大名单制度，有能力进行复核。

小结	一个4S店，有业务部门和后勤部门，每个部门都或多或少与财务构成连接关系，围绕着挣钱和花钱，缺乏财务监管的行为是难以想象的。但以笔者多年的经验来看，由于财务自身的能力问题以及决策者对财务有效监管的整体思维缺乏认识，导致围绕财务建立的监管体系难以完善，很多企业效益不佳与财务监管不力有直接关系。某种意义上说，财务监管问题比经营不充分问题要严重得多，但投资人和很多总经理对此并未形成足够的重视。

第二节　资金管理

　　汽车经销商是资金密集型商业模式，前文提到，管理者都是围绕着"有限的资金"展开经营的，对有限的资金高效地调配运用深度影响着经营的结果。财务在资金管理上居于核心地位，合格的财务经理，应该能对资金使用状况给出预警，并从资金运用的角度对制定经营计划给出合理的建议。

一、基本原理

1. 流动资金分布

汽车经销商门店在完成初始的投资后，剩余的资金就以流动资金的形式集中存在于公司银行账户里，再经过一段时间的经营，就以各种形式存在于不同的地方。基于这些资金的变现能力不同，把这些以不同形式存在的资金分为"现金"和"准现金"两类，如图6-8所示。

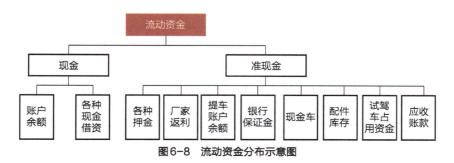

图6-8 流动资金分布示意图

如果把财务管理的资金理解成一个虚拟的现金池，就可以把应收和应付理解成两个蓄水池：应收池和应付池，如图6-9所示。

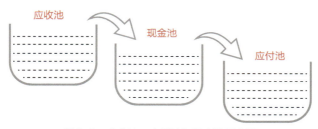

图6-9 应收池、应付池与现金池示意图

2. 应收、应付管理

对于汽车经销商而言，无论是应收管理还是应付管理，由于业务开展的复杂性和灵活性，都存在一定的现实挑战。

（1）应收池管理

汽车经销商的业态，以现金直接收付款为主，因为客户未付款而形成的应收账款比较少（部分经销商存在大客户业务的应收账款），而更多的来自于因商务政策而形成的各种返利，或者由于市场营销行为而产生的各种代金券回款的问题。这些都给确认应收金额带来了一定的管理挑战。

- 新车销售的客户收款，可能存在厂家平台发行的代金券、自店发行的膨胀金代金券、国家补贴、按揭贴息和二手车抵扣等多种应收款，为后续财务应收管理带来了不小的难度。
- 厂家的返利政策复杂多变，准确预估返利金额（应收款）是一项比较艰巨的任务。
- 厂家的模糊返利政策本身就是将应收账款变成了无法明确计算的商务政策。
- 厂家联合金融机构形成的贴息政策也为准确计算返利（应收款）带来挑战。
- 售后的索赔放车管理与索赔申报一致也是明确应收账款的管理难题之一。
- 保险和按揭等衍生业务的返利政策频繁更改，给确认返利金额带来一定挑战。

总之，由于业务的灵活性和复杂性，准确计算应收账款并不是一件容易的事情。很多经销商由于管理水平和人员不足的影响，放弃了"以我为主"准确把握应收账款的能力，选择无条件采信来自合作伙伴的应收账款数据，这是不可取的管理态度。

（2）应付池管理

相较于应收管理，汽车经销商的应付管理问题较小，主要体现为对供应商的对账付款。

- 由于最大的供应商是厂家，厂家基本上都采用先付款后发货的方式，基本不存在应付的问题（一些厂家由于特殊原因制定了周转车政策，就存在应付款的问题了）。
- 很多以实物为特征的供应商（如精品），采取多样的付款方案（如卖多少结多少），给双方对账带来一定的挑战。
- 其他的应付多属于行政类（如员工工资），有清晰的报销和支付制度管理即可解决。

3. 收支平账管理

财务对资金账户的管理要求是，每一笔资金的进出，都要对应经营行为，将钱款金额与经营行为无差额匹配，称为"收支平账管理"。

- 确认一笔厂家返利到账，在记录一笔到账后，应找到源头应收返利条目，进行平账。
- 确认一笔保险返利到账，在记录一笔到账后，应找到应收保单清单，进行平账。
- 确认一笔按揭放款到账，在记录一笔到账后，应找到对应销售订单，进行平账。

二、资金常态管理

前文提到，经营是围绕着"有限的资金"展开的。资金使用如此重要，做好资金计划，合理使用资金，就成为总经理和财务经理共同面对的重要工作，甚至是首要工作，归纳如下。

1. 做好资金进出计划表

基于行业特点，用"周"作为资金计划的时间单位已经可以达到效果。在月末月初，由财务经理根据已掌握的情况，结合厂家目标和内部业务目标，制定资金使用计划，并请总经理确认后，颁布实施，见表6-5。

表6-5　资金使用计划表

序号	事项	第一周	第二周	第三周	第四周
0	期初余额		—	—	—
1	销售回款				
2	赎证支出				
3	订车资金				
4	返利池到账				
5	汇票到期还款				
6	按揭返利回款				
7	保险返利回款				
8	延保返利回款				
9	售后回款				
10	配件采购				
11	返利池到账				
12	其他业务返利				

（续）

序号	事项	第一周	第二周	第三周	第四周
13	房租地租				
14	供应商付款				
15	税款				
16	工资+奖金				
17	水电费				
18	其他杂费				
19	其他重大支出				
20	期末余额	—	—	—	

2. 每天出具简易现金流量表

财务制作每日简易现金流量表（见表6-6）非常必要。每日现金流量表包含以下两部分内容。

- 现金和准现金（能快速转化为现金的资金状态）的分布情况。
- 当日现金的进出情况。

表6-6　××月××日现金流量表

××日	现金			准现金			
	账户1	账户2	账户3	现金车	保证金	返利池	应收账款
期初							
期末							
小计							
总计							

三、资金集约使用

在有限的资金条件下实现最大规模的业务并获取最高的盈利，反映了管理者的核心能力。以下两方面工作需要认真对待。

1. 常态经营下的资金集约使用

汽车经销商的经营行为，在资金的集约使用方面重点关注事项如下。

（1）销售方面

- 努力加大客户定金的收取力度，尽量让客户多付定金。
- 妥善管理返利池，高效使用返利池资金。
- 尽量销售现车，提升库存周转率。
- 杜绝现金车，快速处理滞销库存过久车。
- 根据资金的实际情况，妥善安排订车，保证库存在资金安全线以下。
- 寻求保证金比例更低、政策更灵活的银行合作。

（2）售后方面

- 降低配件库存量，及时处理呆滞料。
- 加快修车进度，提高修车效率，快速结算交车。
- 与保险公司洽商待办理赔，加快赔付进度，甚至商谈未修车直接赔付。
- 加强催收大客户月结。

（3）合作商

- 尽量与合作商洽谈采用更有利于现金流的结算方案。
- 加强返利催收力度（主要指按揭和保险）。

（4）人事

- 将降本增效作为经营的基本思路长期坚持。
- 积极引入可以减少人力使用的工具和方法。

2. 让财务参与资金统筹相关的工作

基于资金管理与经营的紧密关系，建议财务的重点工作如下。

- 按时制定《资金进出计划表》和《每日现金流量表》。
- 以周会为载体，报告上周资金进出情况，督促业务部门下周回款任务。
- 提醒总经理妥善处理即将发生的大额支付，提前做好准备。
- 为全公司高效使用资金提出合理化建议。

四、融资

在三方库存融资的基础上，一些与银行创新合作的融资方法不断提出并推广，比较有代表性的如下。

1）试驾融资。对很多经销商来说，试驾车占用资金是一笔不小的负担，为解决这个问题，厂家利用金融公司或者银行，以试驾车抵押作为条件，给经销商提供融资服务。

2）设备融资。以经销商设备作为抵押物，提供融资服务。

3）装修融资。以装修作为事由，提供融资服务。

4）信用贷款。以门店授权经营为前提，通过提供经营报表和纳税凭证提供融资服务。

随着三方承兑日趋成熟，银行对经销商合格证监管也出现了一些松动。当下，由于多家较大的经销商集团出现了"崩盘"事件，银行都噤若寒蝉，马上对全国合作经销商进行了清查，发现了较多非法透支资金的情况。经销商行业已被银行列为高风险行业。笔者估计，两方承兑的业务模式可能将作古，三方承兑也将受到严肃管理。透支资金、缓赎合格证的行为就是饮鸩止渴，要尽可能避免。

> **小结**　在经销商经营利润越来越少的今天，流动资金紧张将成为"新常态"，应该让店内经营围绕资金高效使用展开，调动各种管理资源让资金运转起来。在这个过程中，让财务居于资金调配使用的核心地位，走正道，少动歪心思，才能走上健康可持续的发展道路。

第三节　科学核算

很多经销商投资人都认为存在业务数据和财务数据两套核算体系是为了所谓"做假账偷税漏税"，其实，有两套核算数据的根本原因是取得数据的基础不同。

- 财务数据：以凭证作为数据基础。
- 业务数据：以业务事实作为数据基础。

由于特殊原因的存在，经销商门店的很多经营行为是没有凭证作为支撑的，或者说凭证未能全面真实反映经营行为。从这个角度出发，这种差异就不能被称为"财务数据"和"业务数据"的差异，称为内部管理报表与对税报表的差异更为合适。

接下来探讨有行业特色的科学核算体系。

一、有行业特色的财务三表

财务提供财务三表是基本常识，但在很长一段时间里，经销商投资人和总经理只关心《盈亏核算表》，对《资产负债表》和《现金流量表》并不重视。然而，随着盈利能力不断下降，客观上对门店精益管理提出了更高要求。对财务状况了解更加清楚、决策更加及时准确，是当下面对挑战、提升竞争力的客观需求。

笔者在实践中觉得财务三表的概念虽好，但也要根据行业的特点进行适当修改，以更好地满足投资人和总经理的实际需要。

1. 资产负债表

《资产负债表》的生成结果是股东权益，由于《资产负债表》的数据相对稳定，即时性要求不高，很多投资人通过《盈亏核算表》的盈亏结果就可大致掌握资产负债情况，所以对《资产负债表》不太重视，但随着市场行情的变化，笔者认为，《资产负债表》的价值将逐渐凸显。

- 随着盈利能力下降，门店容易陷入不可预估的亏损，及时掌握股东权益数据，对正确把握项目进退有很大的现实意义。
- 厂家的商务政策和补贴对门店经营影响越来越大，通过《资产负债表》把返利池数据精准表达出来，对于投资人和总经理形成对经营状况的准确判断意义重大。

为了让资产负债表更符合行业需求，可以做适应性调整。

为了让《资产负债表》与经营思路结合更紧密，在逻辑安排上，笔者建议不按照财务思维以应收应付作为顺序展开，而是按照经营关系设计。

- 建筑物、装修、专用设备、办公设备，按固定资产折旧规则计算存量资产金额。

- 押金，按实际金额计入应收账款。
- 融资与库存，银行负责、库存金额正确计入负债与资产。
- 试驾车，按折旧规则预估资产金额、试驾车融资负债。
- 返利池，准确预估返利作为应收账款。
- 客户定金，作为应付账款。
- 垂媒投放，按实际余额计入应收。
- 配件，按期末实际库存成本计算资产。
- 在修车，按配件出库未结算金额计入资产。
- 按揭、保险、延保等金融业务返利，按实际业务预估返利计算应收账款。
- 供应商应付，按实际交易金额预估应付账款。
- 税金，按财务标注计算应纳税额作为应付账款。
- 工资奖金，按业务表现预估工资奖金作为应付账款。

按以上规划方向做出来的《资产负债表》，与经营思路吻合，又能准确反映股东权益，以月作为时间单位，由财务负责制作，投资人和总经理阅读分析，对正确的经营决策很有实际意义。一个符合行业需求的《资产负债表》的示例见表6-7。

表6-7　资产负债表

资产部分：

序号	项目	细项	说明	金额
1	现金		库存现金＋银行存款	
2	其中	库存现金	指在保险柜里的库存现金	
3		银行存款	指存在各银行里的现金	
4		……		
5	保证金		为取得经营权而缴纳，后续按协议可退还的款项	
6	其中	厂家保证金		
7		银行保证金		
8		……		
9	押金		通常是建筑物、设备租赁押金，按协议可退还的款项	

（续）

序号	项目	细项	说明	金额
10	其中	房屋押金		
11		设备租赁押金		
12	预付款		指预先存放到采购账户里，但暂未采购的款项	
13	其中	厂家提车款	存放在厂家提车相关账户里的款项	
14		厂家配件款	存放在厂家配件采购相关账户里的款项	
15		其他预付	其他采购账户的预付或预存款项	
16	业务应收款		业务已放行未收款，或业务往来涉及的应收款	
17	其中	新车	新车已放行但未收款部分金额	
18		维修月结	维修大客户月结但未到账款项	
19		……		
20	返利池		已创造但暂未确认或到账的返利	
21	其中	新车返利	厂家已创造未确认或到账返利里属于新车销售部分	
22		市场返利	厂家已创造未确认或到账返利里属于市场活动部分	
23		售后返利	厂家已确认但未到账的售后返利	
24	库存		已支付入账的在库和在途的库存成本金额	
25	其中	新车库存	已入账在途＋在库	
26		配件库存	统计周期期末的配件库存金额	
27		……		
28	固定资产		指固定资产当期计算折旧后的净值	
29	其中	建筑物	建筑物折旧后的当期期末净值	
30		试驾车		
31		……		
32	借款／赔款		属于公司对外借款，以及可能发生的赔款或罚款款项	

（续）

序号	项目	细项	说明	金额
33	其中	员工借款	员工借款但未归还部分款项	
34		对外借款	可能发生的对外借款但未归还部分款项	
35		赔款/罚款	约定赔偿我司，但未到账部分款项	
36		……		

资产合计：

负债部分：

序号	项目	细项	计算	金额
1	投资借款		股东直接投入的款项	
2	银行借款		向银行、金融机构借入款项	
3	其中	××法透	××银行法透借款，与长期借款分列	
4		××银行借款		
5		……		
6	应付款		采购、业务、账务等往来应付款项，已对账但未支付部分	
7	其中	配件应付	配件采购月结暂未支付的金额	
8		工资应付	工资已审核但暂未发放的金额	
9	预收款		指已收取但暂未开展业务的款项（日常有业务单的预收款不算）	
10	其中	网点押金	因二级网点售车需要而收取的押金或保证金	
11		客户充值	因会员等推销而产生的客户充值金额	
12		……		

负债合计：

股东权益：

资产：××××

负债：××××

股东权益：××××

2. 现金流量表

如果《资产负债表》是一个"时刻"的概念的话，《现金流量表》就是"时间"的概念。当下，经销商经营面临很大压力，大量门店都是在资金长期高度紧缺的情况下进行经营的。在这样的背景下，一张精准的《现金流量表》就对经营有着重要的现实意义。

与《资产负债表》类似，《现金流量表》也需考虑行业特点。笔者建议将现金定义为"现金"和"准现金"两种。

- 现金：银行账户里的余额。
- 准现金：返利池实际金额、现金车、银行保证金和在修车配件金额等。

按照以上思路，《现金流量表》在计算现金流动时，可以按照常规科目进行登记，但在计算现金余额时可以得出现金余额、准现金余额和总余额三个数据。《现金流量表》示例见表6-8。

表6-8　现金流量表

序号	分类	项目	收入	支出
1	收入	经营活动产生的现金	×××	
2		厂家返利到账	×××	
3		收到政府补贴		
4		……		
5	成本支出	采购×××支出		
6		……		
7	费用支出	员工工资支出		
8		支付的税费		
9		……		
10	准现金	押金		
11		已确认但未到账的返利		
12		现金车		
13		银行保证金		
14		在修车配件		

（续）

序号	分类	项目	收入	支出
15		……		

现金账户余额：

准现金金额：

总余额：

3. 盈亏核算表

财务能力再弱，也需要做出《盈亏核算表》；投资人再不关心经营，也要看看《盈亏核算表》。然而，想要准确做出《盈亏核算表》，并不是一件简单的事情。由于很多经销商只有一份《盈亏核算表》，并不出具《资产负债表》和《现金流量表》，因此，把很多后两者承载的功能通过前者来表达，举例如下。

- 很多经销商采取收付实现制来进行盈亏核算，就是希望《盈亏核算表》具备表达现金流量增减的功能。
- 很经销商对库存呆料等制定了严苛的罚则，深度影响了盈亏核算结果，这就是一种将资产管理侵入盈亏核算的思维逻辑。

财务如何提供一份贴近经营真实情况的《盈亏核算表》呢？下面就几方面进行探讨。

（1）"收付实现制"和"权责发生制"

很多投资人认为用"权责发生制"进行盈亏核算更加科学，这个观点基本正确，但也需要强调以下四点。

- 权责发生制取数难度大，制作复杂，不如收付实现制简单直接。
- 企业规模小，老板参与经营的经销商可适当采用收付实现制，有很多优势。
- 权责发生制核算标准设定直接影响职业经理人工作积极性，需要很高的专业能力。
- 由于权责发生制的制度设计有很多管理事项配合，如果制度不够完善，就容易被利用，导致核算失真。

事实上，以笔者经历来看，大量经销商的盈亏核算走的是中间路线，即在基本按照权责发生制的基础上，部分项目采用了收付实现制。比如：在对厂家模糊返利的处理上，很多经销商由于权责追溯比较麻烦，就直接按照收付实现制的原则计入当期利润了。

（2）权责发生制下核算的若干难点

由于《盈亏核算表》是与经营管理紧密相关的，一些管理问题直接影响盈亏核算的准确性，归纳如下。

- 销量的认定以开票为准还是以交车为准，如果以开票为准，那与销售紧密相关的衍生业务未能完结的情况如何规定？例如精品尚未出库就发生了跨月的现象。

- 在精品销售过程中，如果精品进货价格出现变化，出库成本是以业务发生时为准，还是以真实出库时为准？

- 在核算销售利润时，厂家返利的预估计提标准，尤其是模糊返利的计提，是忠实还原回单车，还是在收款当月分解到单车？

- 试乘试驾车是作为行政资产进行折旧管理，还是按特殊库存进行核算？

- 二手车与新车相对独立，是否关联到新车毛利？如果发生跨月，如何处理？

- 保险的业绩，是遵循销售跟车的原则，还是以出单为原则独立核算？

- 延保业绩是以实际出单计入核算，还是与新车捆绑，参与单车毛利核算？

- 厂家市场返利是要计入新车核算，还是进行有效的区隔？

- 厂家返利计提是以预估为准，还是以实际到账为准？

- 售后业绩是以开票为准，还是以结算放行为准？

- 配件参与核算是以出库计入成本，还是以与结算单金额匹配计入成本？

- 油漆辅料的核算如何规定？

如果以上问题都有明确答案，并有相应的取数能力，那么就可以制作出比较贴合经营实际的《盈亏核算表》。

二、数据管理体系

基于对经销商经营的理解，在内部数字化管理中，给出以下建议。

1. 关于财务三表

经销商最好不要用《盈亏核算表》来代替《资产负债表》和《现金流量表》，而是用有行业特色的财务三表的生成，来支撑决策者获取准确信息进行决策的需求。

2. 强化与资金相关的数据管理

由于资金运用与经营的紧密相关性，与资金相关的数据要加强管理，因此，有以下几个关键管理事项。

- 《现金流量表》以日为单位制作，而不是以周或月为单位制作。
- 强化厂家商务政策的对应及计入核算的标准。
- 加强对厂家三大返利池的管理。
- 强化新车库存对资金占用及银行还款的数据管理。

3. 财务视角的KPI

设计KPI的计提标准时，有很多细节需要强调。

1）治理层面的KPI。有两个关键：资产负债率和投资回报率。

2）财务视角的正常经营KPI。财务视角的KPI体系，可以为宏观决策提供数据支持，即以毛利与工资比较关系的KPI，例如千元工资毛利、单台销售总费用等。在当下的经营环境下，管理者更应对此高度重视。

4. 财务与业务共用的KPI体系

按前文论述，经销商的KPI体系是基于业务模式和取数能力建立起来的，在模式化管理趋于成熟的情况下，KPI是可以全面标准化的。这里再提一些关键建议。

1）KPI不要与核算捆绑太深，KPI有其独特诉求，以更能准确反映经营本质为目标，而不是迎合核算需要。例如：销售单车综合毛利更应追求精确到单台，更接近事实，而不是向核算周期妥协（主要表现在返利计入上），这样决策者对销售经营获利就有更客观的评价。

2）KPI的设计基于对商业模式和业务模式的深刻理解。不要轻易创新KPI，现在的行业背景，需要的是抓住核心KPI，而不是创造更多KPI来自讨苦吃。

> **小结**
>
> 　　以财务为核心的核算体系和KPI数据管理体系是经销商实施精准管理的基础，其中有着行业特色需求的财务三表起着关键作用，以财务三表为经营基础，辅以标准化的KPI管理体系，经销商就基本可以建立起模式化管理体系。

第四节　税账管理

一、凭证管理与报税

很多业务出身的总经理总觉得财务部里有很神秘的东西，其实，财务工作真正专业的部分是业务监管、财务数据的精准生成，而财务本身相关的凭证管理与报税是比较常规的工作。

这里强调两个基本常识。

- 财务对税报表是基于凭证和银行流水账单的。
- 在凭证意外缺失时，税务也有"基于事实"的贴心原则。

1. 凭证管理

所谓凭证，就是各种发票、往来凭证和银行对账单等。将《报销单》、《支付证明单》和《结算单》等归档在一起，可随时调用检查。

2. 做账报税

现在的小公司，基本都用金蝶或用友来做账，一些人误解这是税务机关的强制要求。事实上，税务机关对记账软件没有任何要求，手工记账也没有任何问题。

税账只有两项基本要求。

- 按《中华人民共和国会计法》的规范记账。
- 账务与凭证和银行流水要相互呼应，能够自洽。

很多投资人由于自身专业的限制，不敢监控税账。事实上，税账与财务报表并没有本质上的区别，适当的情况下，还是要看一看的。很多会计虽然懂一些财务专业知识，却对经营本身的知识缺乏了解，社会阅历也不够，导致账务难以自洽。还有一些不负责任的会计，把一些不正常的往来长期挂着，给公司经营留下隐患。

二、税管员的对接

经销商财务部门完成了内部的凭证管理和税账制作工作后，就要与税管员打交道了。如何正确理解税管员对行业和企业的看法就很关键。要明确以下基本事实。

- 每位税管员管理400~500家公司，不可能真正了解每个企业的经营情况。
- 只要奉公守法，税务系统不弹出异常信息，税管员是不会特别关注你的。
- 在税管员眼中，大多数情况下汽车经销商是经营稳健、奉公守法的正规企业，没有多少调查的必要。
- 经销商业务种类繁多，配件管理等业务复杂，非专业人员很难找到账务漏洞。

作为正规经营、依法纳税的企业，应该"挺胸抬头"地面对税务机关。

小结	诚信经营、依法纳税是做企业的基本责任。

总结

本章探讨了财务相关的知识。要明确，与全店就与"钱"相关的各项事务进行有效衔接，并实施监管是财务部门的责任。合理的流程设计是确保财务实施有效监管的基础条件。在财务进行有效监管的基础上，可以得到基于财务视角的财务三表和KPI，用以精准指导经营决策。管理者要有资金意识，围绕资金正常流转展开经营工作，做好资金计划，合理统筹，力争用有限的资金做出更好的业绩表现。

体系
制胜

第七章
全域营销与私域运营

通过前面大量文字的论述，我们共同探讨了销售平台和售后服务平台的底层逻辑，论述了业务模式和平台之间的关系，深度介绍了财务通过全面连接业务并监督业务的体系性布局。当这些都完成以后，一个拥有基本运行体系的门店就呼之欲出了。然而，做好这些之后，我们仍然不能回避一个事实：体系建设的目的是为更好的经营提供基础平台，优秀的体系能通过更好的经营来体现其价值。

本章重点探讨汽车经销商创新营销的问题。

- 市场部的管理与全域营销。
- 客户关系部的管理与私域运营。

如果把经销商门店比作一台汽车的话，那新车销售和售后服务两个平台就是两大发动机，市场部和客户关系部就是两个涡轮增压器，于是，笔者经常把全域营销与私域运营形象地比喻成"双涡轮驱动"。

第一节　市场部与全域营销

如果问这十年来，经销商门店里工作内容发生最大变化的是哪个部门，答案无疑是市场部。

- 十年前，市场部还是一个以平面设计人员为主，以参加车展和搞线下集客活动为主要工作内容的部门。
- 十年前，DCC还是市场部的分属职能，市场部与销售部还在就DCC的分工争执不休。

十年后的今天，市场部的平面设计和物料制作工作量大幅下降，很多都由供应商代劳了，DCC职能也多数被迁出了市场部，形成了成熟的业务模式和独立组织结构。市场部的工作人员换成了内容编辑、剪辑师、直播员、直播助理等，市场部几乎变成了"短视频＋直播"的自媒体号孵化平台。

无论营销方式发生哪些变化，市场营销支持业务的本质没变，与厂家的协同关系没变，变的是媒介和方法。

一、基础管理

1. 物料制作与库存管理

物料设计与制作是市场部的常态工作，尽管电子屏幕出现，物料制作数量有所下降，但通过市场物料表达营销政策仍然是汽车经销商的刚性需求。

（1）建立供应商大名单

汽车经销商要建立起市场物料供应商（广告公司）的入围名单，正式签订供货协议，并形成清晰的标准物料报价清单。

形成清晰的物料制作申请流程。

- 由市场部填写《物料制作申请单》，并提交三个入围供应商的报价。
- 由使用部门（如销售部）经理签字确认需求。
- 由财务部联系供应商确认价格，并选定供应商，在《物料制作申请单》上签字。

- 由总经理最后签字核准，由市场部负责联系供应商制作。
- 每月由市场部依据《物料制作申请单》及供应商提供的《市场物料签收单》，提请付款，按《支付管理办法》完成付款。

（2）市场物料仓库管理

一个成熟的市场部是有很多"财产"的，需要有一个专门的仓库进行管理。很多可以重复使用的展具、拍摄器材、长期使用的消耗品，都需要按仓储管理的方法进行管理，并定期进行盘点。盘点发现的问题要严肃处理。

很多经销商对市场部物料管理不够重视，由于物料很难标准化，导致价格弹性极大，难以有效监控。另外，市场部的很多物品价格昂贵，如不妥善管理，极易丢失，无法追责。很多经销商对物料制作管控长期缺位，造成很多离谱的管理问题，产生了巨大的经济损失。

2. 市场活动管理

尽管短视频营销风头正盛，但参加车展或搞大型线下活动对门店而言仍是不可或缺的营销手段。市场活动的过程管理非常重要，笔者以多年实践经验，总结出"大型车展管理十句箴言"。

- 领导重视，全员行动。
- 准备充分，层层落实。
- 市场搭台，销售唱戏。
- 头脑风暴，突出亮点。
- 政策提前，闭店消耗。
- 现场管控，分类对接。
- 衔接给力，强力签约。
- 客户收集，统分统用。
- 费用预算，归口报销。
- 总结经验，持续改善。

3. 广告投放管理

经销商的广告投放，总经理参与投放议价，签订正式的合作协议，合作协议在财务备案存档。协议签订后，由市场部填写《支付证明单》，由财务复核，总经理签字核准，最后由财务完成支付。

对于预算管理严谨的经销商，广告投放要严格控制在预算规定的范围内。

市场部的基础管理常常不被重视，给公司带来巨大的损失。行业已经进入成熟的薄利时代，这样的损失往往是不能承受的。

二、市场返利池

当下的经销商，由于盈利能力的限制，已经没能力进行较大的市场投入了，这就需要厂家来主导市场投放。

过去，厂家鼓励经销商多渠道投放广告。由于不能给门店带来直接的业绩贡献，经销商没有积极性，厂家也难以评估效果，于是经销商搞出许多弄虚作假的事情，骗取广告补贴。随着客户关注点越来越向互联网集中，厂家的线下投放也越来越少，主要的市场补贴体现在两方面。

- 互联网投放补贴。
- 阶段性促销活动补贴。

因应新形势，相关管理要点建议如下。

第一，积极与厂家负责人互动，寻求短期激励政策，借力提升店头绩效。

第二，泾渭分明地区分市场返利和销售返利，只有销售返利才参与单车毛利计算。

第三，建立市场政策返利池，返利进程独立管理。

很多经销商的市场返利管理混乱，市场返利确认、回款管理不力，导致《盈亏核算表》严重失真。

三、互联网全域营销

20年前，门店零售就是展厅零售，销售顾问在门前接待来访的客户，向他们介绍产品、实现成交，基本不需要搞促销活动，因为很多车还需要加价才能提到。

15年前，门店搞起了成交活动，将一周积攒的潜在客户集中在周末，通过一些优惠政策吸引，促使客户下单。随着竞争的日渐激烈，周末活动越搞越频繁，没有活动，订单锐减。以至于门店普遍患上了"活动依赖症"。

10年前，随着以汽车之家和易车网为代表的汽车垂直媒体的影响力不断增长，在第三方、厂家和垂媒的共同推动下，用了5年时间，DCC终于落地生根，成为零售业务不可或缺的重要组成部分。

5年前，展厅自然进店客流量不断下降，门店对DCC的依赖不断加深，DCC获客成了门店最可靠也最主要的获客成交模式。以互联网垂媒获客为特征的DCC走入鼎盛时期。

当下，随着互联网流量向自媒体集中，垂媒日渐式微，很多人预测两年之内DCC成交的方式将崩溃，大量经销商将拒绝向垂媒支付年费，汽车销售引流将全面进入自媒体全域营销的时代。

对当下的经销商来说，是否能够在两年之内建立起自媒体引流的销售模式将成为左右存亡的大事。这里牵连两个关键问题。

- 全域自媒体引流的方法技巧。
- 店内承接线索、转化成交的管理方法。

1. 全域自媒体

门店想实现自媒体引流，起码要先了解自媒体。了解每个自媒体平台大致的定位及特点。这里简单介绍如今主要的短视频自媒体平台。

（1）抖音

抖音是目前以短视频为主的自媒体领导者，它的定位是泛娱乐化自媒体平台。随着抖音制定了商业化扶持战略，寻求以抖音为平台推广产品成了广泛的社会行动。目前在抖音开设蓝V号，通过"短视频+直播"的方式实现引流销售，已在行业内取得共识。

（2）视频号

视频号是腾讯旗下的自媒体平台，严格意义上说，视频号是从2023年开始才实现了真正意义上的崛起。视频号与微信生态强连接，实现有别于抖音的自媒体平台，在定位上更加强调原创精神，强调短视频质量，事实证明效果不错。很多专家都看好视频号的发展前景。从趋势看，视频号发展成为与抖音并列的短视频平台只是时间问题。

（3）小红书

小红书是以分享高品质生活为主要定位的自媒体平台，前期以图文为主要形式，现在也发展为短视频平台，由于早期的定位特点，小红书以女性用户为主。随着女性经济越来越被重视，借助小红书平台推广，未来不可或缺。

（4）快手

不像抖音，快手从一开始就商业味十足，很多人认为快手就是一个直播带货平台，随着相互借鉴学习，快手现在和抖音越来越像了。以快手为平台，做"短视频+直播"，定位比较精准，是不错的选择。

（5）好看视频

好看视频是百度做的短视频平台，与百度搜索组合成生态，也就是说，在好看视频投放可以在百度搜索优先搜索出来。目前，好看视频还处于起步阶段，距离抖音和视频号还有一定差距，但潜力很大，对于经销商而言，可适当关注。

至于其他的平台，包括微博、B站、西瓜视频、今日头条等，对以卖车为目的的商业行为，目前看来帮助有限。

2. 自媒体引流

经销商开始摸索利用抖音平台进行自身推广已经有接近5年的历史。这5年的摸索尝试，思路大致可以分为三个阶段。

（1）第一阶段：以炒号为目标，以直播销售为主

在这一阶段，经销商的想法是希望借助一些短视频，可以将自店的蓝V认证号炒热，增加粉丝，起到宣传自店的效果。为了把号炒热，搞笑段子、情景短剧纷纷登场，但经销商毕竟不是专业做号的，除了少量早期入局的突围成功外，大部分门店收效甚微，以直播作为销售载体也步履维艰。

（2）第二阶段：以蓝V号为主阵地，以"短视频+投流"为主务实推广

在这一阶段，经销商将重点从直播转向了短视频，在短视频的内容上放弃了炒号思维，选择了传播优惠政策这种简单直接的方式，通过"DOU+"投流的方式获取流量，实现传播目的。需要指出的是，这与抖音官方商业化的大战略背景息息相关。

在这一阶段，门店内部初步建立起专业自媒体平台团队和业务开展模式。很多门店通过这种方式实现了业务增长，甚至提出"展厅零售、DCC、自媒体"三驾马车的理念。

（3）第三阶段：以一店多号为理念，实现矩阵式推广

在这一阶段，经销商驾驭以抖音号为主的自媒体营销方式已经比较纯熟，店内组建了专业的团队，形成自媒体号运营团队+转化销售团队的固定模式，有清晰的KPI考核和配套的激励措施。同时，很多专业代管号和入店培训的生意也应运而生。

厂家适时出手，提出了自媒体规范化政策，下达了业务目标，借助一些软件加强了集中管控，自媒体营销的业务模式初步形成。

3. 发展趋势

随着垂媒的快速陨落，店内DCC业务模式也将难以为继，经销商的业绩压力将逐渐向自媒体引流成交的方向倾斜。可以说，两年以后，门店如果不会做自媒体引流成交，业务将难以为继。

在内部管理模式上，未来自媒体引流销售也会走上DCC类似的道路，即由组建专业自媒体销售团队向全员自媒体销售发展。换句话说，如果一名销售顾问无法实现自身自媒体号的出镜引流，就将被这个行业淘汰。

在这种趋势的引领下，未来汽车销售将变成功能全面化或者小团队化。经销商要考虑的重点如下。

- 如何像管理展厅零售和DCC那样对自媒体新销售模式实现过程管理。
- 如何实现后台赋能，帮助销售顾问完成这种趋势转变。

在不远的未来，汽车经销商销售方式将发生如下转变。

第一，销售顾问组成2~3人团队，合作完成三大销售模式的各项工作，包括：门前站岗，接待上门客户；接受DCC线索，持续跟进转化；出镜拍摄，获取商机，持续跟进转化。

第二，以市场部为载体，在垂直媒体和自媒体两个方面，提供全方位的服务支持，包括：垂媒，广告投放和平台管理，线索跟进与转化、移交，全过程管理；自媒体，多个自媒体号统筹管理，包括内容准备、剪辑、发布、跟踪和商机获取与跟进等。

汽车经销商必然走向"多平台引流，全员参与，前后台相互支持"的新组织形式。不按照这种方式运行的汽车经销商，将难以应对激烈的竞争，终将被市场淘汰。

小结

　　本节探讨了以市场部为主体，推动汽车经销商整体营销转型的问题。在创新营销之前，需要完成市场部的基础管理改善工作。同时，在厂家制定的规则下运行，将厂家的政策吃透、拿完，结合财务实现厂家市场返利的有序管理。面对自媒体的崛起和垂直媒体的衰落，经销商要勇于变革，在全域互联网面前，采用全员、多号、前后台呼应的组织设计形式，最大限度地发挥自媒体优势，在两年内完成销售转型，这才是关乎经销商存亡的关键大事。

第二节　客户关系部与私域运营

　　受多重原因的影响，现在很多汽车经销商的客户关系部被弱化为边缘部门。大部分客户关系部的工作内容被定义为：为应对厂家考核而进行的基础客户连接工作。

　　厂家对客户关系部的工作设定是围绕着"保证客户满意度"的基本思路展开的，这与汽车经销商基于自身经营的内在需求有一定差异。

　　在这里，笔者想大声呼吁：请重视客户关系部的建设，因为这是确保经销商健康可持续发展的关键所在。

一、正确定位

　　很多人对客户关系部的认知，停留在"客户关系管理"这个层面上，这个理念引申的含义就会把"保障客户满意度"作为核心工作，这将导致客户关系部的工作安排被这一理念束缚，不利于汽车经销商的整体经营发展。

　　正确的经销商客户关系部定位是：客户资源的管理者和营销推动者。客户满意度管理是客户资源管理工作的一部分。

　　基于以上基本理念，给客户关系部定义以下三大工作目标。

- 管理"存量客户蓄水池"，推动存量客户资源保值增值。

- 围绕厂家政策，完成基于"客户满意度"管理的细节工作。
- 结合销售和售后服务两大平台，以存量客户为主要目标，推动营销工作。

二、客户运动管理

客户关系部具有站在后台，全面监控客户运动进程、弥补业务部门缺失、确保客户满意的职责。

1. 客户运动节点

依循环控制论观点，客户运动的"大循环"共有六个节点，如图7-1所示。

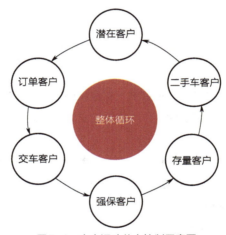

图7-1　客户运动节点控制示意图

2. 节点配套工作

1）潜在客户：致电客户，对销售顾问服务态度、客户需求等进行调查。

2）订单客户：致电客户，对合同细节进行调查，对销售顾问进行监督。

3）交车客户：面访客户，交车后3天或7天致电客户，对服务水平和驾驶体验进行调查。

4）强保客户：致电客户，进行强保招徕。

5）存量客户：致电客户，进行预约招徕、满意度调研、流失招徕等工作。

6）二手车客户：致电客户，对销售顾问和评估师服务态度、客户需求等进行调查。

在客户运动的过程中，客户关系部一直起着从旁协助、客观监督的作用。

三、存量客户资源管理

一位客户从最初的"线索"，经过客户运动进程管理后，成功进入存量客户蓄水池，成为存量客户。也就是现在常说的：从公域流量变成私域流量。

存量客户资源是汽车经销商的宝贵财富，须进行妥善管理。

1. 客户基础信息管理

有效获取和保存准确、全面的客户信息，是存量客户管理的基础。客户信息分为初级信息和高级信息两部分。

- 初级客户信息包括客户的姓名、电话、微信号等，车辆的基本信息包括车型、车架号等。
- 高级客户信息包括客户的职业、收入水平、兴趣爱好等。

（1）保障客户资料完整性

客户关系部的一项重要基础管理工作是保障客户的初级信息能够成功从业务单位流转到客户关系部进行存档如图7-2所示。

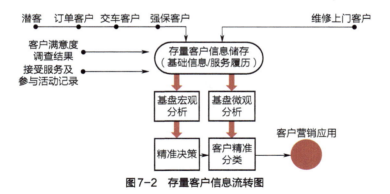

图7-2　存量客户信息流转图

- 交车客户：在交车完毕后，客户关系部要能收到完整客户资料并存档，将此纳入对销售顾问的考核。
- 维修上门客户：要求服务顾问将客户信息完整录入系统，并在客服电话回访时进行检查，对错漏情况制定罚则并严格执行。

（2）对存量客户进行有效分析

对存量客户进行科学分析，对于经销商制定正确的客户政策、把握营销方向意义重大。除了掌握总数外，还须制定科学的KPI来进行评估。表7-1提供了10个描述存量客户的KPI。

表7-1　存量客户KPI报表

序号	指标	指标说明
1	总客户数	系统里有联系方式的总客户数
2	有效基盘客户数	2年内有进厂记录的客户数
3	加权基盘客户数	活跃客户数×1+休眠客户数×0.5+流失客户数×0.1
4	活跃客户比例	6个月内有进厂记录的客户占有效基盘的比例
5	休眠客户比例	1年内有进厂记录的客户占有效基盘的比例
6	流失客户比例	2年内有进厂记录的客户占有效基盘的比例
7	平均里程	有效基盘客户车辆的里程平均数
8	年平均进厂次数	有效基盘客户范围内，平均每年的进厂次数
9	投保覆盖率	有效基盘客户范围内，在本店投保客户的占比
10	会员覆盖率	有效基盘客户范围内，会员客户的占比

2. 客户满意度保障

（1）宏观对策

长期以来，客户满意度工作逐渐脱离了真实经营需求。为了回归初心，当下汽车经销商满意度工作的基本思路应该如下。

- 厂家满意度工作专项应对，确保能够通过考核，取得返利。
- 自店满意度管理三要素是提高满意率、调研不满意原因和防止客户投诉。

为满足长期的经营需要，对真实客户满意度的掌握与分析是汽车经销商的重点工作之一。对某家4S店一年内各月份进行客户满意度调查，结果见图7-3。

（2）客户满意度保障体系

汽车经销商的客户满意度究竟如何保障？基于前文理论，可以得出如下结论。

- 真正的客户满意度保障是由汽车经销商的服务能力决定的。
- 客户满意是"整体服务能力＋个人服务表现＋服务表演"共同作用的结果。

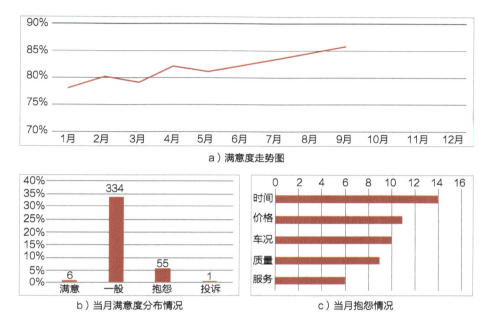

a）满意度走势图

b）当月满意度分布情况

c）当月抱怨情况

图7-3　客户满意度调查结果分析

四、传统营销方法

汽车经销商的售后服务业务，是主要对存量客户开展的业务。在讲解主动营销思路前，这里有以下三个基本论断。

- 持续且成功地向客户开展业务（而不是其他）是维系客户的最主要手段。
- 开展业务的过程也是客户维系的过程。
- 门店通过"服务前台＋客户关系部"的组织结构实现业务开展和主动营销。

1. 服务前台与客户关系部的联动

对存量客户的主动营销，客户分为在场和离场两种状态。

- 客户在场状态，以服务前台为主面对面地满足客户需求。
- 客户离场状态，以客户关系部远程服务对应客户需求。

服务前台与客户关系部常态连接客户示意图，如图7-4所示。

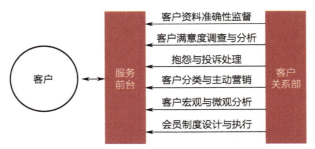

图7-4 服务前台与客户关系部常态连接客户示意图

2. 客户分配制度的建立

服务前台的服务顾问的定位是随着行业发展进程演变的，这从其岗位名称的变化就能体现出来，如图7-5所示。

图7-5 服务顾问的定位变化

基于服务顾问对维系客户的责任的全新认识，配套的客户分配制度得以建立。在这样的理念下，客户关系部成为支持这一理念的结构载体。

围绕服务顾问，建立起客户维系的考核机制，并与产值贡献配套使用，是与新理念匹配的有效方法。

3. 主动营销的基本方法

为了让管理者快速掌握传统的主动营销的基本方法，笔者总结了售后服务主动营销"123法则"，概括为1个诱导、2个保证、3个招徕，如图7-6所示。

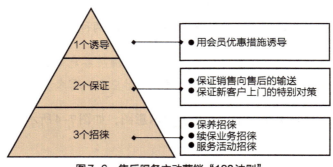

图7-6 售后服务主动营销"123法则"

五、自媒体营销

在自媒体营销大行其道的时代，汽车经销商售后服务自然也不能缺席。在这方面，很多经销商进行了有益的尝试，但很多经销商还是受到私域营销的思想束缚。实际上，有了自媒体平台，售后服务完全可以作为一个正常的公域营销的业务来展开。

1. 视频号营销

视频号是一个天生强关系的、以公域为特征、但以私域运营为基石的平台。借助视频号实现品牌、服务、促销的传播，已经有非常成功的案例，值得全行业推广。

2. 抖音营销

抖音是泛娱乐平台，对一般售后服务的重视度不够。要解放思想，深度研究抖音平台的特点，以合适的人员露出，以"短视频＋直播"的方式，重度垂直，在线销售商品和服务，实现由私域向公域营销的转变。这是全行业应该探讨的话题，也是未来的发展方向。

> **小结**
>
> 存量客户管理与主动营销一直是经销商的短板，长期以来，受不正确的客户满意理念指引，整个行业对售后服务的营销在理解上有根本性问题，阻碍了行业的健康发展。客户关系部是客户资源的管理部门，而不是客户满意度的调查部门。在客户资源管理的基础上，倾听客户声音，保证客户满意度，提升服务能力，才是正确的客户关系部的定位。存量客户主动营销的传统方法可以通过"123法则"来概括。面对自媒体的发展，售后服务可以创新思维，将传统的私域营销向公域营销靠拢，这是整个行业的发展方向。

总　结

　　本章探讨了以市场部为载体的公域营销和以客户关系部为载体的私域运营两个主题。汽车经销商是销售和售后服务组合起来的复合型商业模式，天然就有公域营销和私域运营的问题。在展开营销思路前，无论是市场部还是客户关系部，都须做好基础管理工作。对市场部而言，主要是物料管理、广告投放管理、活动管理、返利池管理等方面。对客户关系部而言，问题相对复杂一些，基础管理需要就基本定位进行理念调整，并在客户资源管理、客户满意度管理上加强工作。至于营销，市场部面临着全域自媒体营销的创新调整，而客户关系部则面临在售后应用自媒体平台的理念再突破等问题。

体系
制胜

第八章
总经理的全面管理与经营创新

汽车经销商的4S店总经理，在过去20年的时间里，其社会地位、收入水平不升反降。在笔者的职业生涯里，曾直接领导的4S店总经理不下200人。过去10年，笔者因为工作关系，深度交流的4S店总经理不下500人。应该说，笔者对于这些总经理是比较了解的。

在汽车产业蓬勃发展的时代，4S店总经理是一个光鲜的职业——收入高，出入有车，有独立办公室，有很大的经营自主权。除了面对厂家需要弯腰外，似乎所有外围关系都求着他/她。但随着行业走向成熟，经销商经营的弹性空间越来越小，盈利能力不断下降，总经理个人的能动性不可避免地下滑，收入也相应有所减少。

在笔者看来，近10年来4S店总经理的职业素养和从业经验呈下降趋势。面对越来越激烈的竞争环境，面对腾挪空间越来越小的现实，一名4S店总经理，究竟应该如何把一个门店经营好？

本章将着重探讨4S店总经理操盘管理的专业问题。

- 经理人的职业素养。
- 科学布局与有效管理。
- 经营创新。

第一节　经理人的职业素养

汽车经销商的4S店总经理，一般都是职业经理人。职业经理人是以所有权与经营权分离为前提，由投资人聘任，凭借自身的专业知识和职业素养，对企业实施经营管理，帮助企业实现资产保值增值，并从中获取报酬的职业人。

一、盈利本质影响合作关系

1. 汽车4S店诞生之初

20年前，很多汽车经销商投资人把自己的司机、秘书都安排去当4S店总经理，尽管专业水平差一些，但似乎并未影响赚钱。那个时候的总经理，我们还不能称其为职业经理人，他们和老板更像是从属关系。

那时候，专业知识和个人能力对于投资人来说，是没有太大价值的。

那时候，职业经理人与投资人的收益有着难以逾越的鸿沟。老板就是老板，打工人就是打工人，甚至"打工"这个词还略带贬义。

为什么那时的职业经理人和投资人是这样不对等的关系呢？

因为早期的中国汽车市场，尽管有竞争，但由于宏观市场长期快速增长，4S店长期保持可观的盈利能力，拿到授权并把店开起来就基本可以确保盈利。换句话说，企业的核心价值是"授权关系"，并不是运营能力。

在这种大背景下，经营的优劣影响的更多是"赚多赚少"的问题，并不能触及投资人的根本。让自己的司机、秘书去做总经理，体现的更多是忠诚、服从的价值，其内涵是"帮老板看堆儿"。职业经理人的专业价值是缺乏实际意义的，不被尊重也在情理之中。

2. 汽车4S店发展中期

10年前，汽车市场经过快速发展后，已经进入相对成熟的阶段，宏观市场规模保持稳定或适度增长，汽车4S店也逐渐显得拥挤起来。随着竞争的加剧，职业经理人的价值也凸显出来。一个特别明显的事实是：同一品牌，相近的市场，不同的经营水平带来的是天壤之别的盈利表现，甚至是盈利与亏损的差异。

在这样的背景下，职业经理人的地位应该明显上升才对。然而，这一时期却是投资人与职业经理人博弈最为激烈的时期。

- 站在投资人的角度看，盈利不如以前好，凭什么要给总经理更多报酬？
- 站在总经理的角度看，付出了更多努力，也体现了个人的专业价值，理应有更好的待遇。

在这一激烈碰撞的时期，由于总经理的心理落差及对投资人的不信任，很多总经理就利用职务之便，为自己谋求利益，或者在管理上故意"埋下地雷"，让投资人不敢轻易"动"他。

记得当年，笔者在经销商集团工作时，刚制定完一系列完善制度，就有"好心人"提醒：你这么干，就不怕老板卸磨杀驴吗？笔者当时非常不能理解，在笔者的思维中，并没有投资人与职业经理人博弈的逻辑，反而是一个更"高大上"的词：公司利益至上。然而，后来更多的所见所闻证明，防止投资人"背刺"并不是杞人忧天，或者说明职业素养低下，对很多职业经理人来说，反而是务实的明智之举。

3. 当下的关系

进入21世纪第二个十年，汽车经销商的竞争进入白热化阶段，品牌授权不再稀缺，职业经理人的价值得以充分展现。

然而，有几个不得不承认的事实。

第一，形势比人强。当下的市场，正在经历史无前例的变局。经营的第一要务就是"跟对品牌"，再好的内部运营也挽救不了江河日下的品牌。在这样的环境下，很多职业经理人比的不是"专业能力"，而是"运气"，这不能不说是职业经理人的悲哀。

第二，总经理收入下降。随着行业整体盈利能力下降，分给供应链末端的经销商利润就更微薄了。受影响最大的，除了投资人外，就是总经理了，个人收益与当下因激烈竞争导致的心理压力是不成正比的。

第三，总经理更换频繁。正所谓穷则思变，当一名总经理无法力挽狂澜、扭亏为盈时，被替换掉就是迟早的事情，这直接导致总经理成了一个"高危"职业，很多总经理随时都做着"卷铺盖走人"的心理准备。这样的心理，又如何能安心经营，为长期主义而精耕细作呢？

二、健康的劳资关系

如何界定健康的劳资关系呢？以下三个方面是核心。

1. 清晰的合约，明确的激励

汽车经销商投资人，最好做出明确的总经理的薪酬方案（一般为年薪方案），并以正式的合约方式与总经理签字确认，这是表达彼此尊重的最基本方式。

在笔者的所见所闻中，仍旧有大量的经销商集团因为各种原因无法明确旗下门店总经理的年度薪酬方案，这样的劳资关系不可能健康。这可能是投资人的小聪明，殊不知，你不给他们安全感，总想把主动权握在手中，那他们就要自己给自己找安全感了。总体看，以博弈为主的关系得不偿失，是双输的局面。

2. 总经理要尽到职责

笔者见过很多总经理，其中很大一部分都是得过且过，干了很多年，一点专业性都谈不上，门店盈利潜力一点没发挥出来，一天到晚就忙着人事斗争了。这样的职业经理人，还是应该早换掉为好。

作为一名职业经理人，应该以为公司创造效益为荣，尽职尽责，不断充实提高自身素养，不断挖掘平台潜能。

3. 为总经理职业生涯负责

作为投资人，需要构建制度，对总经理的未来有所考虑，否则很难获得来自职业经理人的全身心投入。真正的企业文化莫过于此。

笔者曾在《汽车商业评论》上发表文章《该考虑给店总股权激励了》，但应者寥寥。看来，将职业经理人发展为合伙人，还有很长的路要走。随着"双内卷"时代的到来，汽车经销商面临全新的挑战，是团结职业经理人一起奋斗，完成转型，还是坚守现状，以不变应万变？没有标准答案，只有"因地制宜，实事求是"。

> **小结**　本节探讨了投资人与职业经理人的关系问题。4S店总经理是典型的职业经理人，只有正确地处理好投资人与总经理的关系，才能让总经理们放开手脚，全身心投入工作。建立健康的关系，需要双方共同努力。

第二节 科学布局与有效管理

这些年，笔者面试过大量经销商4S店总经理，除了极少数特别优秀的，大部分都呈现两个基本特征。

- 无法对门店全部业务都有所理解，专业知识存在盲点。
- 知识碎片化，有经验，却无法系统地阐述管理思想。

面对已经白热化的竞争局面，仅仅依靠正确解读厂家商务政策，仅仅依靠紧盯销售顾问搞疲劳战术，止步于把售后服务委托给服务经理，是远远不够的。

要想让门店经营更加稳健，作为一名总经理，需要进行科学的布局和有效的管理。

一、人和制度的关系

1. "二元论"的失败现实

在实施科学布局和有效管理之前，需要正确理解人和管理体系之间的关系。当下有两种典型观点。

- 管理就是选人，人对了，事就能干成。
- 成熟的管理体系可以消弭人的差异，人可以随意调整，不会影响经营效果。

在笔者的经验里，前一种观点，多出自很多国内投资人之口，这是他们多年创业和管理的经验之谈；后一种观点，多出自有外资公司工作背景的管理者之口，在他们眼中，国内管理者那一套是老土和落后的观念，他们才是手握真理的一方。

笔者也是有外资企业工作背景的人，也一度坚信"制度创造一切"的观点。然而，这些年的接触与观察，却在不断颠覆笔者的认知。

- 很多做得很棒的经销商集团，他们共同的特点是：老板非常敬业，喜欢到处学习请教；高管团队大概率比较"土"，学历也不高，却长期保持稳定；

尽管制度不是非常健全，但整个公司都非常务实，执行力非常好。

- 很多有重大管理问题，甚至最后走向倒闭的经销商集团，他们的特点却是：老板放弃了多年的成功经验，严重脱离管理实际；高管团队看着"高大上"，很多有着深厚的专业背景，却进进出出，很难保持正确的战略和持续的执行；未能建立起门店总经理内部培养机制，总经理多为"空降"，流动率较高。

为什么会出现上面的现象呢？不应该是专业水平更高、战略更清晰的团队胜出吗？不应该是有完善制度且严格执行的公司更有竞争力吗？

2. 科学方法论

经过多年的思考与实践，笔者得出这样的结论。

- 人永远是企业的根本，再完善的制度也无法彻底抹平人的差异。
- 再健全的制度也是由人来承载的，它会因外部环境和人的变化而变化，不是一成不变的。
- 企业是由人组成的，但企业运转是由组织实现的，将人发展成组织，有很多种方法，不一定单纯靠制度，也可能是家族纽带，也可能是全员持股，甚至可能是某种共同信仰。

基于以上的认识，需要修正"人与制度对立"的二元论思维，重新建立科学的方法论。

第一，管理无定法：本着"因地制宜，实事求是"的基本方针，不拘泥于某些所谓的先进思想，效果好的方法就是好方法。

第二，人和制度是相辅相成的关系：制度是人建立的，制度的建立是为了协助人工作，制度的完善需要人，制度的有效落实需要人。

第三，在完善的制度下，可大幅降低工作难度，提升人的协同效能，降低人为的随意性，提升工作质量，切实提升工作成功的概率。

二、科学布局

要想实现高效的运营，总经理首先要进行科学的布局。依前文理论，可以从容地厘清布局思路。

1. 搭建两大平台

笔者曾和很多总经理深度沟通过，一个普遍的现象是：他们往往缺乏平台观念，着眼点更多放在业务本身、放在业务技巧创新上。但要想前端业务有出色的表现，搭建业务平台是最重要的前提思路。可以这样说：要想业务好，业务平台少不了。

依前文，经销商门店有两大业务平台，其本质如图8-1所示。

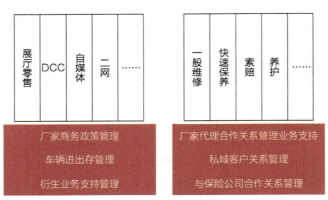

图8-1　经销商门店双业务平台示意图

2. 业财一体

要想让业务平台有效运行，除加强流程设计和制度建设外，将监管延伸到平台也是必要之举。财务在服务业务的同时，要实现有效的财务监管，实现模式如图8-2所示。

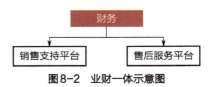

图8-2　业财一体示意图

3. 构建"双涡轮"驱动

在完成销售和售后服务两个业务平台的布局和基本流程设计后，建立后线助推机制就被提上日程。市场部和客户关系部就是两大业务平台的二线助推机构，分别对应公域营销和私域运营。如果把业务平台比作发动机，这两个助推机构就是涡轮增压器，如图8-3所示。

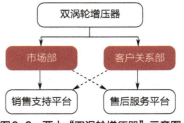

图8-3　两大"双涡轮增压器"示意图

4. 建立数据化应用体系

如果把业务平台、财务、市场、客关这些职能比作机体，那数据化管理就是神经系统。按前文论述，在两大业务部建立"五统一"的数据化应用管理体系，是业务管理的基础安排，如图8-4所示。

图8-4　五统一数据化应用管理体系示意图

5. 建立KPI分析体系

如果把数据应用体系比作神经系统，那KPI分析体系就相当于"大脑"。总经理可以通过自己的专业经验或通过行业对标来判断工作表现的优劣，这样的管理思路早已成为行业共识。

但关注KPI的侧重点，却因为市场竞争态势的变化而变化。总结这个历程，可以概括为四个阶段，如图8-5所示。

图8-5　KPI关注侧重点迁移示意图

前三个阶段比较好理解，都是围绕业务本身的表现展开的，唯有最后一个阶段，是真正站在经营全局进行综合思考的。这是因为当下残酷的竞争环境，逼迫经营者不再以追求极致业务为目标，而是全面考虑投入产出比，这是经营思路的重大调整，比如：

- 销售：单台营销费。
- 售后：人均工资毛利占比等。

按照以上的五步，已经把门店打造成一个比较完备的体系了，在这样的体系基础上，可以实现业务的正常开展，也可以进行有效的监督。但以上只是基础工作，完成以上的布局，总经理的工作才刚刚开始。

当行业发展进入比较成熟的阶段，竞争又进入白热化，再想通过总经理的单打独斗，逐步建立起完善的运营体系，已经不具有可行性。在这样的行业背景下，通过集团化管理，快速实现模式复制，或者通过一套完备的运营管理软件，协助总经理直接完成布局和制度体系搭建，不失为明智的选择。

三、管人的艺术

所谓"管理"，主要是管人。无论是作为下属还是作为朋友，笔者认识很多总经理，他们大部分是从基层一步步干上来的，无论是专业经验还是知识结构、个人素质，都明显比他们的下属强。从管人的角度看，笔者总结了这些总经理的一些共性问题。

- 缺乏宏观视角，难以在问题认识高度上形成对下属的优势。
- 缺乏结构化思维，容易陷入细节，系统性解决问题的能力不足。
- 官僚化，不深入基层了解情况、解决问题。
- 知识有短板，管理不自信。
- 缺乏愿景规划，无法给予团队共同奋斗目标。

管理无定法，但在汽车经销商的领域内，以总经理为核心，还是有几个关键的维度和方法可以总结的。

1. 掌握体系化管理的基本原理，岗位责权利统一

一个经销商门店，少则40人，多则100多人，表面上叫"团队"，本质上叫"组织"。组织，重点强调的是共同目标下的协作能力，做到责权利统一是基础。

- 通过体系化理论设计的岗位职责。
- 依据岗位职责，给予合理的授权。
- 配合合适的报酬，设计恰当的激励方案。

2. 流程明确，岗位边界清晰

大量的汽车经销商，因为内部流程不够严谨，岗位职责不够清晰，导致流程效率低下，相邻岗位的员工陷入无休无止的争吵，管理者无休无止地调停，却不在完善流程方面做一点改善。

3. 信息该透明的要透明

汽车经销商不是科研机构，一些该公开的信息要公开。

- 车源信息要向销售顾问公开，配车信息要公开，不能暗箱操作。
- 业务人员奖金可以公开，甚至还要讲解为什么有些员工赚得多。

4. 建立跨越层级的沟通机制

总经理要不定期与基层人员沟通，要形成机制，要达到规定的比例，诚恳地倾听基层的声音，了解管理现状，把握基层员工的心态。

5. 为管理层设计上升通道，以培养人为荣

汽车经销商这个行业，职业天花板比较低，当上总经理，似乎就没有上升空间了。行业特点无法改变，但作为总经理，还是要保持健康的心态。

- 用人格魅力征服员工。
- 用专业知识指导员工。
- 用坦诚相待感动员工。

总经理要有"把更多经理培养成总经理为荣"的心态，哪怕这些人无法在自己手下工作。

6. 用远大目标和企业愿景引领团队

作为一名总经理，要能够建立远大的企业目标，并能够说服团队接受该目标，将集体的目标转化为个人工作的指针。只有拥有远大目标和愿景的团队，才能成为有战斗力的团队。

> **小结**
>
> 本节探讨了汽车经销商科学布局和有效管理的核心问题。所谓科学布局，就是在本书理论指导下完成体系化搭建的思路和方法，而有效管理，指的是在科学布局的基础上，对体系内人员实施管理的方法。当然，管人本身就是一门艺术，需要用一生总结。

第三节　经营创新

笔者在和别人交流管理经验时，常提到一个核心观点：管理的目的是经营。管理和经营就像两条铁轨，要齐头并进，甚至管理可以略微滞后于经营的进度，但如果管理超越了经营，那就成了"为了管理而管理"。

下面来探讨围绕汽车经销商总经理的经营思路和方法。

一、审时度势，把握时代焦点

当下汽车产业正经历史无前例的变局，多年形成的固有格局在快速崩塌，形势瞬息万变。在这样的时代背景下，作为一名总经理，"审时度势，把握时代焦点"就成为产生正确经营思路的关键。

1. 经营的宏观阶段对策

在《体系制胜：汽车经销商的科学发展观》一书中，笔者提到了不同阶段汽车经销商的经营对策，如图8-6所示。

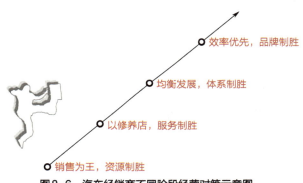

　　　　　　　　　　　　　　　　　效率优先，品牌制胜

　　　　　　　　　　　　　均衡发展，体系制胜

　　　　　　　　　以修养店，服务制胜

销售为王，资源制胜

图8-6　汽车经销商不同阶段经营对策示意图

当下，整个行业已快速进入第四阶段：效率优先，品牌制胜。它的内涵如下。

- 经营的焦点已经从业务创新向管理创新和降本增效聚焦。
- 三大效率（客户转化效率、人员劳动效率、资源利用效率）提升成为竞争的焦点。
- 把握行业趋势，密切关注品牌走势。
- 进退有度，活在当下。

2. 围绕厂家政策展开经营

一个不可否认的事实是，随着时代的发展，厂家在整个价值链条里的地位越来越高了，营销能力也因为新技术的加持而变得越来越强。

- 厂家可以借助垂媒和自媒体平台直接将产品面向终端客户宣导，渠道的营销价值大幅下降。
- 厂家可以直接触达客户，完成与客户的线上交易，经销商只负责交付服务即可。

在这样的时代背景下，作为经销商的总经理，更加紧密地围绕厂家政策指挥棒展开经营，就是无可辩驳的正确方向。

- 正确解读商务政策并恰当应对，以充分获取厂家的政策支持。
- 力争区域头部经销商地位，力争得到厂家重点扶持。
- 与厂家良性互动，力争获取额外的特别政策支持。

二、坚持正确的经营方针

一名总经理，面对莫测的市场，面对行业的创新发展，除了要快速顺应形势，做出调整外，必要的原则坚守更显得难能可贵。

1. 经营方针的延展

前文提出了汽车经销商经营的十六字方针，面对行业当下的形势，笔者觉得有必要再增加八个字：立足当下、降本增效。这样就成为二十四字经营方针，即立足当下、降本增效、均衡发展、体系制胜、良性积累、持续改善。

2. 把握行业的运营趋势

前文提出了汽车经销商的"四化"和"新四化"，代表了汽车经销商运营的发展方向。在经销商解决了生存危机后，面向未来，应该沿着两个"四化"指示的方向来推动内部管理的改革。

三、经营创新

笔者多年的实践经验证明，创新并不能作为一个独立的概念存在，不能为了创新而创新，更合适的措辞是改善。

需要充分认知的事实是：创新往往会失败，盲目创新是有风险的。很多时候，"敢为天下后"是更明智的策略安排。跟随、模仿等战略成就了很多伟大的企业。

回到汽车经销商这个行业，在厂家的强力领导下，汽车经销商的创新空间本来就比较狭窄，只能在整体依据厂家标准的前提下，进行一些局部创新。

归纳汽车经销商的创新思路，无外乎三个方面，如图8-7所示。

图8-7　汽车经销商的创新思路示意图

1. 业务创新

汽车经销商行业已经发展到比较成熟的阶段，创新的空间并不大。近几年，随着造车新势力入局，还是带来了一些创新思路。

- 销售直营店。
- 商超店+快闪店+交付服务中心。

然而，经过几年的发展，这些创新模式颓势明显，反而是传统4S店（也叫交付服务中心）显示了自身的优势，基本模式依然坚挺。

（1）引流创新

获客难无疑是目前的焦点问题。获客难除了跟宏观经济有关外，获客方式的巨大变化无疑也是关键因素。

- 自然进店客户量锐减，甚至无法支撑一个独立的展厅零售团队。
- 垂媒影响力大幅下降，垂媒线索质量大幅下降，垂媒走向落寞似乎是必然趋势。

几乎每个从业者都知道现在是自媒体引流的时代，但自媒体与垂媒最大的不同在于，由垂媒延伸出来的DCC引流销售模式并不需要很高的专业能力，而自媒体却需要汽车经销商自身有强大的自媒体号运营能力，这对于习惯了接受厂家安排的汽车经销商来说，是巨大的挑战。

（2）销售方向创新

当下的汽车销售领域，大客户营销、跨界合作、资源互换等理念，已经不能算创新。汽车平行出口勉强算，但也已经过了爆发期。大部分汽车经销商只能成为出口商的供货者，勉强冲个量而已。真正下场并尝到甜头的汽车经销商，除了要打通内外渠道外，得到厂家额外的政策支持也是关键问题。

（3）获取厂家政策创新

正常情况下，厂家都有特殊的大客户政策，这不能算创新。

但随着市场形势的发展，很多厂家出现了通过自身的传统渠道无法正常完成销售的产品，即所谓的"滞销产品"。通过非传统渠道，用非常低的折扣进行销售，是公开的"秘密"。汽车经销商也可以通过良性的厂商互动，获取到这些车源，通过新渠道销售获利。

（4）衍生业务创新

客观讲，经销商已经发展得非常成熟，尽管仍然不断有新的衍生业务导入店内，但对门店经营的帮助已经越来越小，也就是越来越向细枝末节发展了。一个绕不开的问题是，门店主体业务创造的空间已经几乎被占满了，新业务想见缝插针，难度越来越大。以下介绍两个比较典型的方向。

1）金融创新产品：围绕着汽车销售业务而推出的金融创新产品，这几年还在不断推陈出新。延保业务经过10年的培育，已经成为成熟产品，不能算创新业务了。但金融创新品（如焕新宝等），仍然在变着花样推出，而且大多还在市场培育阶段。至于围绕按揭而产生的"前置利息"等违规操作行为，不在讨论范围内。

2）高端定制与创新美容产品：现在的客户，对拥有与众不同座驾的需求一直在增长，车衣改色和高端内饰定制等业务，可以成为有相关产品门店获利的一个增长点。

2. 管理创新

当下的市场竞争环境，业务创新难度很大，为了改变自身处境，眼光开始由外转内，即所谓"向管理要效益"，这不失为明智的选择。通过更有效的管理，要达到两大目的。

- 降本增效。
- 业财一体（更有力的内部控制）。

对当下的汽车经销商而言，所谓降本，主要是降低人力成本；所谓增效，就是提高三大效率指标，包括客户转化效率、资源利用效率、人员劳动效率。

"业财一体"指提升以财务为首的体系化监管能力，从而为降本增效奠定基础。

以上两条更简单的说法是：提升运营质量。

如何在短期内提升运营质量？针对当下的汽车经销商，有以下几个关键的工作方向。

（1）借助优秀管理软件提升运营能力

当下的汽车经销商，竞争已经进入白热化，通过优秀的内部运营降本增效，提升竞争力，确保不被市场淘汰，是相对容易把握的合理思路。但罗马城不是一天就能建成的，现在的市场环境已经不允许经销商在管理方面长时间摸索，借助外力不失为明智的选择。使用专业软件帮助提升管理水平已经是常规思路。这就像现在的流水线工厂，没有不使用ERP系统作为管理平台的，但汽车经销商行业并没有出现有代表性的专业软件供应商，这个问题值得深思。

这个领域，厂家的系统功能薄弱，更新慢，根本不能指望。不专业的供应商则败坏了专业软件名声，这些软件受开发者对行业认知不足等因素影响，既不能提高运营效率，也不能带来业务水平的提升。行业需要的是真正专业的软件供应商，能帮助解决行业当下的问题。基于当下的行业环境，一套优秀的经销商行业管理软件，应该具备以下8个特征。

- 比经销商还专业，对经销商有切实的专业帮助。
- 导入成本低，最好是接近零成本导入，经销商已经折腾不起了。
- 与厂家系统无缝衔接，数据同步。
- ERP系统转SaaS系统技术方案，采用年租等低收费模式，降低经销商使用压力。
- 自带创新获客功能，当下集中在自媒体获客方向。
- 模块化设计，便于局部调整。
- 操作"傻瓜化"，迎合汽车经销商人员流动加剧的现实。
- 产品AI化，降低从业者未来焦虑。

随着行业的发展，汽车经销商已经变成了一门"小生意"，随着行业日趋成熟，定制软件和自研软件已经没有现实意义，采购专业软件产品才是切实可行的方案。

（2）打造销售后台，解放销售顾问

基于以上的管理平台，打造销售支持平台就成为可行的思路。大部分的门店，新车销售和车辆交付都是由销售顾问"一条龙"完成的，这样的方式劳神费力，销售顾问苦不堪言。借助内部流程优化，或者使用优秀的软件系统，可大幅提升运营效率。

- 通过优秀的流程设计，销售后台可实现一人操控，全面运转。
- 通过将销售顾问从繁重的交车流程中解放出来，可提升销售顾问的工作效率。

（3）使用AI技术，降低人力需求

当下，AI技术可以说是最被关注的创新技术，国人是比较务实的，除通用大模型外，行业更关心的是AI技术在垂直领域的应用。当下笔者能想到的AI营销应用有以下两点。

- 曾经，通话机器人由于不够智能而为人诟病，但随着技术的发展，尽管还不能做到如真人般丝滑，但用来确认客户购买意向还是绰绰有余的。使用AI电话呼叫，把DCC清洗员替换下来，不仅能减少一个人力，还能满足厂家快速响应的考核要求。
- 使用AI矩阵工具，可以为每名销售顾问提供自媒体号的后台运维支持，自动与客户交互对接，线索自动分发给销售顾问，不仅降低了劳动强度，还大大提升了工作质量。重要的是，为汽车经销商面向未来创造了机会。

3. 服务创新

很多人，包括很多行内人，认为服务是竞争的关键，但通过前文相关章节的论述可知：客户满意主要是通过体系能力实现的，但必要的服务创新仍不可或缺。

进行服务创新时需要明确以下两点。

- 任何服务都是需要成本投入的。
- 领先半步是先进，领先一步可能是毁灭。

在汽车经销商领域，服务创新是没有门槛的，最容易被模仿。

行业内有很多论述服务创新的书，浅显易懂，如果没有思路，可以找一本来学习。服务创新，矛盾点不是思路，而是取舍。

小结	本节讨论了创新的问题。在经营过程中，创新是非常有必要的。在当下的市场环境中，作为一名4S店总经理，主要还是从财务视角宏观控盘，借助财务KPI（如人均费效比）等工具，积极主动调结构、抓管理，以快速适应新的竞争形势。至于本节提到的三大创新，当下关注的重点应该放在管理创新上，提升业务质量，降本增效，这些措施对于一个管理水平正常的经销商而言，潜力非常大，意义也非常大。

总结

　　本章基于总经理的视角，探讨了投资人与总经理的和谐关系建立问题，阐述了职业经理人提升职业素养的重要性。探讨了业务布局问题，提到了两大业务平台和财务监管，提到了数字化管理，提到了管人的方法。最后谈到了创新，汽车经销商的经营创新分为业务创新、管理创新、服务创新三方面。创新是非常必要的，但不能为了创新而创新，关键还是：因地制宜，实事求是。

体系
制胜

第九章
厂家渠道管理与经销商集团化

前文基本完成了经销商门店内部经营管理的理论阐述。在《体系制胜：汽车经销商的科学发展观》一书里，谈到了影响经销商门店的三股势力：厂家、集团（投资人）、总经理。除总经理外，厂家和集团均属于门店外部管理的范畴。

本章探讨以下两个问题。

- 厂家渠道管理的创新思维。
- 集团化管理的核心理念。

第一节 厂家渠道管理创新思维

笔者对汽车经销商的前景有以下观点。

- 4S店商业模式仍然有其无可比拟的优势,在可预见的未来仍然是厂家渠道发展模式的主要方向。
- 独立经销商以商超店、快闪店为主要模式的颓势已经非常明显,从历史经验看,商超店、快闪店只是传统4S店向泛4S店发展的模式补充而已。
- 厂家直营模式前景莫测,回归到经销商代理模式是大势所趋。

接下来,假设厂家坚持以4S店为主要商业模式布局网络并进行常态管理的思路,探讨厂家渠道管理的理念和方法。

一、经验与教训

从广汽本田第一次在中国大规模实施销售渠道4S店模式后,各主要汽车厂家都陆续选择了这一商业模式,因为这一模式对厂家、经销商、客户都有其无可比拟的优势。

渠道建立起来,就需要进行管理。

按道理说,经销商之于厂家,本质就是加盟连锁店,厂家是加盟店的总部。对于其他行业的加盟连锁,总部优先考虑的都是加盟店盈利能力的设计问题,但汽车行业是个例外,因为在很长的时间里,投资4S店是稳赚不赔的生意。

于是,厂家的渠道管理重心就放到以下三个方面。

- 与厂家对接的顺畅性、配合度。
- 业务目标的达成。
- 客户满意度表现。

1. 厂家对接事项管理

经销商与厂家对接的内容非常丰富。厂家都会开发软件系统，将对接事项固化。在软件系统的帮助下，常态的连接已经非常成熟，如商务政策与返利兑付、发车追踪、零件订购和索赔申请等。以下简单介绍几个事项。

（1）商务政策与返利兑付

对经销商来说，牵连到返利的商务政策无疑是最重要的管理事项。过去20年里，厂家的商务政策经历了一个从简单到复杂的过程。一个传统品牌的厂家，经销商在一个经营周期里，需要面对的有效政策条款往往有几十个。作为经销商门店的总经理，一不留神就可能出现失误。这就使熟练运用商务政策成了衡量总经理是否专业的一个关键技能。

当下，汽车产业格局正发生激烈变化，厂家商务政策也逐渐形成两大流派：大部分的合资品牌，返利政策分为前置返利和模糊返利两大部分，而模糊部分占比越来越大，导致经销商盈利与否完全取决于模糊返利是否到位；自主品牌的情况要好很多，他们基本没有模糊返利，或者模糊返利的占比很小，这就使经销商还能自主把握经营态势，基本能自负盈亏。

返利兑付方面，应该表扬一下各个厂家。为了缓解经销商的资金压力，各个厂家都采取了很多措施，例如将返利100%转购车款、直接兑付现金、提前兑付返利和快速兑付返利等。这些措施对经销商的经营无疑有很大帮助。

（2）发车追踪

很多厂家通过软件系统的升级，都实现了生产透明化，也就是：从订单车上线生产开始，经销商就可以借助软件对该车实现追踪。甚至很多厂家为了直接触达客户，让客户凭App可以看到自己所定车的排产与物流情况，因此这部分的改善空间已经不大。

（3）零件订购

这些年，厂家在零件供应能力方面进步很大，主流厂家建立了大量的中转仓库，将库存压力由经销商转移到中转库，在保证及时响应的同时，也降低了经销商的资金压力。

（4）索赔申请

经过20多年"猫捉老鼠"的游戏后，现在厂家对经销商索赔的审查管理已经非常完善。经销商索赔造假的问题得到了有效遏制，索赔基本不再是经销商售后服务利润的主要来源。

总体来看，厂家与经销商的基础对接工作已经非常完善，各主要厂家在与经销商的基本事项对接上都有完善的系统，都有清晰的规定，应该说，改善空间已经不大了。

2. 业务目标达成管理

尽管授权不同，岗位名称不同，但主要汽车厂家都建立了总部、大区、小区三级渠道管理结构。出于对各种因素的考虑不同，厂家总部对大区和小区的授权差异很大。

- 有的厂家认为大区更加贴近市场、了解经销商，于是在目标制定、市场费用分配等方面给予大区充分的授权。
- 有的厂家特别相信"集中"的优势，大区与小区形同虚设，几乎没有任何权利。

从总体看，在竞争白热化的大背景下，更加充分地向基层授权是主要趋势。

然而，一个不争的事实是，一些厂家的大区和小区负责人，对经销商内部管理的专业水平的了解有待深入。正是因为这个原因，这些负责人只能与经销商进行浅层次的交流，并不能在"授之以渔"方面提供更深层次的帮助。

总结下来，厂家在对经销商进行业绩目标达成管理方面，存在较大的提升空间。

- 制定目标缺乏依据，弹性较大，为权利寻租提供了空间。
- 对经销商真实经营管理水平缺乏专业了解，很多都停留在"印象"上，无法掌握真实情况。
- 无法凭专业能力直接提升经销商的运营水平，也缺乏相关意愿。
- 对经销商大量弄虚作假的行为，缺乏更有效的手段进行控制。

3. 客户满意度管理

第三章专门阐述了厂家客户满意度相关工作的问题。应该说，几乎所有厂家对客户满意度都是相当重视的。当下很多厂家对经销商客户满意相关工作的要求，甚至可以用"苛刻"来形容。但总结下来，一些厂家在相关领域的工作教训多、经验少，总结如下。

- 关于满意度的宏观指导理论"超出客户期待取得客户满意"与现实存在严重偏差。
- 以J.D.power作为评价标杆没问题，但不能直接把调查事项作为行动指南，思路不对。
- 围绕客户满意相关工作流于表面，未能从满意度保障能力方面解决问题。

以笔者20多年的工作经验总结来看，很多厂家对围绕经销商确保客户满意的相关工作很重视，钱花了很多，却未能沉淀下来太多东西。当竞争进入白热化后，一些厂家对经销商的管理走向粗放，经销商人员流动加剧，那些好不容易在表层固化的服务成果因此"随风飘散"。

4. 对经销商进行培训

厂家对经销商的培训可分为两大部分：基础培训和经营指导。

（1）基础培训

厂家的基础培训涉及内容很多：与厂家对接事项培训、商务政策培训、各级人员基础认证培训和新车型上市培训等。

对一些厂家来说，这些培训尽管仍然有改善空间，但大致做到及格没有问题。

（2）经营指导

20多年来，厂家对经销商的指导可分为三个阶段：侧重客户满意、侧重业务技能和技巧和侧重销量。三个阶段的经验教训概括如下。

1）侧重客户满意阶段：在这一阶段，汽车市场处于快速增长期，厂家尽管也有一定的销售压力，但提升整个网络的服务品质，争取J.D.power排名，奠定品牌基础也是核心任务。于是，以J.D.power为评判准绳，投入大量预算，全面配套地推进汽车经销商提升客户满意度的行动开始了。

客观讲，这些行动对于提升全行业的服务意识有积极意义，但对于提升真实的服务水平帮助不大。很多厂家经销商调查得分已经严重违背常识，甚至很多品牌因为生硬地贯彻服务标准而闹出不少笑话。

应该讲，厂家推进客户满意提升的相关行动，真实情况并未达到预期效果。

2）侧重业务技能和技巧阶段：在这一阶段，市场竞争日趋激烈，以客户满意为中心的培训并未获得明显效果，厂家心态逐渐走向务实。于是，预算的重心开始向业务技能和技巧方向倾斜。这时的厂家，关注的业务点还是比较分散的：

除了关注销售外，对二手车、续保、精品、按揭、美容等附加项目都有所关注，在内容上，除了业务技巧外，对业务技能、综合运营能力提升也都有所涉猎。

总结下来，很多厂家在对经销商业务开展指导方面取得了一些成就，一些比较务实的厂家，甚至已经接近业务模式化管理的水平。

但问题是，厂家对经销商的指导和配套管理只停留在业务表层，指导也以技巧为主。没有进行深入的商业模式理论研究，也没能形成系统性的长期建设思路，这就导致各个提升项目之间缺乏呼应，也没有持续的强化措施。从长期看，厂家在提升经销商真实经营管理水平方面效果不佳，这也为竞争进入白热化后一些品牌渠道快速崩溃埋下了伏笔。

3）侧重销量阶段：当市场竞争白热化后，厂家的诉求也变得更简单直接。由于盈利能力快速下降，厂家在各方面削减预算，那些华而不实的项目预算被大量削减，厂家的思路变得简单粗暴——只要能把车卖出去就行。

这一阶段，很多厂家对待经销网络的态度也发生了很大变化，由原来保护支持变成了退网爽快审批，甚至鼓励生存有困难的经销商退网，厂商关系变得简单粗暴了很多。

总体而言，在对经销商经营管理能力提升方面，各主要厂家缺乏对商业模式的深度理论研究，也缺乏长期一致的目标与推进方针，不同阶段的中心诉求也不同，各个具体项目之间缺乏呼应，致使多年来经销商的真实管理水平并未因厂家培训而取得真正意义上的进步。

二、渠道管理新思维

尽管实现了基础的管理，但大部分厂家未能将渠道能力转化为核心竞争力的组成部分，面对造车新势力的冲击，一点优势也没有表现出来，对渠道的控制也显得力不从心。

1. 造车新势力的直营模式

也许正是看到了传统汽车厂家渠道管理方面的种种弊端，以"蔚小理"为代表的造车新势力才一上手就选择了直营模式。尽管在笔者看来，这是因噎废食的举动，但不得不说，也是一种冷静观察后的理性选择。

以笔者多年对厂家管理能力的认知，当造车新势力的销量进一步发展，需要大量扩网后，他们才会真正意识到以下问题。

- 渠道运营并没有想象中的那么简单，指挥别人干和自己干是两码事。
- 直营的各种弊端是不容忽视的问题。

相信，三年之内，无论是造车新势力，还是传统厂家，都会放弃渠道直营模式，转而继续支持经销商代理模式。

2. 基于代理模式的渠道管理新思维

在坚持经销商代理制的基本前提下，是否有清晰的思路来完善经销商管理方式，使代理模式不仅能兼具直营模式的优势，还能最大限度规避代理制经销商难以控制的"老大难"问题？

答案只能是：从直接干预经销商内部经营管理的思路入手。

调整原来关注的"对接顺畅""目标达成""客户满意度"三个周边维度，改变为以直接干预经销商经营管理为中心，辅以客户满意度和业务目标达成，如图 9-1 所示，概括为一个中心、两个基本点。

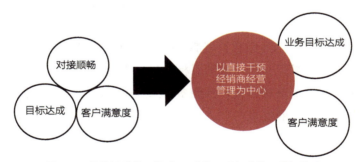

图9-1 传统渠道管理模式 vs 直接干预经营管理的新模式

只有在"一个中心，两个基本点"的思路指引下，经销商才能兼具直营和代理两个模式的优点，最大限度满足厂家的利益诉求。当渠道管理思路向全面介入经销商经营管理方向发展时，厂家须具备以下几个基本条件。

- 对经销商商业模式有深入的理论研究，当前的水平远远不够。
- 围绕商业模式理论研究成果，提出全面模式化的管理标准。
- 面对渠道内经销商，形成新的合作模式和管理模式。
- 有的放矢地介入经销商经营管理，在管理过程中，践行"规定动作不走样，自选动作有创新"的理念。

- 开发基于经销商经营管理实际需求的新管理软件，并与厂家系统无缝链接。

当下，汽车市场竞争已经进入白热化阶段，新能源汽车发展方兴未艾。新的产品，新的格局，需要有全新的渠道管理思路。只有在"一个中心，两个基本点"的新渠道管理思路指引下，厂家才能继往开来，摆脱多年渠道管理水平徘徊不前的局面，开启渠道管理发展的新局。厂家需下定决心，持续努力，将渠道运营能力发展成核心竞争力的重要组成部分。

三、厂家需要理论研究

1. 理论研究和模式化管理体系

坚定了"一个中心，两个基本点"的渠道管理理念后，又会遇到新的问题。那就是整个管理团队缺乏经销商运营实际经验，并且难以统一行动。为了确保各项政策、各项目规划、各种工具都在统一的思想指引下规划设计、相互呼应，厂家需要：

- 构建以经销商视角为主的，以4S店为核心模式的经营管理理论。
- 围绕理论，制定基于经销商运营的模式化运营管理体系。
- 在设计和推动标准工作手册时，留有适当的空间和弹性。

2. 厂家政策布局

确立"一个中心，两个基本点"的渠道管理理念，且有了模式化理论作为指导思想后，在采用直接介入经销商经营管理模式的前提下，对经销商政策的新布局便呼之欲出。

承接原有渠道管理成果，按新的理念要求，新的渠道管理政策结构可分为四大模块，如图9-2所示。

图9-2　厂家渠道管理政策结构示意图

小结	本节回顾了20多年以来，厂家渠道管理的经验与教训。厂家在完成基本的流程对接后，在对经销商的经营管理及满意度服务提升等工作上仍旧有所欠缺，导致未能形成体系性竞争优势。通过回归推动经销商经营管理水平提高的"一个中心，两个基本点"核心理念，厂家可以将渠道管理工作做得更好。为更好地服务于新思维，厂家需要模式化理论及配套政策措施。

第二节　集团化管理的核心理念

有关经销商集团化管理的问题，一直是行业热点话题之一。

这些年，笔者在全国接触的经销商集团超过100个。通过大量的走访，笔者得出一个结论：大部分经销商的集团化管理效果都不太好。

当然，这句话不能理解为没有成功的集团化管理案例。比如中升集团，如此大的体量，在经营管控上能达到行业领先水平是非常难得的。还有一些"小而美"的集团，基于"财散人聚"的普遍原理，结合自身的特点，合理设计基本的奖惩机制，也实现了不错的管理效果。

判断一个经销商搞集团化是否成功的标准有以下三个。

- 经营方向符合行业发展规律，代理品牌符合行业发展趋势，进退有度。
- 对旗下门店掌控有力，"跑冒滴漏"在可控范围内。
- 旗下门店盈利表现优秀，相较于竞争对手店拥有更多优势。

如何做到以上三点？答案是多方面的，但拥有正确的集团化管理理念无疑是关键因素。

一、基本思维模型

1. 经典思维模型

站在一个经销商集团决策者的高度，面对跨地域、多品牌门店的经营局面，需要怎样的思维框架，才能构建出正确的集团化管理制度体系？集团化管理思维模型如图9-3所示。

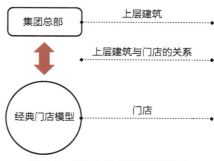

图9-3　集团化管理思维模型示意

2. 模型释义

一个经销商集团无论有多大的地域跨度，有多少代理品牌，有了以上思维模型，都能建立起正确的集团化管理思维。

再大的经销商集团，也是由一个个门店构成的。集团化管理的决策者，需要在头脑中构建出一个经典的单店模型，通过对这个单店模型深入研究，不断完善基于这个单店模型的运营模式和制度，从而推动集团旗下各门店的体系能力建设，这是经销商集团化管理的基本思维方式和方法。

与经典单店思维方式相对应的是大集团化整体思维方式，很多经销商之所以在集团化管理上效果不佳，从思想根源上探寻原因，就是未能按照经典单店模型构建管理制度，而是因循大集团整体思维的方法去寻求制度建设、解决管理问题。

二、三大核心问题

在思维方式上摒弃了大集团整体思维，回归基于单店的思维模型后，集团决策者将主要面对三大核心问题。

1. 单店模式化

当集团决策者面对旗下各自独立经营的门店时，往往会有无从下手的感觉。提出一些管理制度，往往会被总经理以与厂家规定相冲突为由拒绝；想介入门店经营，往往因为不熟悉厂家商务政策、难以提出合理的经营对策而与总经理发生分歧。集团总部究竟如何才能真正将旗下门店纳入掌控机制，又如何在门店经营上发挥正向助推作用呢？

对于多门店、多代理品牌的集团，推动"单店模式化"是实施有效集团化管理的前提条件和基本方法。可以说：没有单店模式化，就没有科学的集团化管理。

（1）基本结构

依前文所述，通过掌握门店商业模式的底层逻辑，构建出经典门店基本结构，如图9-4所示。

由图9-4可知，门店的基本结构由平台、业务模式、客户运动和财务监管机制共同组成。

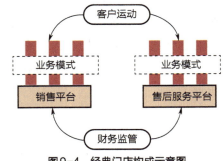

图9-4　经典门店构成示意图

（2）配套制度

在正确构建基本结构的基础上，需要构建基本的运行制度。

- 厂家政策管理：用以实现对三大返利池的标准管理。
- "五统一"管理：用以实现对两大业务平台的常态过程管理。
- 标准核算：用以实现对门店经营效果的客观评价。
- 薪酬制度：用以实现门店团队的权责利统一。

（3）KPI评价体系

按前文所述，KPI是客观评价工作成果的有效工具。构建KPI评价体系，约定标准的KPI取数原则，无论对单店管理还是集团管理，都是必要的制度安排。从KPI设计角度区分，门店KPI分为以下两类。

- 业务KPI：用以评价业务过程和业务结果。
- 财务KPI：用以评价在经营过程中投入产出的效果。

以上的业务布局和配套制度确立以后，就可认定门店进入了模式化管理的状态。需要特别强调的是，上文提到的制度，并不是门店管理制度的全部，而是构成门店管理的框架性制度。这并不是说其他制度不重要，财务的《审批与支付管理办法》、行政的《固定资产管理办法》等，都是非常重要的管理制度。

2. 总部的职能定位

为什么要设立集团总部，这是困扰行业多年的一个核心问题。

（1）一个故事

笔者曾经的老板曾问："如果没有这个所谓的集团总部，我每年可以省下2000万元费用，这个总部是否能给我带来每年2000万元的利润增量？"

笔者的答复如下。

第一，除新店投资战略性亏损外，集团没有亏损店，集团经营基本面特别健康。

第二，常态经营的门店，我们比同行同等条件、正常经营的店，盈利高出一倍。

第三，我们在多个品牌建立了头部优势，为集团未来的发展奠定了坚实的基础。

（2）集团化的目的

集团化的目的到底是什么？

从本质上来说，所谓集团化管理，就是投资人在门店之上构建了一个上层建筑，由个人管理变成了集体管理。既然组建了团队，就必然会增加成本，这样做的目的究竟是什么呢？

很多投资人，在思考集团化的目的时，首先想到的就是资源整合。但实践证明，汽车经销商行业的资源整合空间并不大，整合并不能作为集团化大额投入的核心诉求。从当下的行业需求出发，可以提出集团化的两大核心目的。

- 把握行业趋势，合理布局取舍战略。
- 让旗下门店较之个人管理更加优秀。

（3）集团总部的定位

平安集团董事长马明哲提出了集团总部的三大定位：方向盘、红绿灯、加油站。根据汽车经销商的行业特点，可以再加一个"孵化器"。

1）方向盘：制定集团发展战略。在当下的市场环境下，战略更多地体现为两点，其一是对自身资金实力与经营状况的判断，从而对壮大还是收缩进行决策；其二是对行业发展趋势进行判断，从而对集团代理品牌取舍进行决策。

2）红绿灯：制定清晰的制度，构建平台，对旗下各门店有所约束，让他们知道"什么是可以干的，什么是不可以干的"。在单店模式化理念的指引下，通过管理体系的建设，将权力关在制度的笼子里。

3）加油站：围绕旗下门店经营管理的需求，紧跟行业新理念、新业务、新方法、新工具，将行业的先进成果导入集团，直至形成实质生产力。

4）孵化器：这里所说的孵化器，不单纯是投资新店的孵化器，更包括其他新项目、新业务类型的孵化器。通过孵化器的不断工作，使集团始终处于行业领先的地位。

3. 总部与门店的关系

笔者接触过的经销商集团投资人中，很多都困惑于一个问题：集团化管理是强势一点好还是弱势一点好？这个问题的另一个问法是：是否应该给门店总经理更充分的授权？

这个问题难以简单回答，但可以明确两个基本事实。

- 门店是一个完整的独立经营实体，不管是否有总部的领导，它都是独立运行的完整体系。
- 门店总经理是代表投资人的最直接的领导者，他为经营成败负主要责任。

基于对以上事实的理解，提出经销商集团化管理的三项基本原则。

第一，以门店总经理为核心。

第二，形散而神不散（单店模式化）。

第三，不治而治。

（1）以门店总经理为核心

以门店总经理为核心（见图9-5），是对汽车经销商门店商业模式客观事实的尊重。这种尊重集中体现为以下两点。

图9-5 以门店总经理为核心示意图

- 大部分制度设计的初衷都是围绕着强化总经理对门店实施有效管理和更高质量经营的目的构建的。
- 集团化管理的具体措施是通过总经理的实际工作来落地实施的。

（2）形散而神不散（单店模式化）

一个经销商集团是怎样体现整体竞争优势的？

很多投资人第一反应是通过资源整合形成庞大规模。这固然是体现集团竞争优势的一个方面，但庞大的规模对一个普通的购车者来说并没有实质价值。集团各个单店呈现一致的品牌气质，提供一致的标准服务，更明确的诚信背书，这才是企业的核心竞争力所在。

做到"形散而神不散"，就是通过集团上层建筑推动制度建设，大力推动单店模式化经营管理。可以说，单店模式化是经销商集团化管理之魂。也可以说，没有单店模式化，就没有经销商集团化。

（3）不治而治

当明确了以上两条基本原则后，从集团角度看，单店的内部就变得清晰透明了。在这样的状况下，就不必过分担心总经理会滥用职权、损公肥私。如此一来，更加充分的授权就是对总经理经营管理的最大支持。

笔者秉持一个观点：制度越健全，放权越充分。"将权力关在制度的笼子里"还可以引申出：制度越健全，制度的笼子就可以造得越大，让权力有更大的空间施展。当门店制度足够健全，总经理授权足够充分时，对门店的管理就会呈现"不治而治"的良好状态。

三、工作推动方法

无论是业务创新，还是管理改善，抑或一个新工具的使用，都需要工作推动，才能在门店落地形成生产力。然而，门店作为独立经营实体，任何一项新工作的加入，都会对其固有的体系构成冲击。因此，集团总部的工作推动，要尊重这些客观规律。

1. 坚持以门店总经理为核心

很多管理强势的集团，集团直接插手旗下门店对口部门工作，美其名曰"直达基层"。但这样的方式，表面上看雷厉风行，实际上严重冲击了以总经理为核心的工作推动原则，很难达成良好的效果。正确的做法如下。

- 向总经理宣导工作的意义，并取得共识。
- 与总经理和相关部门负责人共同探讨具体的落地方案，可以对原方案进行适度修正。
- 在总经理安排下，由相关部门负责人在店内实施。
- 遇到具体问题时，由总经理出面在内部协调解决。

2. 规定动作不走样，自选动作有创新

集团总部推动工作，除了要与门店总经理取得一致外，还要尊重门店之间的具体差异。这就要求，集团总部在制度设计之初，就应考虑到实际情况的差异，并给门店留出弹性空间，即规定动作不走样，自选动作有创新。

3. 试点成功再推广

集团总部推动工作，需要与保守思想做斗争，需要与拖沓懈怠做斗争，为了能"以德服人"，就必须用事实说话。于是，试点成功就成为非常重要的环节。在推动工作的整个过程中，是否有试点成功环节，是集团总部是否"真抓实干"的关键特征。

4. 坚持原则，手段灵活

即使在制度设计时就已经考虑了门店的实际情况，实际推行时还是不免有意想不到的事情发生，这就需要工作推动者既要坚持原则，又要手段灵活。

- 允许在坚持基本原则的基础上，对制度做适当的修改。
- 允许在落实工作的时间上有一定的弹性，如图9-6所示。

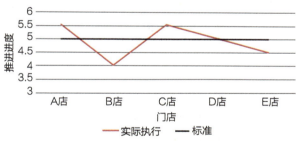

图9-6 同一工作不同门店推进进度示意图

5. 抓典型、晒数据

采用坚持原则、手段灵活的方式后，如果各门店执行动力仍然不足，就需要使用统一的考核标准来促进。工作推进过程中可以手段灵活，但考核标准没有任何商量的余地。考核是集团总部握在手里的"尚方宝剑"。考核就会有结论，就会有先进和落后。于是，接下来两个基本方法就登场了。

（1）抓典型

除了试点店之外，找到推动成功的典型案例，组织参观，让先进门店总经理

介绍经验，树立并包装典型是特别好的方法，毕竟榜样的力量是无限的。

（2）晒数据

在各种不同的场合晒出与新项目相关的数据，表彰先进者，适当鞭策落后者。

6. 功成身退，将荣誉给予总经理

集团的某项工作推动成功了，取得了不错的效果，集团领导如何处理？

很多集团管理者喜欢把功劳都揽到自己身上，大肆吹嘘自己。这样的人招人厌恶，更难以在群体里树立威信。一名集团领导，要时刻记得：你是评委，是奖项的设计者，你是发奖的人，而不是获奖的人。

四、集团的经营策略

管理的最终目的是经营。

当一个集团按照这个理念完成了基本结构的搭建，它大概率就会成为一个有战斗力的企业。制定正确的经营策略，取得更好的经营成果，就成为关键使命。

1. 审时度势，顺势而为

当下的汽车产业正处于品牌颠覆的竞争阶段，加上新能源汽车的颠覆性创新，"双内卷"的竞争态势导致整个行业处于莫测的状态里。处于产业链末端的经销商，既不可不动，也不可盲动。明智的战略安排概括为：审时度势，顺势而为。

对于各个汽车品牌的发展前途，由于影响的因素太多，没有人能准确预测，但大致的规律还是可以把握的。当下，经销商之间的竞争，内部运营水平已经不是焦点，是否站对赛道才是关键。把握行业发展大势，坚决果断取舍，才是一个经销商集团当下需要的经营策略。

2. 把握门店发展阶段，正确下达经营目标

对集团总部来说，正确地下达经营目标是门店管理的重要方面。对门店而言，目标即战略。

正确地下达目标，并不是简单的事情。目标代表着集团对门店的基本看法，下达正确的经营目标反映了集团总部决策者的专业水平——除了对行业和品牌发展趋势有准确的把握外，是否对门店经营阶段有准确的判断也是问题的关键，

如图9-7所示。

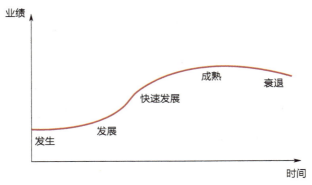

图9-7 判断门店发展阶段示意图

3. 用标准KPI评价

与正确下达目标相对应的是客观评价。客观公正地评价是集团的核心工作之一，与正确下达目标并列，是实施有效管理的关键所在。

如何做到客观评价？这个问题比较复杂，集团管理者除了要具备必要的专业能力以外，大公无私的心胸也是必不可少的。

有效的KPI评价体系是不可或缺的制度安排。依前文，门店KPI分为两大部分：业务KPI和财务KPI。用业务KPI客观评价门店具体工作表现，用财务KPI客观评价门店作为一个投资项目的宏观表现，为项目进退等重大决策提供依据。

4. 培育单店竞争优势

当下的经销商集团，都有大量的传统品牌老店，如何让这些老店在残酷的竞争中提升竞争力，确保能够生存下去，是摆在集团决策者面前的迫切问题。

如何提升门店竞争力？

这个问题较为复杂，除了前文提到的推动单店模式化管理、更好的上层建筑和更合理的总经理授权机制等因素外，以下两点也很重要。

- 培育头部门店，争取获得厂家的政策倾斜。
- 不遗余力地降本增效，提升竞争力。

5. 把握经营创新焦点

随着时代的发展，汽车经销商行业已经基本成熟。站在集团的高度，要明确意识到：整个行业的经营创新焦点已经从业务创新转向管理创新。

这并不是说业务创新不重要了，而是业务创新对经营的帮助作用越来越小了。

相比较而言，管理创新的价值，在当下残酷竞争的环境下，就显得异常关键。当下，管理创新集中在以下两点。

（1）降本增效

- 降本：在经销商门店的各项成本支出里，很多都是刚性的，降本的空间并不大，具有较大弹性的是人力成本。所以，降本的关键是：用更少的人力完成与之前一样的工作量。这种思路与行业大发展时期是完全不同的，那时的主题是：如何用一样的人力完成更多的工作（业务）。
- 增效：这里的效率，指的是客户转化效率、资源利用效率和人员劳动效率。

（2）业财一体

业财一体的本质是借助财务的力量提升门店的业务监督能力和内控水平。

归纳起来，降本增效和业财一体的本质是提升门店的整体运营水平。

很多经销商的投资人信奉"水至清则无鱼"，对于门店内部的"跑冒滴漏"现象选择睁一只眼闭一只眼。但行业发展到当下的阶段，如果放任"跑冒滴漏"现象存在，则门店经营就不是少赚多赚的问题，而是生死存亡的问题了。因此，加强业财一体，提升财务的监督能力、数据分析能力和资金管控能力，逐渐成为经销商运营的刚性需求。

五、信息化战略

当下的投资人，对信息化战略都有比较清晰的认识，但信息化战略的实际执行效果往往不尽如人意。

1. 行业缺乏好的供应商和产品

国内目前的很多经销商集团，通常是在"野蛮生长"时代快速发展起来的，内部并没有沉淀出清晰的经营管理思想，这直接导致这些经销商集团难以主导软件系统的开发工作，只能把希望寄托于供应商。然而，目前国内没有优秀的行业管理软件供应商。

2. 设计出好管理软件的必要条件

如何才能设计出好管理软件呢？以下三点是必要条件。

1）有灵魂：开发出好软件，成熟的管理理论是刚性条件。

2）有技术：在这个技术发展日新月异的时代，如何将新技术融合到软件功能之中是个现实的大问题。

3）有想象力：在理念和技术齐备的情况下，如何更好地想象出新的工作场景，创造出更好的功能，产品经理是解决这些问题的关键。能清楚理解业务痛点，想象出应用场景，同时熟悉开发思维，了解最新技术的产品经理，实在是稀缺人才。

3. 优秀的供应商是关键

一个好管理软件供应商应能做到以下几点。

- 反向指导客户，输出先进管理理念。
- 告诉客户什么才是正确的决定。
- 结合对技术的认知，想象出新的应用场景。
- 应用当下流行的技术，开发出最先进的软件。

六、外延业务

经销商集团化除了可以整合资源外，还可以充分利用经销商综合业务平台的优势成立专项业务公司，向外延展业务。

1. 保险专业代理公司

国家相关部门曾经鼓励保险专业代理，发放了一些牌照，现在这类牌照很稀缺。

2. 维修连锁店

打造自主的维修连锁品牌，是很多经销商集团的梦想。然而，由于管理复杂、盈利能力不足等原因，能把维修连锁店搞起来的经销商集团不多。

3. 钣喷中心

钣喷中心曾一度是行业衍生发展的热点，但一直雷声大雨点小，并未对行业主体业态造成实质性冲击。近期，出于对环保的需求，政府大力支持钣喷中心模式，相关业务大有可为。

4. 车用养护品、美容品、配件贸易公司

由采购部发展而来的贸易公司，除了能解决统采问题外，还能帮助节税。

5. 加装、改装店

目前，拥有长城坦克、丰田埃尔法这类品牌的经销商集团，借着国内改装市场需求增长的势头，纷纷建设加装、改装店。应该说，改装是未来汽车后市场消费的一个趋势，值得关注。

6. 二手车收卖店＋拍卖平台

以集团为单位，将旗下门店二手车源整合起来，采用"拍卖＋零售"的业务模式，在很多经销商集团做得非常成功。

7. 汽车平行出口公司

这两年汽车出口方兴未艾，经销商也想来分一杯羹。中亚、中东和中南美地区，都是平行出口的重要市场。

8. 充电桩＋换电站

看着新能源汽车爆发式增长，很多经销商投资人也做起了充电桩和换电站的生意。尽管热度不错，但鲜有真正挣到钱的，投资回报率并不高，这个市场还需要几年时间的培育。

9. 网约车公司

很多经销商集团开了自己的网约车公司，但由于运营不够专业，真正赚钱的不多。如今，网约车风口期已过，无人驾驶网约车成为趋势，相信普及速度会快得惊人。

10. 租赁公司

汽车经销商凭借可以从厂家拿到特价车的有利条件，在开租赁公司上具备一定的成本优势。但开租赁公司有一定的经营风险，风控成为主要问题。

11. 废旧动力电池回收公司

随着新能源汽车的崛起，废旧动力电池回收就成了一项新生意。目前这项生意还处于起步阶段，未来前景如何，还需国家出台相应法规才能看得清楚。

以经销商传统业务为基础延伸出的专项业务公司还有很多，例如延保公司、广告公司、网红公司等，这里就不一一阐述了。

> **小结**
>
> 本节探讨了经销商集团化的问题。经销商集团化问题是行业长期的热点，之所以成为热点，就是因为整个行业长期未能解决好这个问题。本节强调了集团化的一些重点内容，包括思维模型、三大关键问题、工作推动方法、营销策略、信息化战略和外延公司等，希望能对从事相关工作的同行有所帮助。

总结

本章探讨了厂家渠道管理和经销商集团化两大问题。无论是厂家渠道管理还是经销商集团化，单店模式化都是重要的前提和工作思路。厂家渠道管理的新思维是"一个中心，两个基本点"，全面介入经销商的实际经营管理工作是核心理念，这样做可以兼具直营和代理两种模式的优势，而经销商集团化则需要建立正确的思维模型，并在单店模式化的基础上，正确处理上层建筑与单店的关系，加强上层建筑的功能建设，并使用正确的集团经营策略，这样才能建立起集团化管理的竞争优势。

后　记
归来仍是少年

当再次拿起笔时，我已是一个年过四十，一头花白头发的中年人了。

2011年，一气呵成地写完《体系制胜：汽车经销商的科学发展观》，怀揣着改造世界的梦想，我懵懂地踏上了创业之路。十年时光，我的足迹踏遍了祖国的山山水水，结交了各式各样的投资人和职业经理人。在发出"一方水土养一方人"的感慨之余，让我也有了一些颠覆性的认知。

- 深谙人情世故，有自知之明，懂得合理交换，忍常人所不能忍，时刻保持进取的欲望，往往这些才是老板的基本素质。什么先进经营理念、科学管理方法，在这些基本素质面前都不值一提。
- 老板们往往以"水至清则无鱼"作为管理信条，对那些玩忽职守、损公肥私的行为并不深恶痛绝，只要这些人还有利用价值，就轻易不会采用雷霆手段处置。
- 与常规认知不同的是：老板们往往并不具有"高瞻远瞩"的专业思维，他们大多是"把握当下"并对风险采取务实态度的机会主义者。

然而，本着"存在即合理"的逻辑认知，我看到了这些老板个人品格的共同闪光点：他们往往性格坚韧，百折不回；他们往往清楚知道自己的真实诉求，取舍之间，张弛有道；他们往往深通人性，可以从容驾驭人心；他们往往自我管理很严格，非常自律，是生活的强者。

对中国的民营企业来说，老板的个人风格就是企业文化。有什么样的老板，就有什么样的企业。于是，我们看到大量"管理手段原始，账务混乱，跑冒滴漏，却活力四射"的公司。我想起前老板对我说的话："中国民营企业自有其生存之道。"我认为，我接触到的这些企业老板，也许真正掌握了企业管理的真谛。

- 以人为本。
- 因地制宜。
- 实事求是。

但我们终究要给"高屋建瓴的趋势分析、科学的管理理念、先进的生产工具"找到合适的位置,既不夸大其价值,也不菲薄其作用。时代在进步,行业在快速发展,不管你是否喜欢,变化从不以个人的意志为转移:

- 行业处于颠覆期,再不审时度势,仍抱着二八法则的旧经验,恐怕要一条道亏到黑。
- 盈利能力大幅下降,再不精益管理,仍抱着"水至清则无鱼"的旧理念,恐怕很难生存。
- 业态发展已非常成熟,创新逐渐从业务创新转向管理创新。

这些年,我倡导并推动的模式化管理理论,逐渐被证明是有行业前瞻性和现实可行性的。尽管我的实际收益不大,但很多认识我的老板却在我的助力下赚了大钱,事业得到了长足的发展。我还是相信:对的就是对的,坚持下去,必将有所收获。

> 新的契机,新的希望!
> 不经意间,青春已逝
> 突然间,一首《平凡之路》在耳边萦绕,占有了我的思绪:
> 我曾经跨过山和大海,
> 也穿过人山人海,
> 我曾经拥有着的一切,
> 转眼都飘散如烟,
> 我曾经失落失望,失掉所有方向,
> 直到看见平凡才是唯一的答案……